U1010389

社会组织内部治理法律与实务研究

上海复恩社会组织法律研究与服务中心 出品

陆璇 主编

法律出版社
LAW PRESS·CHINA

图书在版编目(CIP)数据

社会组织内部治理法律与实务研究 / 陆璇主编. --
北京 : 法律出版社, 2018
ISBN 978 - 7 - 5118 - 9943 - 9

Ⅰ. ①社… Ⅱ. ①陆… Ⅲ. ①社会组织管理－研究－
中国 Ⅳ. ①C916.1

中国版本图书馆 CIP 数据核字(2016)第 216142 号

社会组织内部治理法律与实务研究
SHEHUI ZUZHI NEIBU ZHILI
FALÜ YU SHIWU YANJIU

陆 璇 主编

策划编辑 麦 锐
责任编辑 麦 锐
装帧设计 汪奇峰 鲁 娟

编辑统筹 法规出版分社
出版 法律出版社
总发行 中国法律图书有限公司
经销 新华书店
印刷 天津嘉恒印务有限公司
责任印制 吕亚莉

开本 720 毫米×960 毫米 1/16
印张 23.5
字数 348 千
版本 2018 年 6 月第 1 版
印次 2018 年 6 月第 1 次印刷

法律出版社/北京市丰台区莲花池西里 7 号(100073)
网址/www.lawpress.com.cn
投稿邮箱/info@lawpress.com.cn
举报维权邮箱/jbwq@lawpress.com.cn
销售热线/010 - 63939792
咨询电话/010 - 63939796

中国法律图书有限公司/北京市丰台区莲花池西里 7 号(100073)
全国各地中法图分、子公司销售电话:
统一销售客服/400 - 660 - 6393
第一法律书店/010 - 63939781/9782
西安分公司/029 - 85330678
重庆分公司/023 - 67453036
上海分公司/021 - 62071639/1636
深圳分公司/0755 - 83072995

书号:ISBN 978 - 7 - 5118 - 9943 - 9
定价:49.00 元

ForNGO
复恩法律

以法律服务公益 Law For Better Charity

上海复恩社会组织法律研究与服务中心，是在学术界的关注与支持下，由长期参与公益事业的法律专业人士发起的非营利组织。复恩法律致力于在进行非营利组织法、公益法研究的同时，为非营利组织提供专业的法律培训、咨询等服务。

地址 浦东新区峨山路613号C楼C214-215室
电话 +86 21-60936919
电邮 office@forngo.org
微博 @复恩法律
官网 www.forngo.org
微信公众号 forngo

爱佑慈善基金会资助出版
感谢美国国务院亚太公共外交
2014年春季小额资助项目对本书编写的资助

序

《中华人民共和国慈善法》正式颁布，社会组织迎来了新的发展机遇和挑战，必须要练好内功才能经得起时间的考验。如何进行科学、规范的内部治理，提高自身的决策力和影响力，是摆在所有社会组织管理者面前的一道难题。令人欣喜的是，上海复恩社会组织法律研究与服务中心（以下简称“复恩”）将研究目光聚焦在社会组织内部治理的课题上，一本专业论著——《社会组织内部治理法律与实务研究》即将付梓面世。

作为社会组织的服务者，复恩多年来持续关注社会组织发展过程中的问题以及相关法律法规的发展，拥有丰富的实务经验。本书分为上、下编，融合社会组织实务经验和中国公益慈善行业发展的专业性思考，从法律和实践的维度，探寻组织最佳内部治理的构建路径。在此书中，你可以系统梳理国内社会组织内部治理的现状，也可以比较研究国内、国外社会组织内部治理的法律条文，还可以学习到国内优秀的社会组织从业者来自实践一线的经验感悟。全书逻辑清晰，娓娓道来，相信此书的出版发行将为社会组织的管理人员带来战略性的支持和可借鉴的范本。

我们很荣幸，能够拥有复恩如此专业且有为的“爱佑益＋”伙伴。自2012年成立以来，复恩通过“NGO法律能力集中培训项目”“上海地区公益组织法律服务平台项目”“中国社会组织法律手册”等优质项目，践行建立非营利组织法律服务和支持平台的企业愿景。复恩凭借专业性、针对性、落地性的品牌文化“授人以渔”，为非营利组织提供专业化的法律服务和支持，由此使我对复恩的未来充满信心。

本书的出版离不开复恩团队的辛苦付出,亦是复恩迈向专业化道路上的新举措。企者不立,跨者不行,扎实练好内功才是社会组织长远发展的基础,这本书正是一盏指引方向的明灯。期待复恩以其专业性、前瞻性的品牌优势,发挥桥梁作用,助力公益慈善事业;也期待未来中国出现更多的"复恩",共促公益慈善生态的蓬勃发展。

王　兵

爱佑慈善基金会　理事长

自　序

继“社会组织法律实务指南”“社会组织劳动法律手册”项目之后，2014年8月，上海复恩社会组织法律研究与服务中心（以下简称“复恩”或“我们中心”）启动了为期一年的“社会组织最佳内部治理研究项目”。

治理是一个现在被广泛使用的概念，在党的十八届三中全会将“推进国家治理体系和治理能力现代化”列为“全面深化改革总目标”之后，这个词又一次成为热点。治理的英文表述——governance，源于拉丁文和希腊语，原意是控制、引导和操作，主要用于与公共事务相关的管理活动与政治活动。

学者普遍认为，治理的内涵比管理要宽泛得多，与组织使命的界定、政策的制定、权力分配机制的界定、决策过程的构建、执行特殊任务的程序设定等事项有关。传统的管理学并不讨论治理问题，管理的核心在于业务经营，而治理的核心在于组织是否被适当的经营。这里所体现的义务性问题，也正说明了社会组织或非营利组织的治理需要法律与规则的引导。社会组织的内部治理离不开法律，对社会组织的理事会、管理人员如何进行指导、监督，如何依据法律法规和章程对理事会、管理人员的义务进行界定，如何对社会组织进行合法性审查，都是社会组织必须面对的问题。

我们中心为何要启动这样一个项目？中国社会组织的数量已经超过60万个，但国内对社会组织内部治理的研究尚处在起步阶段，优质高效的内部治理仍是国内社会组织急需的战略性支持。我们中心认为，社会组织最佳内部治理应当是一种能够优质地指导和控制社会组织各利益相关者相互之间关系的制度，保证其民间性、非营利性、自治性、志愿性的前提下，提升自身的合规性、效率性。为此，我们需要研究社会组织创办的董事（理事）或捐赠人、管理层和内部职工、服务对象或受益人、政府主管部门、专业协会和所在社区等利益相关者的关系。

本项目旨在从法律与实务两个不同的角度探寻社会组织最佳内部治理的构建路径。主要面向各公益社会组织及其管理人员和工作人员，为其提供实务指南。我们希望借此项目的开展，提升社会组织内部治理的规范性及合法性、提高决策和监督的效率性、防范"内部人控制"等风险，更清晰地界定社会组织内部各机构的权责，平衡各方利益。最终，优化公益组织的内部运行环境，提升社会组织的社会形象，提高政府和公众对社会组织的认可度。

为了配合本书的写作，除了调研之外，我们还举办了三场沙龙，其中一场是在第三届中国慈展会上进行的。2014 年 9 月 21 日，我们中心联合深圳市福田区维德法律服务中心和深圳狮子会献上了一场有关"中国社会组织内部治理探讨"的主题沙龙，与会的嘉宾分享了自己对社会组织内部治理方面的心得和困惑。

《社会组织内部治理法律与实务研究》一书的撰写获得美国国务院亚太公共外交 2014 年春季小额资助项目支持。本书的出版经费获得了爱佑慈善基金会的资金支持。对于上述支持，我们中心深表感谢。

本书的编委会成员如下：

主编是陆璇，副主编是顾训中、林文漪（复恩理事、主任）、金湛华（复恩理事）；第一章作者为孙林浩、关馨、陈圆；第二章作者为杨卫华；第三章作者为金湛华；第四章作者为关馨。

感谢接受复恩约稿以及访谈的所有社会组织专家以及社会组织领导人。

感谢郭雨歌、孙林浩协助本人撰写调研问卷，感谢陈圆、周旭峰、骆娟娟为本书撰写所做的协调工作。

复恩将继续关注社会组织、慈善组织发展过程中的问题以及相关法律法规的发展，也希望读者向我们反馈意见。

在本书出版及付梓前，我根据 2016 年 3 月 16 日通过的《中华人民共和国慈善法》以及2016年5月26日、8月1日新公布的《社会服务机构登记管理条例》《基金会管理条例》《社会团体登记管理条例》三个行政法规修订后的征求意见稿，对本书的内容作了一些修订与补充。我相信，随着慈善法与社会组织三大条例的修订，社会组织的内部治理法律将更为完善与严格，社会组织的整体合规水平也会随之更上一层楼。

陆　璇

上海复恩社会组织法律研究与服务中心理事长

二〇一六年三月七日于复恩办公室

二〇一六年六月七日第一次修订

二〇一六年九月八日第二次修订

目　录

上编　社会组织内部治理法律研究

下编　社会组织内部治理实务研究

附录　社会组织内部治理相关政策法规汇编

上　编

社会组织内部治理法律研究

第一章　中国社会组织内部治理现状调研

虽然截至2014年12月31日,中国社会组织的数量已经达到近60.6万个(其中,社会团体数量为30万个,民办非企业单位数量为29.2万个,基金会数量为4117个),[1]但是相关的社会组织内部治理法律制度目前仍处于起步阶段,在内部治理结构、监督机制、信息公开等方面的制度尚不完善。国内社会组织往往缺乏法律人才和法律支持,这导致了社会组织在日常工作中遇到的法律问题得不到及时有效的解决,长此以往,必然不利于社会组织的自身发展和其社会服务的开展。本章作为本书开宗明义的上编第一章,将从我们所做的一次社会组织内部治理情况的调研出发,通过对调研数据分析和小结,为之后三个章节的内容提供数据支持和事实铺垫。希望第一章能给各个社会组织以启示,用完善社会组织内部治理的方式提高其自身的能力和水平,形成一个"政社分开、权责明确、依法自治的现代社会组织体制",[2]以充分发挥社会组织作为第三部门在社会管理中的协同作用。

本次调研主要分为五个部分,第一部分是被调查机构的基本情况,第二部分是机构的战略规划,第三部分是机构的决策机制(也是内部治理最核心的部分),第四部分是机构的监督机制,第五部分是机构的信息公开等问题。

---

〔1〕 民政部:《2014年社会服务发展统计公报》,载民政部门户网站:http://www.mca.gov.cn/article/zwgk/mzyw/201506/20150600832371.shtml,最后访问日期:2015年7月31日。

〔2〕 胡锦涛:《坚定不移沿着中国特色社会主义道路前进　为全面建成小康社会而奋斗——在中国共产党第十八次全国代表大会上的报告》,2012年11月8日。

第一节　机构基本情况

本部分内容主要涉及被调查社会组织的服务领域、成立时间以及注册登记方式等机构基本情况。

参与填写本次中国社会组织内部治理调查问卷的社会组织共有48家，其服务领域较为分散，主要包括妇女儿童、残障人服务、社区服务、文化教育、环境保护等，也有相当数量的机构从事为老服务、政策倡导以及NGO支持等公益事业。当然，这也反映出此次调查选取的样本的广泛性和多样性。

在接受调查的社会组织中，大多数组织成立时间较久、较为成熟，这样它们理应有更多机会考虑其自身的内部治理建设问题。其中，开展业务时间达到五年以上的占据64.58%。其中，江苏省徐州市心缘志愿者服务中心、长春心语志愿者协会等机构已经成立了17年以上，长时间坚持着自己的公益之路。另外，上海市闵行区华漕铺路石青少年发展中心、长春市二道区新智特殊儿童训练学校和洛江区北斗星自闭症儿童培训中心等机构的成立时间也达到了7年以上。各社会组织开展业务时间年限分布请看图1。

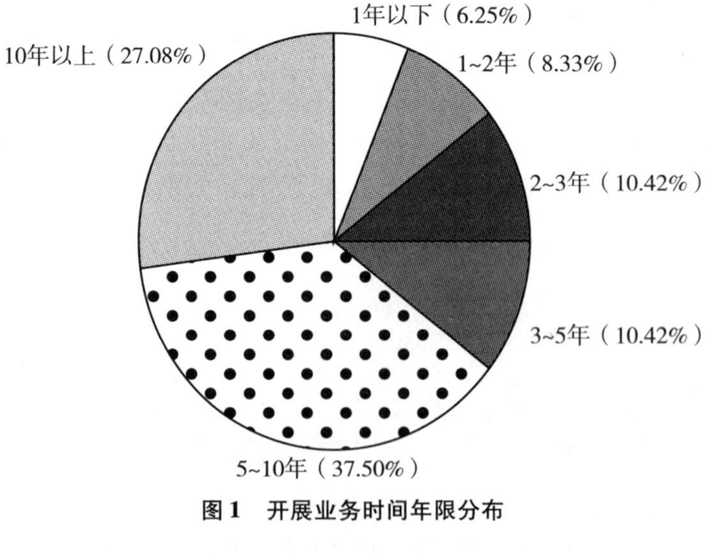

图1　开展业务时间年限分布

绝大多数接受调查的社会组织已经在民政部门合法登记设立。其中，在民政部门登记的民办非企业单位占到八成左右，其余皆为在民政部门登记的社会团体和在民政部门登记的基金会。还有两家被调研的组织尚未在民政部门登记，但已在工商部门登记，一家为公司，另一家为合伙企业。此外，还有少数的社会组织未进行任何形式注册登记（1 家）或正在努力争取在民政部门注册登记（2 家）。另有一北海民间志愿者协会则是通过挂靠的方式取得合法身份的。

第二节　战略规划

战略规划对一个组织来说至关重要。战略规划的有无和优劣，决定了社会组织的发展情况和前进动力。

本节的问卷调研主要围绕以下几个方面：

（一）社会组织的战略规划；

（二）战略规划的具体实施、落实情况；

（三）中长期规划与项目规划情况。

一、社会组织的战略规划

总体而言，在战略规划方面，被调查的 48 家社会组织中绝大多数比较重视组织愿景、使命以及业务活动计划的制订。考虑到这些机构的成立年限，其在组织运营和活动实施方面已经展现出较为成熟的一面，也具备制定长期目标并将其付诸实施的能力。

具体来讲，有 47 家社会组织表示有明确的服务宗旨或者组织章程，占总调研对象的 97.92%，仅有一家社会组织无明确的服务宗旨或组织章程。在年度发展规划或年度总结方面，45 家社会组织有完整全面的年度发展规划或年度总结，只有 3 家社会组织无年度规划。

二、战略规划的具体实施、落实情况

而在规划的具体实施、落实情况上，却呈现出一定程度的分野。半数组织表示“落实得很好，完成了年度规划”，其余 22 家组织则表示“落实得一

般，基本能够按照规划进行活动”。另外，只有 2 家组织表示“落实得很差”。

机构的年度发展规划实施落实结果与其事先的设想存在着很大差异，这说明有近半数的机构无法完全依靠自身的力量去实现发展目标，它们对规划的执行力存在问题，它们非常需要外界专业的指导和扶持。具体数据分布可见图 2。

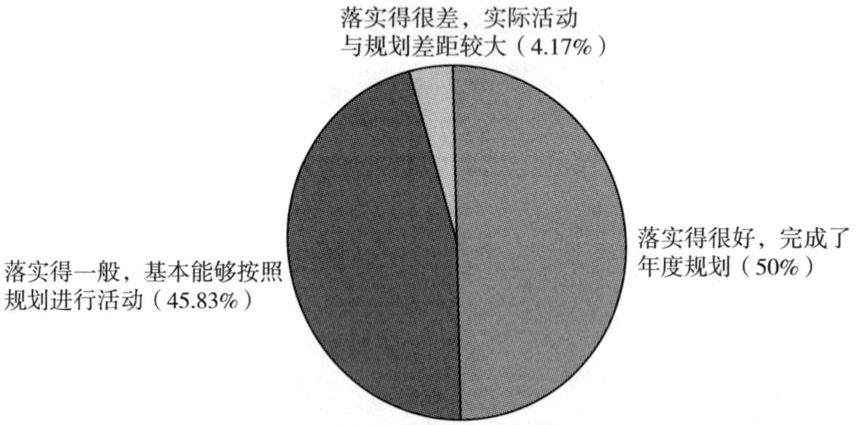

图 2　年度发展规划实施落实情况

由此可看出，尽管绝大多数的社会组织编撰了年度发展规划，但实际操作情况却不尽如人意。也许在专业的支持与帮助下，各机构能更好更具体地落实年度战略规划，使规划发挥它应有的指导作用。

三、中长期规划与项目规划情况

社会组织的发展其实是由一个又一个的项目累积起来的，它们在完成项目的过程中不断累积经验，积攒声誉与公信力。所以，社会组织若想开辟一条可持续发展的道路，那么只有年度战略规划是远远不够的，中长期的项目规划和具体项目的实施规划也是必不可少的。

在中长期规划上，只有 3 家社会组织表示没有 1 年以上的中长期的发展规划，其他均表示有 3 年以上或以下的发展规划。由此可见，接受调查的多数社会组织，无论成立时间的长短，均能有意识地对项目进行中长期规划。但在拥有中长期发展规划的组织中，只有一半的组织拥有 3 年以上的长期规划。这说明，对于社会组织来说，制订长远的规划还是比较困难的。

在项目规划上，各机构并非会对所有项目进行事前的实施规划和事后的评估。除了 3 个机构表示不会进行规划与评估之外，还有近四成的组织只对重大项目进行事前的规划与事后的评估。

各机构的中长期规划与项目规划的数据分析对比可见图 3 和图 4。

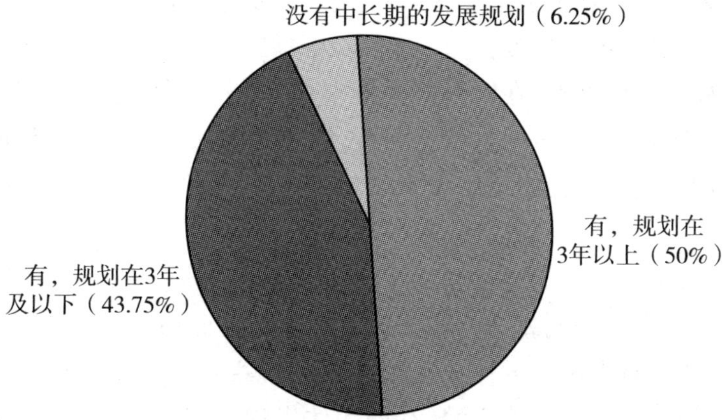

图 3　中长期规划情况

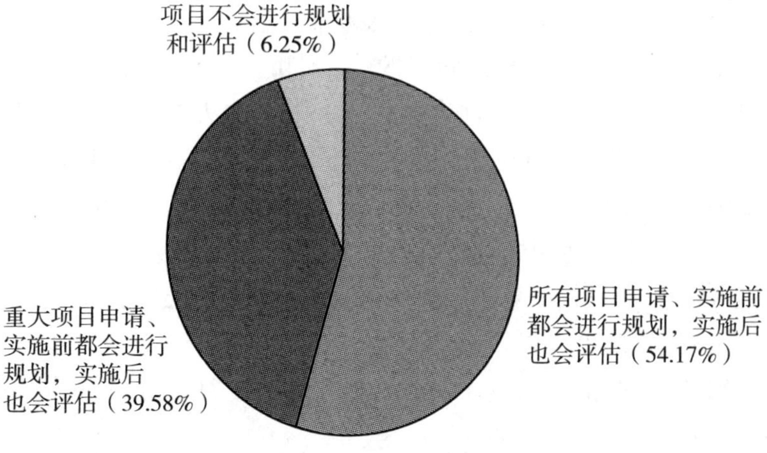

图 4　项目规划情况

此外，在机构成员对战略规划的了解方面，28 家机构表示机构的各项发展规划会及时向所有职员、志愿者通报，占总样本比重的 58.33%；但也有近四成的机构表示，只有少数决策和执行层面的职员和志愿者了解机构的发展规划。

第三节 理事会

一般来说，社会组织最重要的内部治理机构是“理事会”。也许我们可以把社会组织中的理事会类比为公司中的“股东会”和“董事会”，它们之间有相似之处，也有不同之处。

除了社会团体之外，在民办非企业单位、基金会中，理事会拥有社会组织的最高决策权力，代表的是社会利益，它要确保社会组织的所作所为对社会负责。理事会应当把握组织未来的发展方向，并切实监督组织的各项行为。

依照《民办非企业单位（法人）章程示范文本》、《基金会章程示范文本》，民办非企业单位与基金会应当设立理事会。而另一社会组织——社会团体，目前并没有全国性的法律法规或部门规章对社会组织理事的产生有相关规定，但根据民政部发布的《社会团体章程示范文本》这一全国性的规范性文件，社会团体的理事会是会员大会（或会员代表大会）的执行机构，在会员大会闭会期间领导社会团体开展日常工作。

按照2015年1月1日开始施行的《广州市社会组织管理办法》的第二十四条规定，“社会团体的会员（会员代表）大会、民办非企业单位的理（董）事会、基金会的理事会是社会组织的决策机构，主要履行下列职责：（一）决定业务范围和工作职能；（二）选举或者罢免社会组织负责人；（三）审议组织的年度工作报告、年度财务报告；（四）对组织登记事项的变更、设立分支（代表）机构、组织解散、清算、终止等事项作出决议；（五）修正或者撤销组织的执行机构、监督机构以及其他机构作出的不适当的决定；（六）制订或者修改组织章程、选举办法；（七）其他重大事宜。社会组织的章程另有规定的，从其规定。”

综合现已出台的各类规范性文件及地方性法规可看出，社会组织必须设立理事会，民办非企业单位、基金会的理事会作为社会组织的决策机构、社会团体的理事会作为会员大会（或会员代表大会）的执行机构，其在社会组织日常运营中所发挥的作用是决定性的。建立一个完善的理事会和可良性发展的决策机制，对于一个社会组织的健康发展来说，是十分重要的。

本节的问卷调研主要围绕以下几个方面：

（一）理事或理事会的设立、组成及职责；

（二）理事会会议；

（三）对理事会的监督制度及理事会的实际运行情况。

一、理事或理事会的设立、组成及职责

本调研中的数据显示，受访的社会组织都设有理事会，大多数机构理事会较为精简。成员人数大都在 25 人以下，其中成员人数在 8 ~ 25 人的组织为 15 家，占比最重为 31.25%；其次为 5 人，占 22.92%；成员人数在 3 人的有 6 家，占 12.5%；成员人数在 4 人和 6 人的机构皆为 2 家，各占 4.17%。只有两家理事会人数较多，分别为 26 ~ 50 人以及 100 人以上。

民办非企业单位与基金会对于理事成员的人数规定还是有所区别的。《民办非企业单位（法人）章程示范文本》第十条规定：理事会成员为 3 ~ 25 人；《基金会章程示范文本》第八条规定：理事人数不少于 5 人，且不多于 25 人。两种社会组织对于理事会成员人数的规定仅在人数下限上有所不同。而对于社会团体的理事会成员的人数，法律上没有特别的规定。在实践中，各个地方可能会对理事会人员有下限与上限要求，比如上海市 2014 年 4 月发布的社会团体直接登记所用的《社会团体章程示范文本》中就直接规定："理事人数不得少于 7 人，但不超过会员数的三分之一，且为单数。如设立会员代表大会的，理事人数不超过会员代表数的三分之一，且为单数。"

法律以及规范性文件中未有民办非企业单位及基金会存在常务理事会方面的规定。只有在民政部的《社会团体章程示范文本》第二十一条中对此有规定："本团体设立常务理事会（理事人数较多时，可设立常务理事会）。常务理事会由理事会选举产生，在理事会闭会期间行使第十八条第一、三、五、六、七、八、九项的职权，对理事会负责（常务理事人数不超过理事人数的 1/3）。"在接受调研的社会组织中，三分之二的机构设置了常务理事

会,这说明不少民办非企业单位也参照社会团体设立了常务理事会。

理事会作为一个"人合的团体",是由一个个的自然人所组成的。那么理事会成员产生流程与任期的问题也就不容忽视了。各机构对于理事会成员任期的规定不尽相同,但其中以3年为限的占据多数,为37.5%;与此同时,只有2家机构的理事任期为5年以上。

社会组织的理事会中理事的产生大多数是民主选举与非民主推选兼有(37.5%)或由出资人(主要捐赠人)、发起人决定(37.5%),只有20.83%的机构是完全民主选举产生的理事会。

而各机构的理事会中的人员组成也是一个十分值得研究的问题,请见表1。

表1　理事会人员组成

单位:人

比例区间	0~1/10(含1/10)	1/10~1/3(含1/3)	1/3~1/2(含1/2)	1/2~2/3(含2/3)	2/3以上
贵机构具有专业背景(如管理学、社会学、法律、财会等)的理事人数	15(31.25%)	6(12.5%)	5(10.42%)	4(8.33%)	18(37.5%)
贵机构领薪理事的人数	30(62.5%)	11(22.92%)	2(4.17%)	2(4.17%)	3(6.25%)
贵机构员工理事的人数	29(60.42%)	13(27.08%)	1(2.08%)	2(4.17%)	3(6.25%)
贵机构发起人之外的理事人数	15(31.25%)	10(20.83%)	2(4.17%)	8(16.67%)	13(27.08%)
贵机构无利益关系的理事人数	22(45.83%)	5(10.42%)	4(8.33%)	6(12.5%)	11(22.92%)

由表1可以看出,领薪理事、员工理事在绝大多数机构的理事会中所占比重还是很少的,这说明这些社会组织的理事大部分都不是授薪理事。但是,无利益关系在各个机构理事会中的比例也是相当低的,也就是说,每个机构多多少少还存在一些与机构存在利益关系的理事,有将近45%的机构

其理事会二分之一以上都是由发起人组成，这也说明社会组织与其发起人关系非常密切。各机构理事会中具有专业背景的理事人数占比呈现“U”形分布，在十分之一以下以及在三分之二以上的机构各占三分之一左右，从中也能稍窥出各机构在发展理念和阶段上的分野。这似乎也喻示着：如今国内社会组织的发展两极化分布明显，一部分组织接受了专业的建议在不断完善内部治理的结构，而另一部分组织尚处于摸索阶段，它们需要专业的意见和帮助。

就理事会职权范围而言，众机构章程中所规定的职权范围普遍比较广泛。半数以上的机构章程中包括了“作为会员（会员代表）大会的执行机构，执行其决议”“制定、修改章程”“制定内部管理制度、任命理事长（会长）、副理事（副会长）、执行负责人”“审议执行负责人的工作报告，检查执行负责人的工作”“决定重大业务活动计划，包括资金的募集、管理和使用计划”“审议组织的年度财务报告，审定年度收支预算及决算”“决定组织登记事项的变更（如变更法定名称，住所，法定代表人，业务范围，开办资金等）”“设立分支机构（代表机构）、内部机构”“决定组织分离、合并、终止等事项”“决定组织的战略规划”等事项。对于“根据执行负责人的提名任免其副职及财务负责人”“设立分支机构（代表机构）、内部机构”“领导组织各个机构的工作”“负责对外联系”“为组织筹款”等其他事项并未在超过半数的机构章程中被规定下来。

二、理事会会议

在理事会常规会议的召开频率上，各机构的选择较为分散，分别由31.25%、31.25%、20.83%、16.87%的机构选择了召开年度、半年、季度会议以及不设常规会议，需要时就召开。实际上，作为规范性文件的民政部章程示范文本中对理事会常规会议的召开频率是有规定的，对于社会团体的理事会来说至少每年召开一次，对于民办非企业单位与基金会来说，至少应该每年召开两次理事会。那些选择不设常规会议而按需召开理事会的机构，都有违反章程规定的嫌疑。

在会议流程方面，六成以上的机构表示其“有明确的议题”、“会议及议题按规定进行提前通知”以及“有完善的会议记录”。而其他诸如规定的出席人数、规定的表决票数、委托代理出席机制等选项，只有少数机构选择，这显示出多数参与调查的社会组织在会议流程方面还存在较大的改进空间。有一半的社会组织反馈它们制定了专门的理事会议事规则，而其他三成的组织遵照通行的议事规则开展会议，两成的组织没有施行任何议事规则。由此可见，对于尚处初级阶段的国内社会组织来说，对议事规则还算是比较重视的。各社会组织对于理事会会议流程的描述及对理事会议事规则的选择比例详见图5和图6。

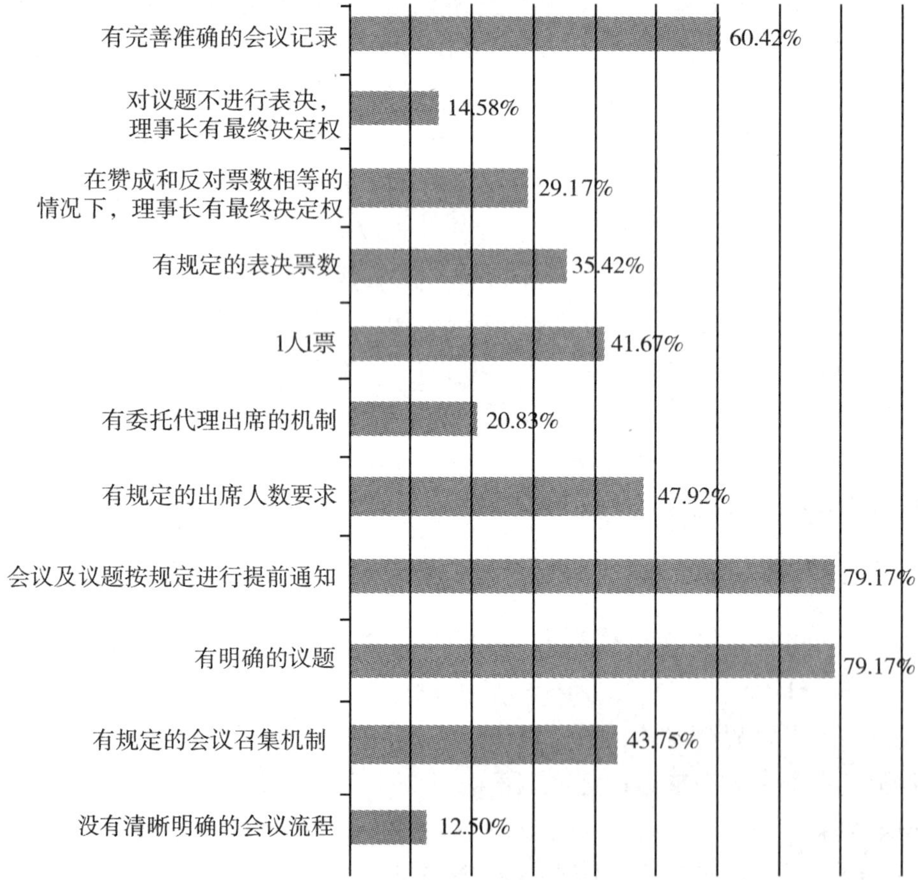

图5　理事会会议流程情况

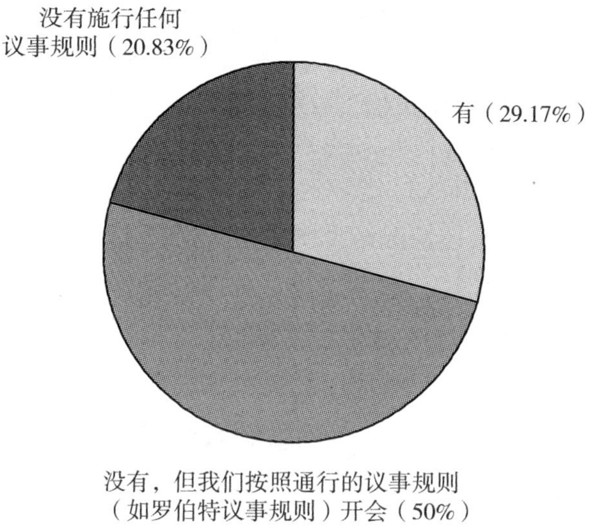

图 6　理事会议事规则制定情况

三、对理事会的监督制度及理事会的实际运行情况

理事会不是一个虚设的机构,它在社会组织的日常事务中是否参与、是否发挥了它应有的作用对于社会组织的实际操作运行是十分重要的。本次调查问卷显示,“理事均积极参与日常机构管理”占 20.83%;“部分核心理事参与日常机构管理”占比最多,达到 60.42%;“理事会纯决策机构,日常执行机构的人员构成与理事会完全无重合”占 18.75%。由此可见,大多数社会组织通常只有部分核心理事参与日常机构的管理,所有理事全情投入的情况很少。

理事长在理事会中毫无疑问是发挥一定的领导作用的,那么这种权力是否会让其拥有特殊的权利呢?从调查中可看出,七成的机构表示,理事长相比其他理事是没有特殊权利的;但还有近三成的机构表示,理事长有特殊权利。

由此可看出,理事会对于各社会组织的作用,与股东会和董事会之于公司的作用是相类似的。

理事会的问责机制也很重要,它的运行也需要监管。在对理事会的监督制度上，过半数机构选择由监事会进行监督，少数机构有其他监督机制（包括理事财务审核、理事离任审核制度、理事履职考核制度等）。在问责机制后必然有理事退出机制的产生，若对理事的错误放任置之，那么将会损害社会组织的切身利益。在此次的调查问卷中，我们设计了这样一个问题："若由于理事会或某理事的过错导致机构决策发生严重失误，贵机构是否有更换理事的机制？"具体情况请见图 7。

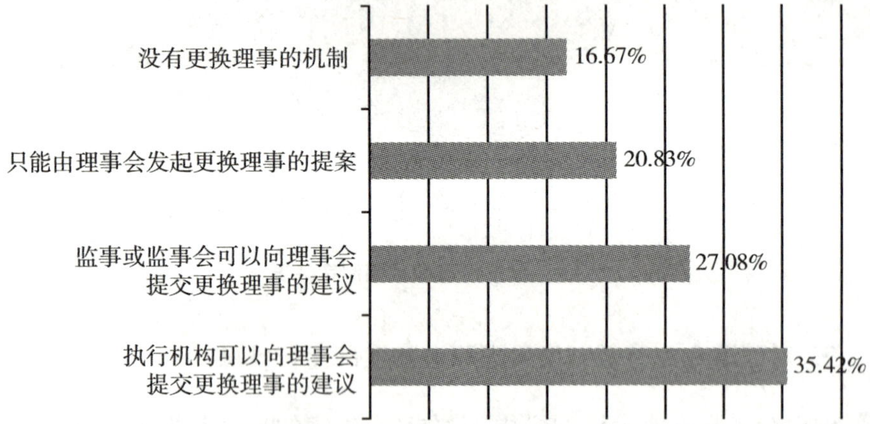

图 7　更换理事机制情况

由此可看出，不少机构并未制定成熟有效的更换理事的机制，无更换理事的机制以及只能由理事会发起更换理事的提案的占比加起来达到了近四成。没有更换机制或让理事会自己监督自己提出罢免案，很可能导致理事退出机制失灵。但是，社会组织对理事会的问责机制和退出机制的需求是现实存在的，理事不履行其职责或错误履行职责很有可能将一个组织"扼杀于摇篮中"或者"导致其运营困难"。那么此时具有较强公信力的内部机构或外部机构就有必要介入来监督理事会的运行。

而设立了监事会并选择由监事会进行监督的机构中，也只有三分之一规定理事会须向监事会作报告。且该报告的频率也以一年一次为主。所以，实践中，监事会的监督也不见得十分有力。

这些结果显示，众多机构对理事会的监督不够完善，还存在较大漏洞。理事会自身治理结构的单一性、监管机制的缺失和外部监督机制的缺乏都是目前急需解决的问题。

第四节　会员大会(会员代表大会)

根据《社会团体登记管理条例》的规定,在我国,社会团体是指中国公民自愿组成,为实现会员共同意愿,按照其章程开展活动的非营利性社会组织;包括各类使用学会、协会、研究会、促进会、联谊会、联合会、基金会、商会等称谓的社会组织。成立社会团体或参加社会团体活动是我国公民行使宪法规定的结社权的重要体现。与基金会、民办非企业单位这两类社会组织不同,社会团体是一种会员制的社会组织,组织中的最高权力机构不是理事会,而是会员大会(会员代表大会)。

会员大会与会员代表大会并不是一个概念,会员大会由全体会员组成,会员代表大会由会员所选举的会员代表组成。在同一个社会团体中,会员大会与会员代表大会不能并存。会员大会是社会团体中当然的最高权力机构,而会员代表大会是经法定程序成立的,会员代表大会一经成立则会员大会即终止,两者二选一。

而至于社会团体在何种情况下应成立会员大会还是会员代表大会这一问题,法规并未作强制性规定,各地有不同规定。

本节的问卷调研主要围绕以下两个方面:

(一)会员大会(会员代表大会)的设立、组成;

(二)会员大会(会员代表大会)会议。

一、会员大会(会员代表大会)的设立、组成

从统计数据中可以看出,17 家被调查的机构都设置了会员(会员代表)大会,鉴于 48 个样本中只有 9 个社会团体,这说明一些非社会团体的社会组织也采用了社会团体的这种结构。

在我们所做的调查中,机构会员人数在 200 人以上的组织占了绝对优势,达到 41.18%;接下来是 20 人以下的组织,占 29.41%;会员人数在 51 ~ 100 人的组织占 17.65%;占比最少的是会员人数在 21 ~ 50 人和 101 ~ 200 人的组织,各占 5.88%。具体情况请见图 8。按照社会团体的有关规定,个人会员至少要有 50 人。目前,17 家机构中,只有 11 家机构的会员人数满足

了50个会员的要求,这说明民间组织要满足50个会员的要求并非易事。

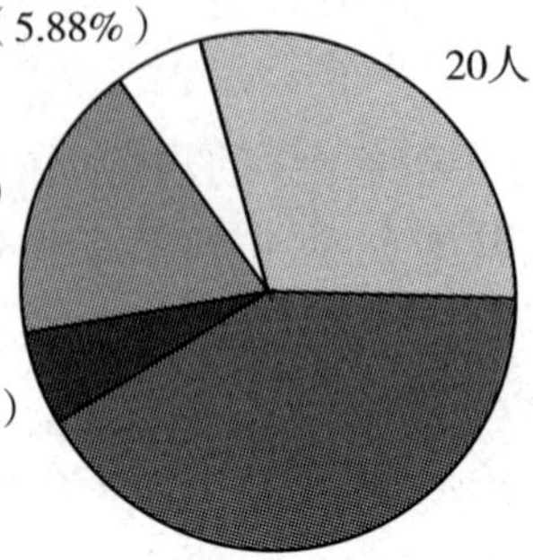

图8　机构会员人数情况

17家采用会员制的社会组织中,有10家机构因会员人数较多而选择设立会员代表大会,但是200个会员以上的机构只有7家,这说明有3家会员人数不满200人的机构也设立了会员代表大会。

是否设立会员代表大会在法规上并未有明确的规定。《上海市社会团体章程示范文本》(2012年9月修订版)曾给出过规定:“会员数量超过200个的,可以一定比例在会员中选举代表组成会员代表大会,代行会员大会职权。会员代表应以民主的方式产生,具体办法和名额分配由理事会决定。代表的数量一般应在会员总数的5%～30%,会员代表数量最少不得少于50个。”按照《广东省民政厅关于印发〈广东省民政厅关于社会组织法人治理的指导意见〉等四个文件的通知》(粤民发〔2015〕70号)中的规定,“会员数量在200个以上的社会团体,可推选代表组成会员代表大会。会员代表大会代表的人数由章程规定,一般不少于全体会员的三分之一。会员代表必须明确其代表对象,在会员代表行使重大事项表决时,必须事先征求其代表对象意见,并获得一致意见,方可行使表决权。”

对于设立了会员代表大会的机构,我们也对其代表人数做了调查,结果如图9所示:有一半的社团的会员代表人数在51～100人;21～50人以下和200人以上的都为0%;其次是20人以下为30%,101～200人的占20%。换句话说,10家机构里面有7家的会员代表人数都在50个人以上。《社会团体章程示范文本》并未对会员代表人数作明确规定,但各社团须遵守各地的规定。

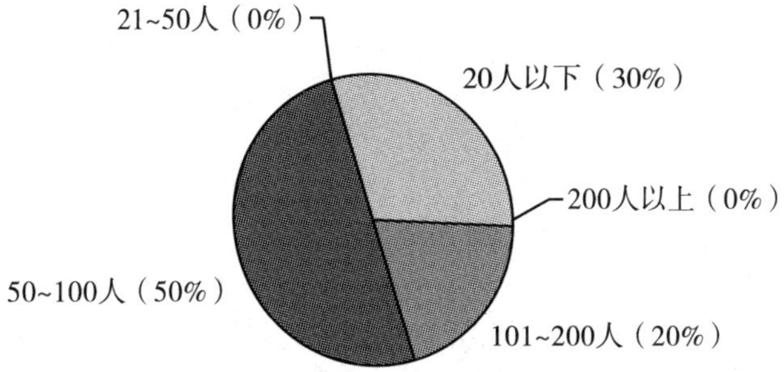

图9　机构会员代表人数情况

二、会员大会(会员代表大会)会议

在设有会员(会员代表)大会的机构中,按照国家的章程示范文本,会员(会员代表)大会的召开频率至少为每年一次,但有三家机构甚至达到了一年五次。会员(会员代表)大会的召开频率在一年一次和一年三次的比较普遍,各占35.29%。会员大会每年三次以上的组织达到了12家,这说明这些组织可能还处在初创的阶段,会员大会有可能还在起着类似理事会的作用。具体情况请见图10。

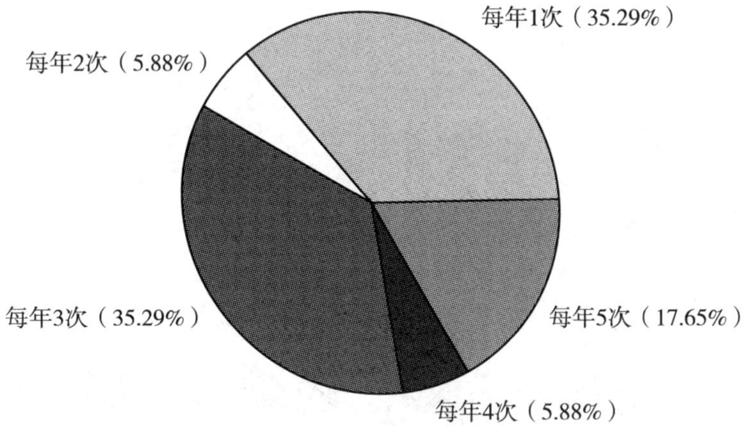

图10　机构会员(代表)大会召开频率情况

数据显示,临时会员大会(会员代表大会),占比82.35%的机构是未召开过的。具体情况请见图 11。

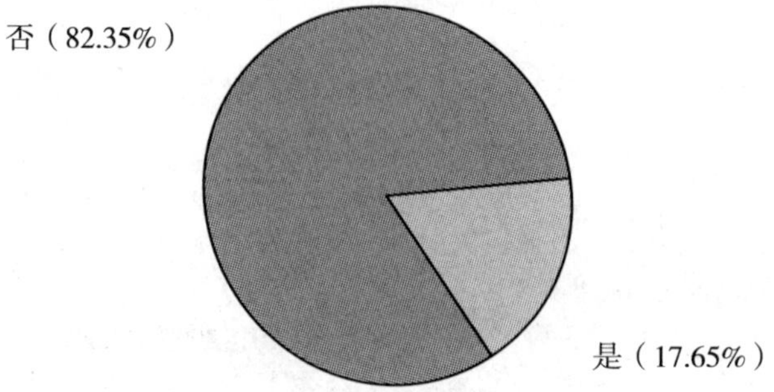

图 11　临时会员(代表)大会召开情况

会员参加会议的积极性普遍较高,大多数机构的会员都能积极参加;极少数的几家机构的会员参会人数不足一半。但在“贵机构是否出现过无法组织会员(会员代表)大会的情况”的问题中,我们也发现还是存在部分机构曾经遭遇过这种情境,在 17 家组织中占了 3 家,其中,有 2 家组织出现过换届会员(会员代表)大会无法按期举办的情况。具体情况如图 12、图 13 和图 14 所示。

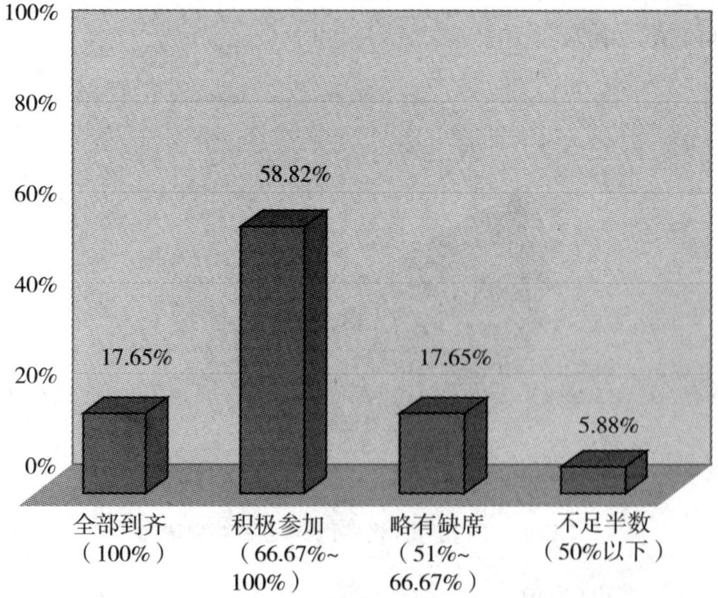

图 12　会员(代表)大会参会情况

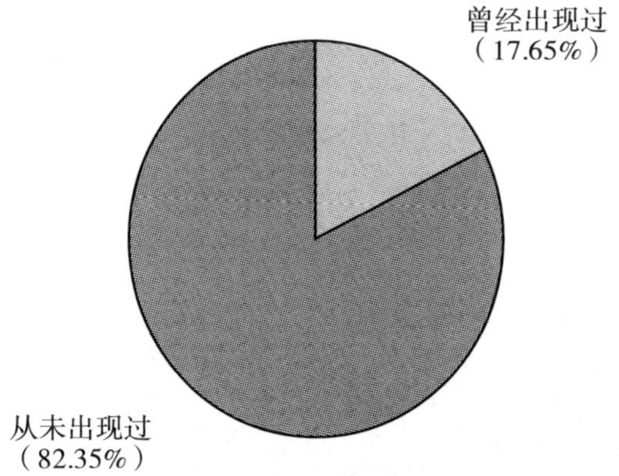

图 13　无法组织会员（代表）大会情况

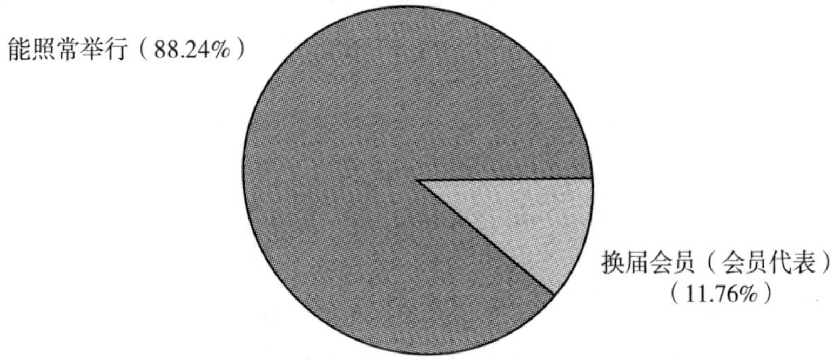

图 14　换届会员（代表）大会召开情况

同时，设立了会员大会或会员代表大会的机构在会员（会员代表）大会上产生决议的效率也较高。大部分提案能被解决的情况占到 52.94%，全部提案被解决的情况占比 47.06%。由此可看出，在我们所调查的机构会员大会（会员代表大会）会议上，会员（会员代表）之间是能够有效交流解决机构的问题的，会员（会员代表）能够参与到机构的事务中，对机构的运行情况也是比较了解的。具体情况请见图 15。

在我们所调查的机构中，他们在会员大会（会员代表大会）是否拥有议事规则这一问题上分成了两派：一派有专门的议事规则，占 41.18%；另一派58.82% 的机构没有专门的议事规则，但会按照通行的议事规则召开会议。这两种方法在我们看来都是可行的，只要符合机构的自身情况就是合适的。具体情况请见图 16。

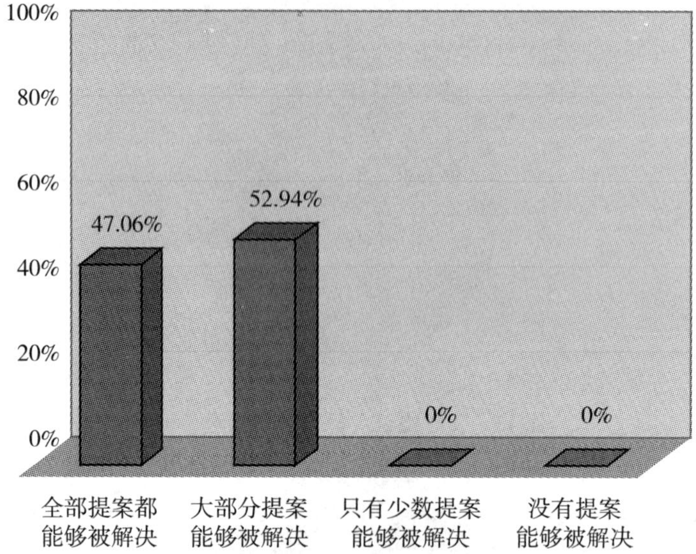

图 15　会员(代表)大会产生决议效率情况

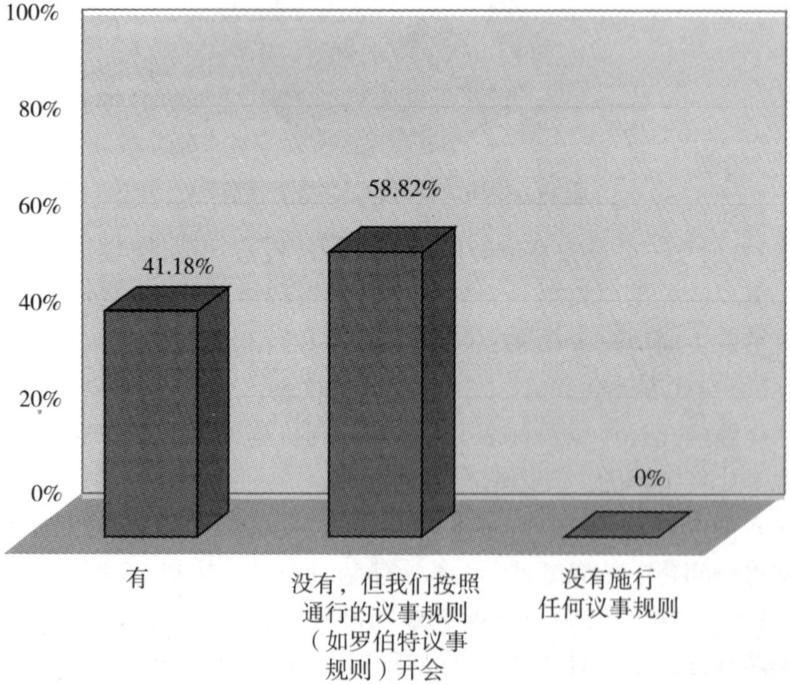

图 16　会员(代表)大会议事规则制定情况

不过，机构普遍表示他们的会员（会员代表）大会也存在许多问题，如会员（会员代表）大会会议流程不合规、会员（会员代表）大会文件信息的管理混乱、参与者社会角色单一等。具体情况见图17。

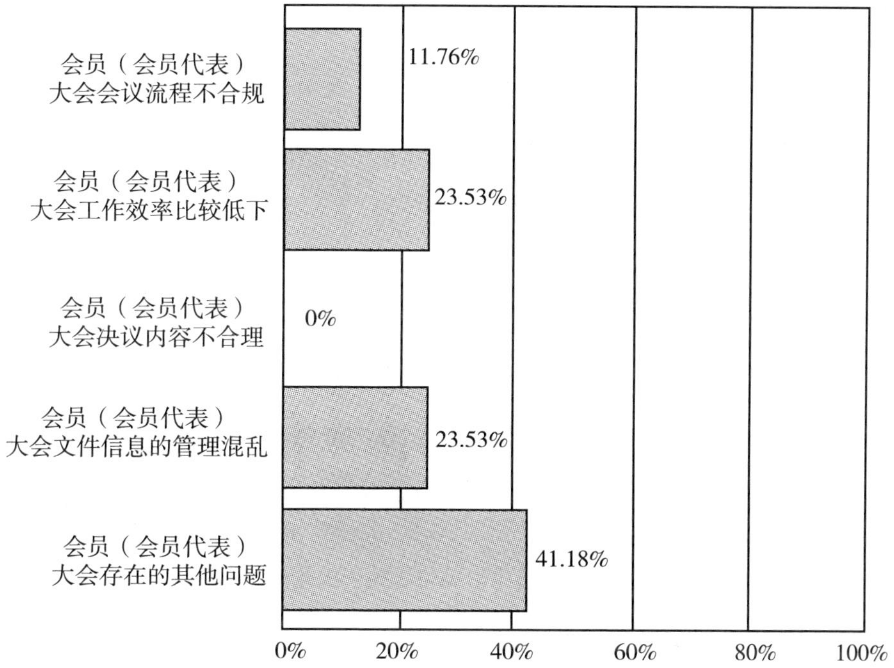

图17　会员（代表）大会存在的问题

第五节　执行机制

一般来说，社会组织的内部治理机构主要有三个：决策机构、执行机构和监督机构。这三个机构相互辅助、相互制衡才能形成一个平衡且有效的治理结构。

执行机构在组织平时的管理中起到不可或缺的作用，组织的日常事务皆由执行机构管理执行。执行机构的人数不限，一般由各组织自行设立。对于刚起步的社会组织来说，决策与执行是合二为一的，此时的决策机构、执行机构的分界并不明确；而对于发展时间较长的组织来说，可能执行层面的员工较多，就会设立专门的执行机构以管理并选举负责人。执行机构的运作围绕着执行机制进行，每个组织的执行机制都有所不同，按组织各自的发展脉络自行确定。

对于基金会和民办非企业单位这两种组织形式的社会组织来说，理事会是决策机构，而对于社会团体来说，理事会是会员大会(会员代表大会)之下的执行机构。《社会团体章程示范文本》第十七条明示：理事会是会员大会或会员代表大会的执行机构，在闭会期间领导本团体开展日常工作，对会员大会或会员代表大会负责。执行机构一般负责执行决策机构的决议，向其提出工作建议、报告工作，管理内设机构和专职工作人员，决定具体工作业务等。理事会由会员大会(会员代表大会)选举理事组成。社会团体理事会的职权不限于法规规定的内容，社会团体可自行确定其他职权，但必须符合法律、法规、规章和政策规定。社会团体的执行机构不限于理事会，还能设立秘书处或执行负责人(即秘书长)等。

本节的问卷调研主要围绕以下两个方面：

(一)执行机构的设立与职责；

(二)执行机构的执行负责人和普通员工。

一、执行机构的设立与职责

统计数据显示，大部分机构设有专门的执行管理机构(如执行理事会、秘书处、执行负责人等)。但未设立执行机构的组织仍然存在，比例达到20.83%。这很可能和各机构的发展阶段有关。

执行机构负责社会组织的日常事务，就具体执行情况向决策机构和监督机构定时汇报。在我们的调研中，机构的执行机构能一年一次定时向决策机构和监督机构汇报的只占60.42%，不定时汇报占27.08%，不汇报或其他情况各占6.25%。这说明在我国，还是有一部分社会组织的内部治理结构不够规范严谨，决策机构与执行机构、监督机构之间的连接并不紧密，执行与决策和监督分开，就会造成战略规划制定与实施的不当，机构现实运营情况与机构规划的发展轨迹越行越远。长此以往，对组织的发展不利。执行机构向理事会/监事会/会员(会员代表)大会报告的频率如图18所示。

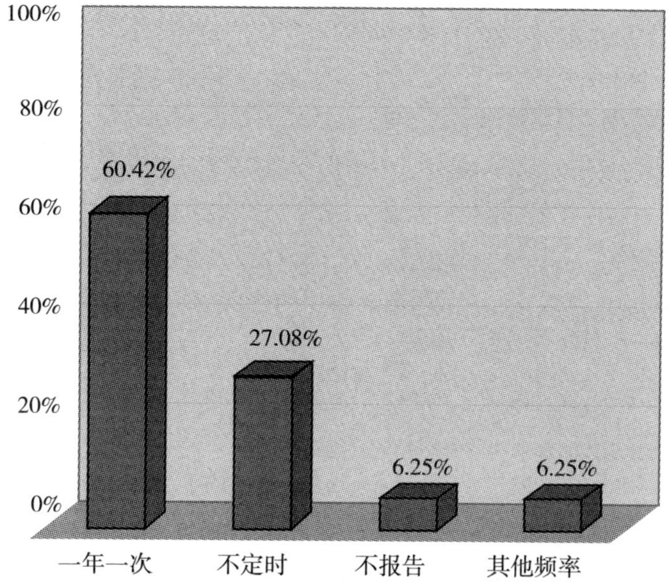

图 18　执行机构报告频率

二、执行机构的执行负责人和普通员工

对于一些规模较大、人数较多的组织或操作型机构而言，执行层面设立一位或多位执行负责人（也就是：秘书长、主任、总干事、总经理、校长、院长、社长、园长等）对于机构的日常运作和事务处理能起到事半功倍的效果。对此，我们也在问卷中就执行负责人方面提出了一些问题。

就调研数据来看，机构执行负责人的任命方式多为理事会或机构直接任命，理事会任命在我们进行调研的机构中更是占到了 58.33%；民主推选方式被运用得很少，仅占 4.17%。具体情况请见图 19。

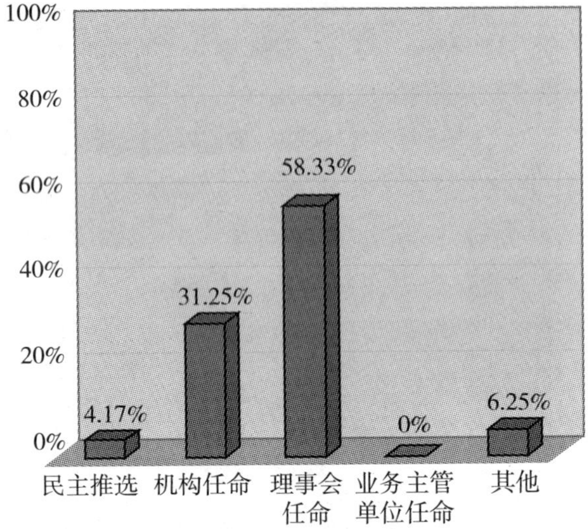

图 19　机构执行负责人产生方式

而执行负责人往往又是理事会成员，他们以此来参与机构的组织决策，便于其在日常工作中执行理事会决议，这种情况占到近七成。同时，我们也发现有 18.75% 的组织允许非理事会成员的执行负责人列席理事会会议。由此可见，将近九成的社会组织都让执行负责人出席或列席理事会，这的确是一种帮助理事会成员了解社会组织的日常运作实情而使决策不与执行相脱节的方式。具体情况见图 20。

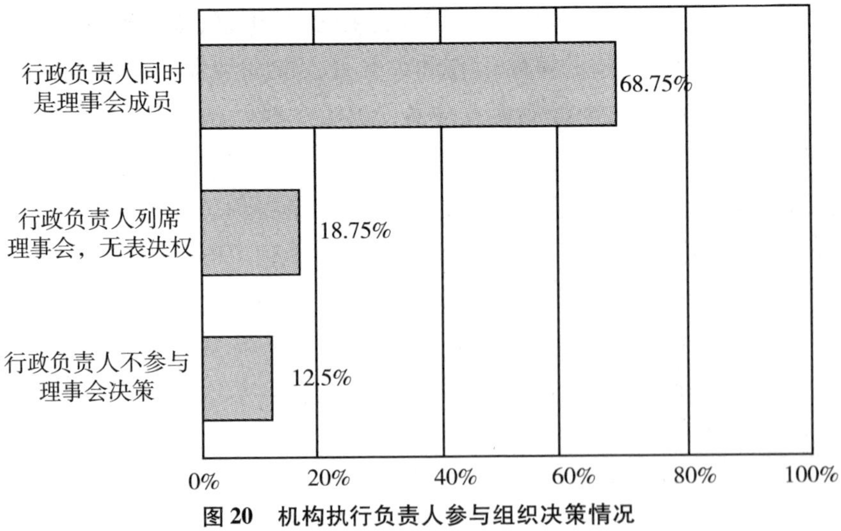

图 20　机构执行负责人参与组织决策情况

调查表明,绝大多数社会组织对他们的执行负责人有相应的问责制度。75%的机构由理事会对执行负责人进行问责,22.92%的机构执行负责人会向会员大会报告,只有27.08%比例的机构执行负责人也会向监事会报告工作。而设有针对执行负责人的财务审核、履职审核以及离任审核制度的机构占被调查机构的比例分别为39.58%、18.75%以及25%,比例都不高。由此可看出,大多数机构在制度上仍主要是靠理事会来对执行负责人进行监督、问责,执行负责人的问责制度还有待在社会组织中进一步完善。

《社会团体章程示范文本》中第二十八条、第二十九条对团体理事会理事长(会长)和秘书长的职权作了相关规定,可以看作是对社会团体执行机构执行负责人的职权所作的规定。社会组织章程中应对执行负责人的职权作出清晰界定,图21为所调查组织的章程中对各自的执行负责人的职权所作的规定。

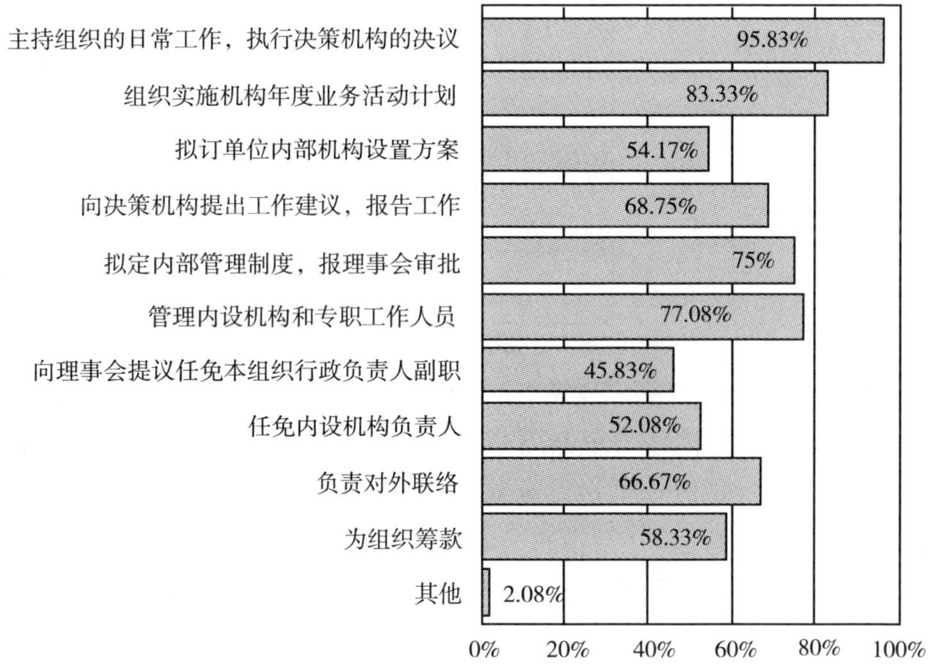

图21　章程对机构执行负责人职责的规定

那么,执行负责人的职责履行是否独立于理事会的影响呢?调查结果表明,大部分执行负责人的职责履行仍受到理事会的影响。三成的社会组织执行负责人在作出具体决策前必须请示理事会,超过一半的组织称执行负责人在遇到重大事项前会请示理事会,也就是日常事项不用请示理事会。但也有不到二成的组织说,理事会在闭会期间无法对执行官员施加影响,这些组织的理事会看上去似乎比较弱势。具体情况见图22。

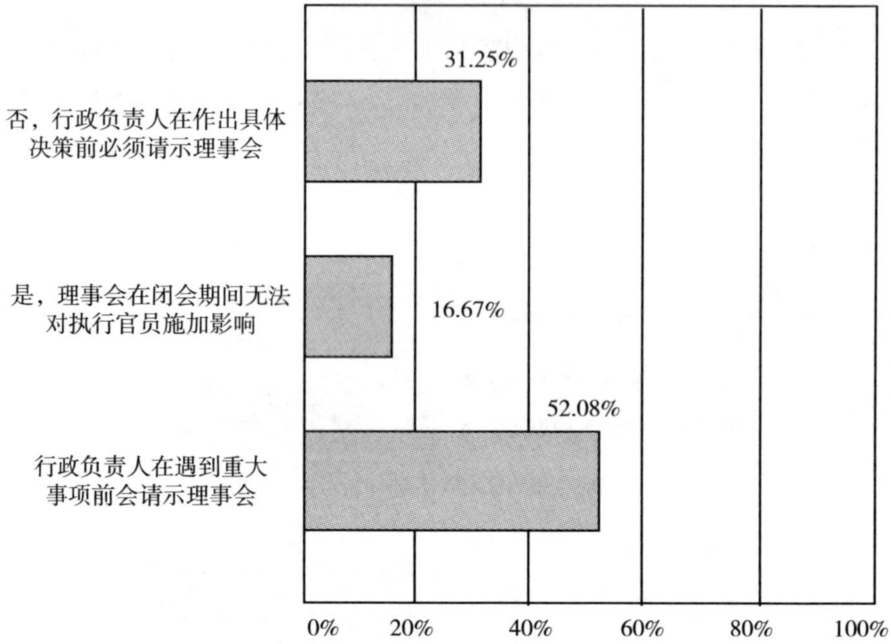

图22　执行负责人职责履行的独立性情况

而在招聘时,机构对于执行负责人的管理能力尤为看重。作为执行层面的负责人,管理能力理所应当地成为招聘的首要条件。在图23中可以很清晰地看出管理能力其中所占的比重。

组织的执行机构除了执行负责人外,还有大量的员工和志愿者。机构的日常工作大多数由他们完成,他们的职业能力和素养直接影响了机构的运作质量。在我们的调查中可以发现,绝大多数的组织很注重这些执行层员工的业务、财务和项目管理方面能力的培养。图23是招聘执行负责人时着重考察的内容,图24是组织对执行层面员工或志愿者定期培训情况。

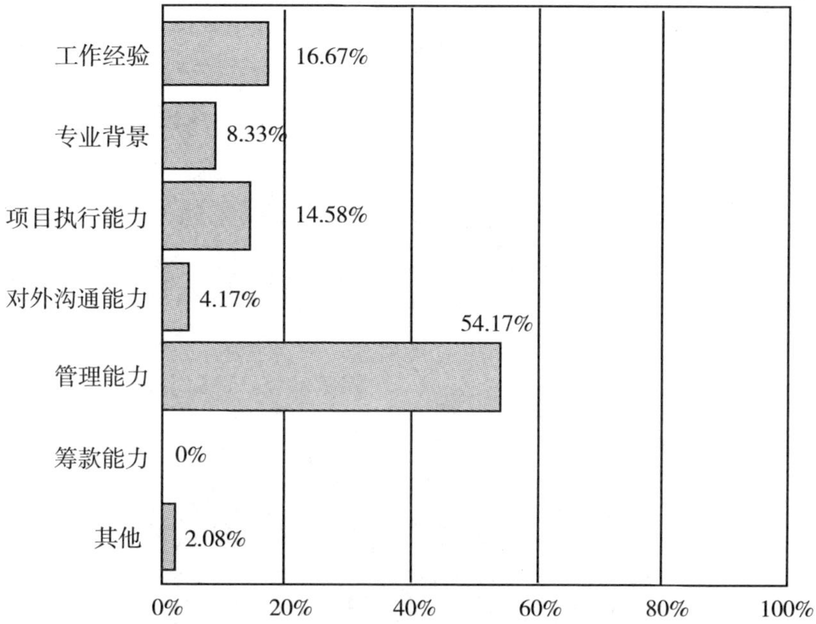

图 23　招聘执行负责人时着重考察的内容

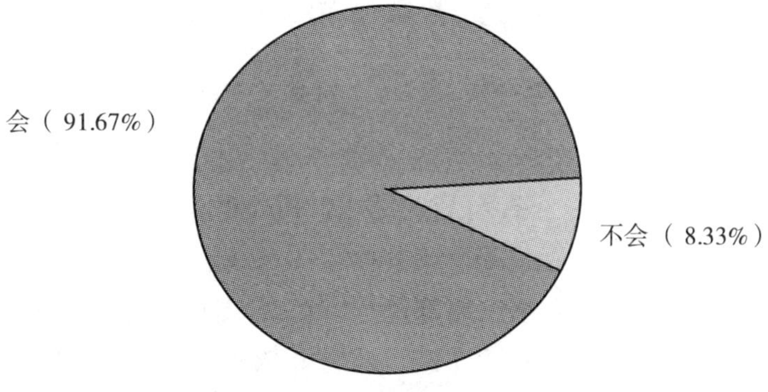

图 24　对执行层面员工或志愿者定期培训情况

在这部分调查的最后,我们提出了一个假设问题:"假设贵机构需要制订一份项目策划书以争取某个项目资金或主办某个项目的机会,该项目策划书将会由谁制订?"选择"执行机构可以自行制订并由执行负责人对项目策划书负责"的占据大多数——64.58%(参见图 25),这说明各个组织对于具体事务执行仍是给予执行机构很大的发挥空间。将具体事务的决策权下放给执行机构,重大事务的决策权仍由决策机构掌握,这种方式对于组织提升运行效率还是非常有利的。具体情况见图25。

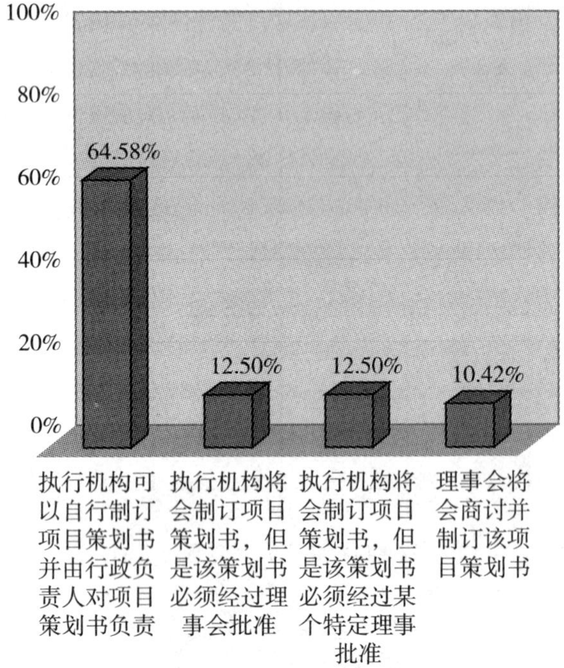

图25　项目策划的制定与决策情况

第六节　监督机制

监事或监事会在社会组织内部发挥着监督职能,对理事、理事会以及社会组织其他职能部门的日常运作进行监督。依照《民办非企业单位(法人)章程示范文本》《基金会章程示范文本》,民办非企业单位与基金会应当设立监事或监事会。

对于另一类社会组织——社会团体,虽然目前并没有全国性的行政法规规定社会团体需要设立监事会,但依照目前部分地区已经出台的地方性规定(如2007年《北京市社会团体规范化建设的指导意见》、2014年上海市《社会团体章程示范文本(直接登记)》、2014年《广州市社会组织管理办法》)，社会团体正逐渐被要求设立监事会，以达到“健全组织机构”的目的。综合目前已经出台的各类规范性文件以及正在进行的立法活动来看，在社会团体内部设立监事或监事会将是未来的立法趋势。

本节的问卷调研主要围绕以下几个方面：

(一)监事或监事会的设立、组成及职责；

(二)监事会会议；

(三)社会组织对于监督机制的需求及监督机制的实际运行情况。

一、监事或监事会的设立、组成及职责

问卷调研结果显示，65%的社会组织设有监事职位。在设有监事职位的社会组织中，35%的社会组织只设有1人为监事，而设有2人、3人为监事的比例分别只有25%和29%。

社会组织若设监事会，其成员不得少于3人；换言之，只有不到10%的社会组织设立了监事会。在仅以1~2人作为监事的社会组织中，监事对于社会组织运行的监督力度不可能非常大；尤其在1人任监事的情况下，根本不存在议事规则被运用的可能性，原本就力量有限的社会组织监督机构实际上有可能“名存实亡”，并不足以对抗相对强大的理事会或者执行负责人。

对于监事或监事会的职责范围，大多数社会组织对此的认知还是比较明确的：68%的社会组织认为监事或监事会的职责包括监督机构运行遵守法律、章程的情况，分别有61%和58%的社会组织认为监事或监事会应当监督机构内部选举、任免工作以及监督理事和执行负责人履行决策机构决议；42%的组织选择了当机构负责人、成员以及工作人员的行为损害组织利益，或违反法律或章程规定时，监事或监事会有权要求予以纠正，必要时向政府部门报告；26%的组织选择了监事或监事会须向会员大会报告年度工作。

我们可以看到社会组织对监事或监事会的职责所在基本是知晓的，主要的问题还是出现在这些职责的落实与实践上。我们的问卷显示有42%的社会组织对监事或监事会没有问责机制，承担较小问责压力的监事或监事会是否能够真正起到监督作用不得而知。

监事或监事会人员的组成也是一个有趣的问题，以下三个图表分别显示员工、理事近亲属及财务以及具有专业知识人员在监事会中的占比情况：

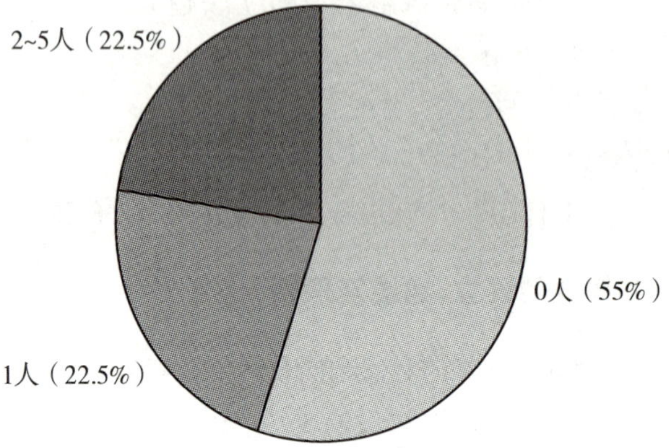

图 26　拥有员工监事数量

我们可以参考法律对于公司在设立监事会方面所提出的要求。根据我国《公司法》的规定，公司监事会中应当包括适当比例的公司职工代表，且比例不得低于三分之一。由员工担任监事或监事会成员是有效并且有针对性地对机构运作进行监督的手段之一，而在这一方面社会组织在考虑监事人选时并没有给予足够的重视，过半数的社会组织没有员工监事。

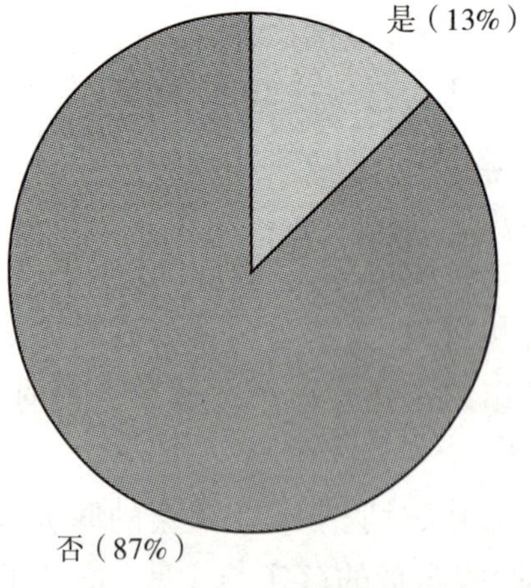

图 27　是否有理事、理事的近亲属或者财务人员担任监事

社会组织理事的近亲属或财务人员似乎并不合适做监事，按照调查结果，目前看上去有13%的社会组织存在这种情况。

表2　贵机构专业人士在监事会中的比重

专业人士类别	<1/10	1/10～1/3	1/3～1/2	1/2～2/3
法律专业人士	80.65%	12.90%	3.23%	0.00%
财务专业人士	70.97%	22.58%	3.23%	3.23%
管理专业人士	61.29%	29.03%	6.45%	0.00%

从表2中我们看到，在大多数的社会组织中，法律、财务、管理专业人士担任监事的比例并不高，实际情况是在大多数社会组织中，并没有由专业人士担任监事，或是只有1～2名专业人士担任监事。

二、监事会会议

将近一半（45%）的社会组织监事会会议以一年一次的频率进行；与此同时，38%的社会组织监事会对于监事会会议的态度是“不设常规会议，需要时就开”。从“需要时就开”的表述中可以感受到在这些社会组织中监事会所能起到的监督作用究竟几何。

对于会议流程，大多数社会组织能够做到有明确的议题，但在“有规定的会议召集机制”“会议及议题按规定进行提前通知”“有规定的出席人数要求”“有委托代理出席的机制”“有规定的表决票数”“有完善准确的会议记录”等方面仍然存在明显的不足。各个社会组织对监事会会议流程的各种情形描述的选择比例情况详见图28。

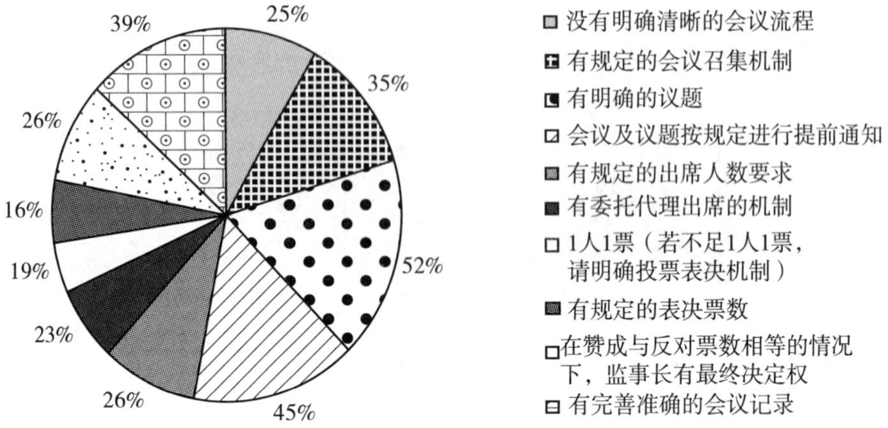

图 28　监事会会议流程的描述

三、社会组织对于监督机制的需求及监督机制的实际运行情况

按照我们的调查结果，大多数社会组织建立了信息公开、财务经费、印章文件、人力资源等监督管理制度。仅有 10% 的社会组织认为政府监管是对于社会组织来说最有效的监督机制。既然社会组织不希望政府过多地参与社会组织监督，而是希望以行业监督、社会监督以及组织自律等机制对自身进行有效监管，我们对于社会组织目前运行的规范性以及更加完备的监督机制的需求度进行了调查。

就社会组织对于机构总体运行状况进行评估（包括项目可行性、运行合规性、管理科学性、人员分配合理性等）的频率来看，大多数（62%）社会组织只是“偶尔或有需要时进行”类似的整体评估，这对于机构认清自己在运行中遇到的主要困难与阻力并不是很有利的基础条件。

我们以关联交易为例对社会组织的规范性进行调查。100% 的社会组织认为自己没有进行过关联交易，但有 10% 的社会组织称其与理事、监事及其近亲属发生过交易行为，说明这些社会组织对关联交易的概念不是很清楚。在这些看似规范的社会组织运作背后我们通过以下两项分析发现一些潜在的隐患：

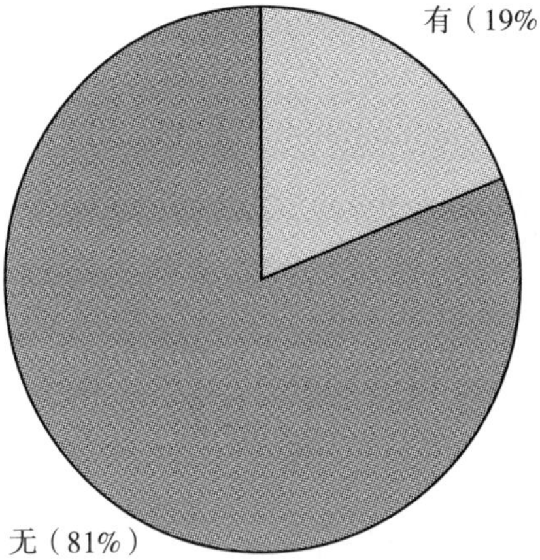

图 29 书面制度禁止有利益关系人员参与决策情况

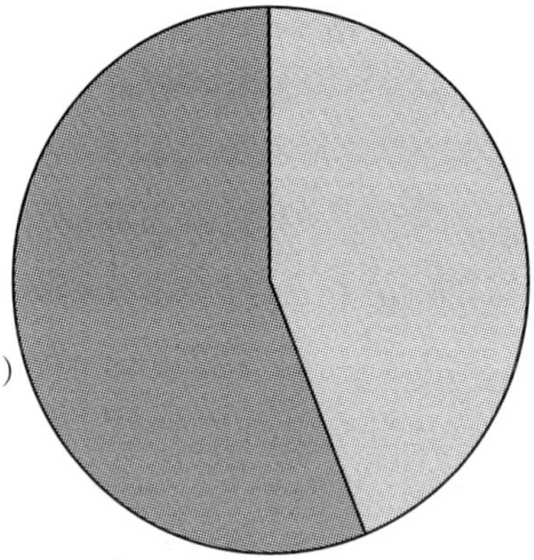

图 30 书面制度保证对外采购程序公平公正情况

由此可见，大多数社会组织对于对外开展业务及采购活动的公平公开性并没有完善的制度性规定。

在利益冲突的解决机制方面隐患同样存在：

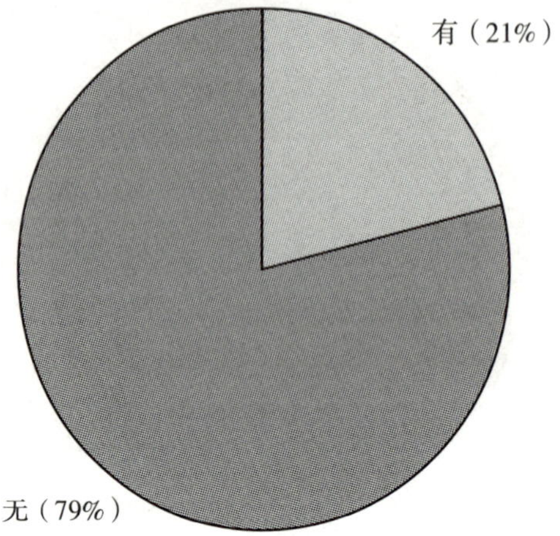

图 31　吸纳理事会新成员时的利益冲突制度情况

总体而言，我们的问卷调查结果显示出大多数社会组织明白监督机制存在的必要性和监督机构的主要职能，但是监督机构的运作方式并不专业。

从整体制度的层面来讲，尽管有具有专业知识的人员介入，在有些社会组织中诸如监事会会议召开的频率、会议记录的完整性、监事会决议作出的科学性等都还处于“想到一出是一出”的阶段，并没有一个完整、科学的体系来支持监事或监事会在社会组织内部起到应有的作用。具体到监事或监事会、理事或理事会的内部运作的具体环节，很多方面都是缺少规则去约束规范，这给监事或监事会的运作与作用的发挥都产生不利的影响，为社会组织的规范运行留下隐患。例如，我们的问卷调查显示，近八成的社会组织在吸纳理事新成员时并没有利益冲突方面的规则等。

第七节　信息公开

中国社会组织的数量正不断增加。与此同时，我们也越来越多地看到新闻媒体对社会组织内部信息不公开、善款使用不当的报道与关注。而事实上，许多由于社会组织内部运作不规范而造成的社会组织与社会大众之间的“矛盾”是可以通过社会组织自身的监督机制来防控的，这其中包括了信息公开方面的机制。我们也将信息公开列入了本次问卷调查的范围之内。

本节关注的问题主要有：

（一）社会组织是否有信息公开管理制度；

（二）社会组织信息公开的具体情况；

（三）接受调查的社会组织对今后信息公开的计划。

一、社会组织是否有信息公开管理制度

在我们的调查中，46%的社会组织有信息公开制度，并且规定于组织章程中；38%的社会组织的信息公开制度未规定于章程中，仅仅作为内部规范存在；这也意味着剩余16%的社会组织并没有成文的信息公开制度，这其中，14%的社会组织仅将信息公开制度作为一种惯例，2%的社会组织根本没有信息公开制度。

虽然多数社会组织都有成文的信息公开制度，但实践层面还是存在一定的问题，定期披露信息的社会组织不足一半。按照我们的调研数据，44%的社会组织以定期报告的方式进行过信息公开，这是最为规范的；52%的社会组织以不定期报告的方式进行过信息公开；剩余4%的社会组织在有信息公开制度的情况下没有进行过信息公开。

二、社会组织信息公开的具体情况

社会组织进行信息公开的主要内容包括：机构年度工作报告（88%）、项目运作信息（81%）、募捐捐赠信息（67%）、财务会计报告（77%）、关联交易信息（15%）、人事变动信息（33%）。

大多数（65%）社会组织认为信息公开的对象为社会公众，其后为资助人（21%）和业务主管单位（15%）。从报告对象上来看，多数社会组织的认知是准确的。社会组织对捐赠人和政府部门进行的信息公开事实上也是法律所要求的。

社会组织进行信息公开在我国有法律规则支撑。以基金会为例，根据民政部2006年《基金会信息公布办法》以及2012年《关于规范基金会行为的若干规定（试行）》，应将其年度工作报告、组织募捐活动的信息（针对公

募基金会)、开展公益资助项目的信息、关联交易信息以及内部制度通过媒体向社会公布。

我们的调查结果(如图32)所示,绝大多数社会组织机构会通过自己的官方网站进行披露,有些社会组织建立了多种披露渠道,其中包括第三方网络媒体(比如门户网站、信息公开平台等)对外公布。

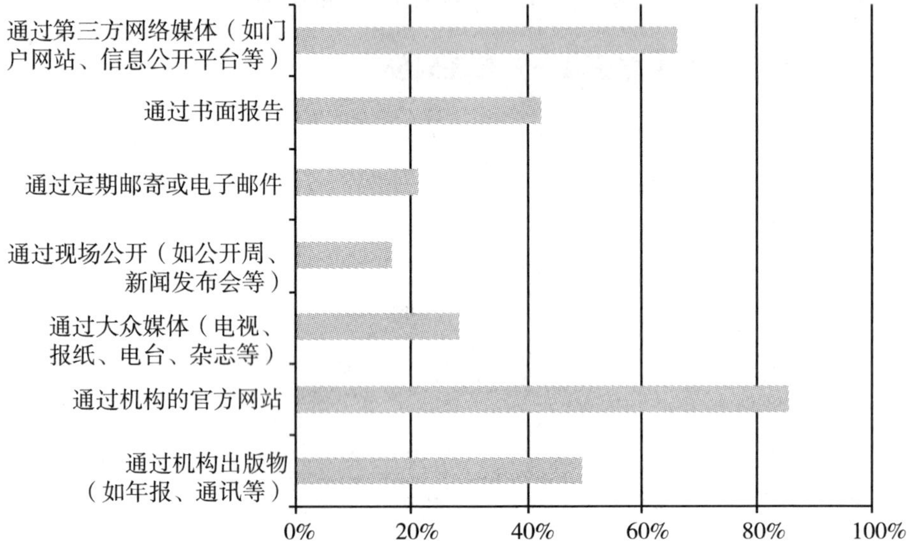

图32 信息披露渠道

在社会组织中,负责信息公开的部门主要为执行机构(75%)和理事会(19%),少数机构由监事会(2%)进行或由临时指派(4%)的人员负责信息公开。接下来,看一看社会组织进行信息公开的具体程序:

大多数的社会组织都能做到信息存档、理事会或执行负责人审查、业务主管单位备案。但是,总给人一种"为了披露而披露"的感觉,比如,许多社会组织对于信息公开中发现的问题并没有披露后纠错审查措施,出现了问题却无法解决;又如,多数的社会组织并没有信息公开质询渠道,公众对于社会组织所披露的信息并没有一个可以充分提出反馈想法的通道。

从另一项统计也能看出社会组织对于内部运营信息的管理存在一定的问题。有过半(52%)的社会组织只对重要信息进行管理,2%的社会组织

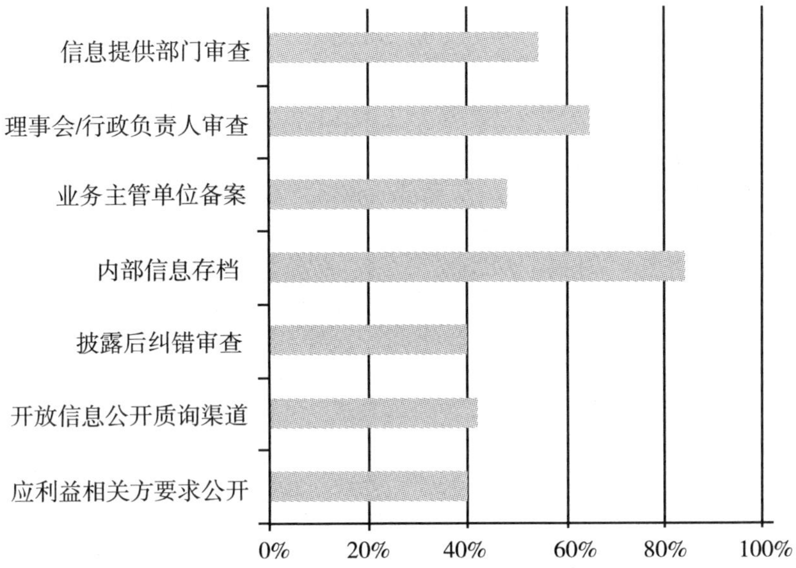

图 33　信息披露程序

没有对信息进行管理，内部信息管理尚且存在问题，在需要披露的时候遇到的尴尬也可以预想。

在调查中，我们以募捐信息的披露为例，来观察目前社会组织的信息公开是否能做到完整、规范。在调查中，81% 的社会组织会对募捐信息进行披露，紧接着，我们就募捐信息公开中的具体事项进行调查，得到了以下结果：

仅有 31% 的社会组织会将详细开支特别知会捐赠者，56% 的社会组织对捐赠者要求保密的个人信息进行保密处理等情况（详见图 34）都与目前社会组织与捐赠者之间出现的实际矛盾相符合。

我们时常会看到媒体关于某社会组织滥用社会捐款或是对善款及捐赠物资使用不当等情况的报道。事实上，与此相对应的就是信息公开这种社会监督机制的缺失。该向捐赠者披露的捐赠物资或款项具体明细不披露，而不该披露的捐赠者要求的保密信息却给予了披露，显而易见，这说明了社会组织信息公开机制普遍存在问题。

从专业度来看，69% 的社会组织会外聘会计师事务所对机构每年的财务情况进行审计。从调查来看，75% 的社会组织都会把审计报告正文公布，

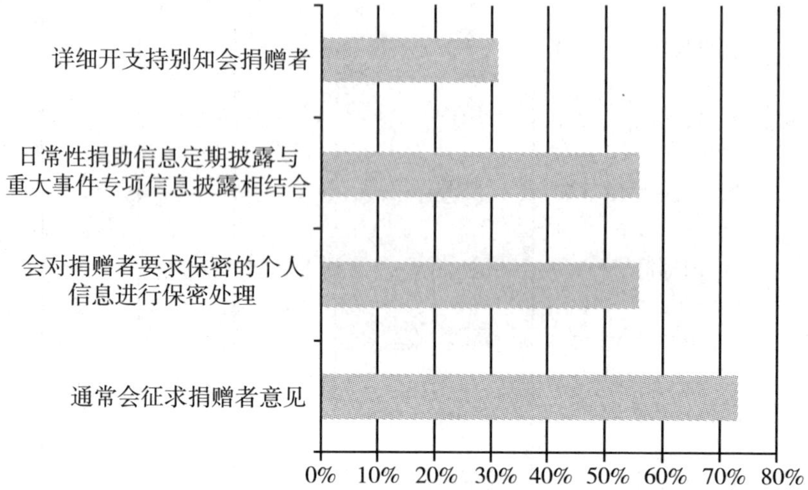

图 34　信息披露情况

但是其所附的附件(如财务情况说明书、会计报表附注、现金流量表、业务活动表、资产负债表)却不见得会披露,我们的调查数据如图 35 所示。

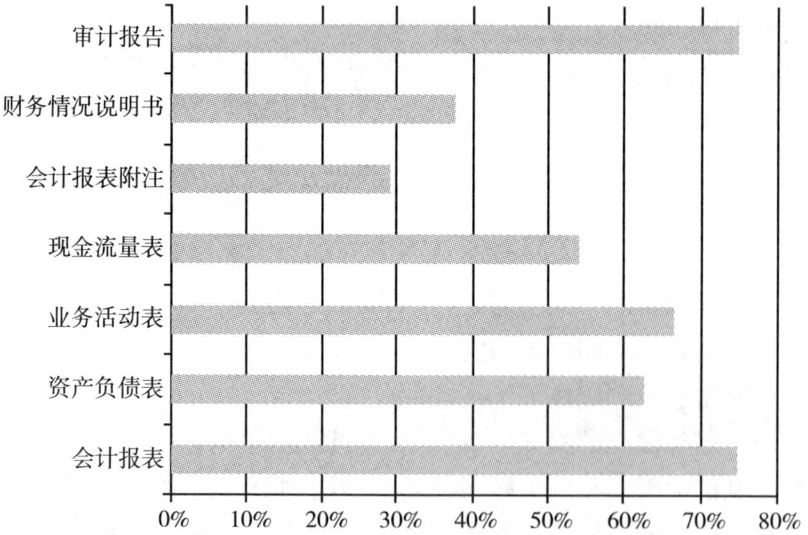

图 35　披露的财务信息内容

复恩曾就社会组织的财务管理制度进行过讨论,目前中国的社会组织财务管理面临着资金提供方预算设置要求不合理等实践上的诸多困境。但社会组织的自律也是不可或缺的一环。社会组织财务管理、社会组织信息公开完整架构的建立都不是仅靠法律规范就能真正做到的，还需要社会组织自己的努力。

三、接受调查的社会组织对今后信息公开的计划

对于没有建立信息公开制度的社会组织，我们也询问了原因。多数的社会组织称它们是因为没有法定披露要求（67%）和资料管理不完善（50%）而没有建立信息公开制度，这也与我们之前对于材料管理的疏忽导致根本无法对外披露信息的担忧不谋而合。

第二章　国内内部治理相关法律分析

内部治理是社会组织运营的重要环节。民政部颁布的《社会组织评估管理办法》对基金会、社会团体的综合评估、对民办非企业单位的规范化建设评估均包括内部治理的评估内容。

在我国,涉及社会组织内部治理的相关规定主要有《基金会管理条例》《基金会章程示范文本》《社会团体登记管理条例》《社会团体章程示范文本》《民办非企业单位登记管理暂行条例》《民办非企业单位(法人)章程示范文本》等。

其中,三大条例均由国务院制定颁布,属于行政法规;示范文本由民政部制定颁布,属于民政部的推荐文本,不具有强制的法律效力。许多地方民政管理部门还在民政部版本的基础上推出了自己当地的示范文本,它们在具体细节上也有许多出入,无法一一赘述。但在具体管理和评估中,民政管理部门往往要求注册的社会组织使用这些示范文本并据此开展内部治理,这些示范文本也的确更加详细地涉及了社会组织内部治理的架构问题,社会组织在内部治理中应予遵守。

第一节　战略规划

我国社会组织方面的管理法规没有涉及社会组织的战略规划。但社会组织的战略规划的确是社会组织内部治理中不可或缺的环节,战略规划的成果也会以宗旨和业务范围的形式体现在社会组织的章程条款当中。缺乏战略规划,社会组织依照管理法规所建立起来的内部治理结构再完善也只是一副没有生命力的空架构。只有二者结合,社会组织才能产生持续的行动力,合法合规地与利益相关方结成联盟,实现社会组织的愿景和使命。

战略规划是一系列经过规制的努力,它帮助组织作出根本性的决定和选择重要的行动,从而定义和说明一个社会组织是什么、做什么、不做什么以及为什么这样做。一个理想的战略规划既是社会组织重要的管理工具,也是社会组织对外交往展示的重要文件。

社会组织在进行战略规划时需要首先了解战略规划时需要掌握的三大基本要素 ABC:A 即内外环境因素、B 是目标和使命、C 表示战略规划。环境评估是战略规划得以产生和有效实施的前提,目标和使命是战略规划努力的方向。战略规划即根据环境因素制订计划来实现组织的使命和目标。在这里,从 A 到 C 是一个战略规划构想的过程,从 C 到 B 则是一个战略规划实现的过程。要想制订出好的战略规划,社会组织必须明白什么是 A、B、C 以及它们之间的动态关系。

一个良好的战略规划需要大体经历准备、制定、执行、评估四个环节;随着社会组织的发展,这个过程可以持续地循环进行下去。

在战略规划的准备阶段,社会组织的领导者、管理者需要先考虑如下因素:社会组织的领导者是否愿意付出努力来制定规划,并关注规划过程?影响规划的制定和执行的重要事件(比如该组织是否已合法注册)是否已经得到解决?理事会和员工之间是否存在激烈的冲突?理事会和员工对规划的目的和需要投入的资源是否有统一的认识?是否有充分的资源来评价组织目前的规划以及评价组织满足目前和未来发展需要的能力?等等。在这些问题都得到肯定答案后,社会组织即可开始准备组织战略规划会议、制定战略规划了。

在战略规划的制定阶段,社会组织可采取多种方式来制定自己的战略规划,其基本步骤包括:第一步:明确使命与愿景;第二步:评估组织的环境,确定关键问题;第三步:制订组织战略和长期目标;第四步:制订具体目标和行动计划;第五步:制订监测和评估计划。需要注意的是,战略规划不是社会组织高层的特权,而是全体成员的权利。战略规划的制定应该坚持全员参与的原则。制定战略是社会组织识别环境、认识自我、发现问题,寻找解决方案的过程。这个过程甚至比最终制定出来的战略本身还重要。在这个过程中,全员的参与能使得战略在规划过程中得到全体成员的高度认同,从而进一步保证战略规划的有效执行。

制订战略规划的第一步:明确组织的使命和愿景。使命是社会组织存在的理由、目的和核心。使命的陈述通常会简洁地界定出一个社会组织的价值观、目的、行动范围、结构、大小、期间、服务项目和组成分子等。使命有时以现在时陈述,也可以将来时陈述;可以是一句话,也可以是一段话。比如某老年健康服务公益组织的使命为“通过提供优质的老年健康照顾,×××组织致力于改善×××地区老年人的生活品质”。某法律服务公益组织的使命为“×××组织旨在以法律服务公益,为社会组织及其他服务于公共利益的组织提供专业化的法律服务和支持,促进社会组织及其他服务于公共利益的组织依法运营,推动参与性社区的发展”。愿景是组织所希望的未来的蓝图,组织使命实现以后外部的理想世界或组织的理想状态。比如上述某法律服务公益组织的愿景就被归纳为“以上海为起点,逐步建立一个覆盖全国的社会组织法律服务和支持平台”。

在充分地讨论和归纳使命时,社会组织需要深入思考并回答如下六个问题:(1)我们是谁?(2)我们的存在是为了满足何种社会需要,解决何种社会问题?(3)为了认识、预测、回应这些社会需要或问题,我们该如何做?(4)我们该如何回应我们的关键利益相关者?(5)我们的哲学观、价值观、文化观是什么?(6)是什么使我们独一无二?在经过充分的讨论之后,在这六个问题答案的基础上,社会组织的使命和愿景就浮现出来了。

第二步:评估组织环境,明确关键问题。内外环境的评估是非常重要的,在这基础上社会组织才能对自我有清晰的认识。这有赖于广泛、充分的信息搜集和整理。在具体操作中,社会组织的战略规划会议可以通过头脑风暴法、雪球卡技术等方法来收集这些信息,并通过SWOT分析技术来整理。SWOT分析,即优势(Strength)、劣势(Weakness)、机会(Opportunity)和威胁(Threat)分析。它是管理学中环境—资源综合学派的基本分析工具。SWOT分析有三个基本逻辑步骤:(1)自身能力分析,分析组织的资源或能力的优势与劣势;(2)外部环境分析,分析环境提供的机会和存在的风险;(3)在能力和环境之间进行优化匹配。

内在优势(S)是指一个社会组织超越其竞争对手的能力。比如,组织领导人的声望与能力,组织在业界的资历和声望、组织的内部治理结构、组织特有的技术技能、内部成员的特点、志愿者的积极性等。内在劣势(W)是指社会组织缺少或做得不好的东西,比如缺乏核心的、其他组织难以复制的技能、筹款能力差、员工待遇低、志愿者参与性差等。外部机会(O)是指外部环境中有利于本组织发展的机遇,包括政治环境的改善、法律的完善、政策的向好、公民意识的增强和观念的改变、利益相关者的改善、受众需求的增长、筹资渠道的拓宽等。外部威胁(T)或称外部挑战(C)是指外部环境中对本组织发展不利的因素,包括政治环境恶化、经济低迷、项目减少、竞争者增多等。

社会组织在全面收集上述信息之后应进行能力与资源的匹配,将上述信息详细归纳入表3。

表3 战略规划的SWOT矩阵

内部因素 / 外部因素	内部优势(S)	内部劣势(W)
外部机会(O)	SO战略	WO战略
外部威胁(T)	ST战略	WT战略

这样就可以得到四种潜在的战略规划选择:一是优势—机会(SO)战略,即发挥组织内部优势以利用外部机会的战略,所有社会组织都希望自己的环境、能力能支持本组织选择这一战略,充分利用自己的内部优势专注外部环境提供的机会。二是弱点—机会(WO)战略,它适用于外部存在一些机会,但组织内部的某些弱点阻碍了机会的获得,组织需要解决这些弱点,提高获得机会的能力。三是优势—威胁(ST)战略,它适用于组织目前处于优势状态下,但外部存在较大威胁,需要通过发挥自身优势规避、降低外部威胁。四是劣势—威胁(WT)战略。这是一种防御性战略,意在减少内部劣势,降低外部威胁,比如项目收缩。不同的战略态势存在不同的关键性问题,社会组织应在SWOT分析的基础上总结出相应的关键性问题,并选择恰当的战略模式,促使本组织的战略态势向SO战略发展。

社会组织在进行详细的SWOT分析中可以将四项信息进行交叉匹配从而发现组织存在的各种问题,在这些问题中挑选出关键性问题,拟订组织在规划、组织、发展方面的长期目标,再根据长期目标分解制订具体目标和行动计划,最好进行详细的列表,保证制定出的具体目标和行动计划符合具体化、可衡量、可实现、注重结果、明确时间限制的要求。此外,战略规划中应包括对执行进展的监测和评估机制,这包括制定月度、季度或年度安排加以审议、更新或修改战略和长期目标、具体目标。

最后,社会组织应将战略规划付诸实施,并严格按照战略规划进行检测和评估。如果环境、能力出现重大变化时,社会组织应及时进入战略转变循环,重新调整自身的战略规划。

第二节　捐赠人、举办者与会员大会

社会组织的内部治理不同于企业内部治理的根本原因在于社会组织缺乏明确的投资者——所有人角色,存在“所有者缺位”的特点。这一特点在社会组织内部治理结构中的反映就是社会组织没有权力机关或权力机关虚置。就企业而言,投资者开办并拥有企业,企业盈利最终进行所有者分配。这成为企业强化内部治理的最大动力。但在社会组织领域情况完全不同。

(一)基金会的捐赠人与民办非企业单位的举办者

以基金会为例,基金会的资产主要来自捐赠人,但基金会并不属于全体捐赠人所有。捐赠行为一旦作出,捐赠资产也不再属于捐赠人,捐赠人无法根据自己的捐资额对基金会事务行使类似于公司股东的权利,也不能根据自己的捐资额组成类似于公司股东会的权力机构。因此,我国相关的法规对基金会捐赠人的权利也较少涉及。基金会捐赠人的权利仅见于《关于规范基金会行为的若干规定(试行)》等少数民政部颁布的规范性文件中,且主要是根据《公益事业捐赠法》以及书面捐赠协议产生的知情权等权利。

类似的是,民办非企业单位的举办者一旦出资,开办资金同样不再属于举办者,举办者的权利也大大受限,与公司股东的权利不可同日而语。《民办非企业单位(法人)章程示范文本》仅将法人型民办非企业单位举办者的权利简单列举为:(1)了解本单位经营状况和财务状况;(2)推荐理(董)事(以下简称理事)和监事;(3)有权查阅理(董)事会(局)(以下简称理事会)会议记录和本单位财务会计报告;(4)其他章程规定的权利。但需要注意的是,《民办非企业单位(法人)章程示范文本》并没有涉及员工(代表)大会的规定,但民办非企业单位规范化建设评估指标中却将员工(代表)大会作为一项评估指标列出,并将其列在理事会、监督机构之前。这种管理要求上的冲突将会令民办非企业单位在建立内部治理架构时无所适从。

这里需要注意的是，民办非企业单位依照相关法规，还有另外两种形式——个人型民办非企业单位以及合伙型民办非企业单位。鉴于目前民政部门对个人型与合伙型民办非企业单位，已几乎停止了登记。所以，我们的讨论仅限于法人型的民办非企业单位，对于个人型民办非企业单位以及合伙型民办非企业单位暂付阙如。

（二）社会团体的会员（代表）大会

法规虽然规定社会团体、民办非企业单位、基金会三类社会组织都不得进行收益分配，从这个意义上讲都具备“所有者缺位”的特征。但与基金会、民办非企业单位等非会员制社会组织不同，社会团体由会员组成，在内部治理方面存在一个最高权力机构——会员大会的独特问题。基金会、民办非企业单位是不存在此类问题的。

根据《社会团体登记管理条例》，在我国，社会团体是指中国公民自愿组成，为实现会员共同意愿，按照其章程开展活动的非营利性社会组织，包括各类使用学会、协会、研究会、促进会、联谊会、联合会、基金会、商会等称谓的社会组织。成立社会团体或参加社会团体活动是我国公民行使宪法规定的结社权的重要体现。社会团体的最高权力机构不是理事会，而是会员大会（或会员代表大会）。《社会团体登记管理条例》是我国在该领域颁布的、最重要的行政法规。该法规颁行于 1998 年，据报道民政部正在着手准备对其进行修改。该行政法规主要规定了在登记、年检、变更、注销等方面登记管理机关对社会团体的管理事项，几乎没有涉及社会团体内部的治理问题。有关社会团体内部治理的规定主要可参见民政部颁布的《社会团体章程示范文本》以及一些地方民政部门在该文本的基础上修订推出的地方版本。下面，笔者结合民政部的《社会团体章程示范文本》，对会员大会的相关问题介绍如下：

社会团体由会员组成，会员有单位会员和个人会员两种。《社会团体登记管理条例》第十条规定必须有 50 个以上的个人会员，或者 30 个以上的单位会员，或者个人会员、单位会员混合组成的会员总数不得少于 50 个；社会团体方可申请筹备成立。这意味着，社会团体在申请成立时会员数不得少于 50 个（或 30 个单位会员）。该会员数应在筹备成立申请表中填写。但社会团体成立以后是否还必须维持该会员数底线，未见有法规规定。民政部门也未将会员数增减情况当作社会团体变更登记事项。

《社会团体章程示范文本》第三章规定：社会团体会员必须具备下列条件：(1)拥护该社会团体的章程；(2)有加入该社会团体的意愿；(3)在该社会团体的业务(行业、学科)领域内具有一定的影响。

会员享有下列权利：(1)该社会团体的选举权、被选举权和表决权；(2)参加该社会团体的活动；(3)获得该社会团体服务的优先权；(4)对该社会团体工作的批评建议权和监督权；(5)入会自愿、退会自由。会员履行下列义务：(1)执行该社会团体的决议；(2)维护该社会团体合法权益；(3)完成该社会团体交办的工作；(4)按规定交纳会费；(5)向该社会团体反映情况，提供有关资料。

会员入会的程序是：(1)提交入会申请书；(2)经理事会讨论通过。入会时，由理事会或理事会授权的机构发给会员证。会员退会应书面通知该社会团体，并交回会员证。会员如果一年不交纳会费或不参加该社会团体活动的，视为自动退会。会员如有严重违反社会团体章程的行为，经理事会(或常务理事会)表决通过，可予以除名。会员如对理事会(或常务理事会)的除名决定不服，可提出申诉，由理事会(或常务理事会)作出答复，必要时提交会员大会(或会员代表大会)审议后答复。

《社会团体章程示范文本》规定社会团体的最高权力机构是会员大会(或会员代表大会)。这首先说明会员大会与会员代表大会不应同时在一个社会团体内部并存，以免造成架构上的累赘，增加内部治理难度。从逻辑上讲，会员大会应是社会团体当然的最高权力机构，但会员代表大会却不是，它需要经法定程序而产生。因此，在实际操作中，笔者建议先由会员大会决定组成会员代表大会，并同时授权理事会制定具体办法并负责实施，最后产生组成会员代表大会。会员代表大会一经产生，会员大会就应终结。

当然，社会团体到底应组成会员大会还是会员代表大会，法规并没有强制性的规定，社会团体可以根据自己的情况自行决定。上海市社会团体管理局的示范文本(2012 年修订版，下同)推荐做法是：会员数量超过 200 个的，可以一定比例在会员中选举代表组成会员代表大会，代行会员大会职权。会员代表应以民主的方式产生，具体办法和名额分配由理事会决定。

代表的数量一般应在会员总数的5%～30%，会员代表数量最少不得少于50个。

作为社会团体最高权力机构，会员大会（或会员代表大会）在理论上有权处理社会团体治理中的一切重大事务，理论上包括最高决定权、审议权、选举权、罢免权、监督权。示范文本规定会员大会（或会员代表大会）的职权是：(1)制定和修改章程；(2)选举和罢免理事；(3)审议理事会的工作报告和财务报告；(4)决定终止事宜；(5)决定其他重大事宜。各社会团体可以根据自己的情况对会员大会（或会员代表大会）的职权进行增补。

对于会员大会（或会员代表大会）的每届任期年限，不同的地方有不同的规定，社会团体可以根据自身情况确定，但一般最长不超过4～5年。因特殊情况需提前或延期换届的，须由理事会表决通过，报业务主管单位审查并经社团登记管理机关批准同意。但延期换届最长不超过1年。会员大会（或会员代表大会）须有2/3以上的会员（或会员代表）出席方能召开，其决议须经到会会员（或会员代表）半数以上表决通过方能生效。上海市示范文本在民政部版本的基础上还进一步对不同类型的事项规定了不同的表决规则，比如决定终止的会议，经实际到会会员（或会员代表）过半数同意，决议即为有效。制定和修改章程，须经出席会员（或会员代表）2/3以上表决通过方为有效。

第三节　理　事　会

理事会是社会组织内部治理结构中的关键环节。社会组织的内部治理基本上围绕着理事会来进行建构和运作。但由于非营利性的社会组织存在所有权、经营权、受益权“三权分离”的特点，因此理事会本身往往缺乏有效的约束和激励机制，需予以特别关注。

需要特别注意的是，在相关法规中，社会团体的理事会被界定为会员大会（或会员代表大会）的执行机构。基金会、民办非企业单位（法人）的理事会则被界定为基金会的决策机构。

（一）基金会的理事会

基金会是指利用自然人、法人或者其他组织捐赠的财产，以从事公益事业为目的,按照《基金会管理条例》规定成立的非营利性法人。在内部治理结构中,基金会设理事会,理事会是基金会的决策机构,依法行使章程规定的职权。理事会每年至少召开2次会议。理事会会议须有2/3以上理事出席方能召开;理事会决议须经出席理事过半数通过方为有效。下列重要事项的决议,须经出席理事表决,2/3以上通过方为有效:(1)章程的修改;(2)选举或者罢免理事长、副理事长、秘书长;(3)章程规定的重大募捐、投资活动;(4)基金会的分立、合并。

《基金会章程示范文本》对理事会职权进一步增补、细化为:(1)制定、修改章程;(2)选举、罢免理事长、副理事长、秘书长;(3)决定重大业务活动计划,包括资金的募集、管理和使用计划;(4)年度收支预算及决算审定;(5)制定内部管理制度;(6)决定设立办事机构、分支机构、代表机构;(7)决定由秘书长提名的副秘书长和各机构主要负责人的聘任;(8)听取、审议秘书长的工作报告,检查秘书长的工作;(9)决定基金会的分立、合并或终止;(10)决定其他重大事项。

理事会由5~25名理事组成,理事任期由章程规定,但每届任期不得超过5年。理事任期届满,连选可以连任。用私人财产设立的不具有公开募捐资格的基金会,相互间有近亲属关系的基金会理事,总数不得超过理事总人数的1/3;其他基金会,具有近亲属关系的不得同时在理事会任职。在基金会领取报酬的理事不得超过理事总人数的1/3。未在基金会担任专职工作的理事不得从基金会获取报酬。理事的资格、权利和义务由基金会根据自身情况在章程中加以规定。

第一届理事由业务主管单位、主要捐赠人、发起人分别提名并共同协商确定。理事会换届改选时,由业务主管单位、理事会、主要捐赠人共同提名候选人并组织换届领导小组,组织全部候选人共同选举产生新一届理事。罢免、增补理事应当经理事会表决通过,报业务主管单位审查同意。理事的选举和罢免结果报登记管理机关备案。

理事会每年至少召开2次会议。理事会会议由理事长负责召集和主持。有1/3理事提议,必须召开理事会会议。如理事长不能召集,提议理事可推选召集人。召开理事会会议,理事长或召集人需提前5日通知全体理事、监事。理事会会议须有2/3以上理事出席方能召开;理事会决议须经出席理事过半数通过方为有效。下列重要事项的决议，须经出席理事表决，2/3以上通过方为有效：(1)章程的修改；(2)选举或者罢免理事长、副理事长、秘书长；(3)章程规定的重大募捐、投资活动；(4)基金会的分立、合并；(5)其他章程规定的重大事项。理事会会议应当制作会议记录，形成决议的，应当当场制作会议纪要，并由出席理事审阅、签名。理事会决议违反法律、法规或章程规定，致使基金会遭受损失的，参与决议的理事应承担责任。但经证明在表决时反对并记载于会议记录的，该理事可免除责任。

理事会设理事长、副理事长和秘书长，从理事中选举产生，理事长是基金会的法定代表人。基金会理事长、副理事长、秘书长必须符合以下条件：(1)在本基金会业务领域内有较大影响；(2)理事长、副理事长、秘书长最高任职年龄不超过70周岁，秘书长为专职；(3)身体健康，能坚持正常工作；(4)具有完全民事行为能力。基金会理事长、副理事长和秘书长不得由现职国家工作人员兼任。基金会的法定代表人，不得同时担任其他组织的法定代表人。具有公开募捐资格的基金会和原始基金来自中国内地的不具有公开募捐资格的基金会的法定代表人，应当由内地居民担任。担任基金会理事长、副理事长或者秘书长的香港居民、澳门居民、台湾居民、外国人，每年在中国内地居留时间不得少于3个月。因犯罪被判处管制、拘役或者有期徒刑，刑期执行完毕之日起未逾5年的，因犯罪被判处剥夺政治权利正在执行期间或者曾经被判处剥夺政治权利的，以及曾在因违法被撤销登记的基金会担任理事长、副理事长或者秘书长，且对该基金会的违法行为负有个人责任，自该基金会被撤销之日起未逾5年的，不得担任基金会的理事长、副理事长或者秘书长。基金会理事遇有个人利益与基金会利益关联时，不得参与相关事宜的决策；基金会理事、监事及其近亲属不得与其所在的基金会有任何交易行为。基金会的理事长、副理事长、秘书长每届任期由章程规定，连任不超过两届。因特殊情况需超届连任的，须经理事会特殊程序表决通过，报业务主管单位审查并经登记管理机关批准同意后，方可任职。

基金会理事长行使下列职权：(1)召集和主持理事会会议；(2)检查理事会决议的落实情况；(3)代表基金会签署重要文件；(4)其他章程赋予的权力。这些权力可根据基金会具体情况包括：主持开展日常工作，组织实施理事会决议；组织实施基金会年度公益活动计划；拟订资金的筹集、管理和使用计划；拟订基金会的内部管理规章制度，报理事会审批；协调各机构开展工作；提议聘任或解聘副秘书长以及财务负责人，由理事会决定；提议聘任或解聘各机构主要负责人，由理事会决定；决定各机构专职工作人员聘用等。基金会副理事长、秘书长在理事长领导下开展工作，但三者的职权不能重叠。

（二）民办非企业单位的理事会

民办非企业单位，是指企业事业单位、社会团体和其他社会力量以及公民个人利用非国有资产举办的，从事非营利性社会服务活动的社会组织。民办非企业单位根据其依法承担民事责任的不同方式分为民办非企业单位（法人）、民办非企业单位（合伙）和民办非企业单位（个体）三种。个人出资且担任民办非企业单位负责人的，可申请办理民办非企业单位（个体）登记；两人或两人以上合伙举办的，可申请办理民办非企业单位（合伙）登记；两人或两人以上举办且具备法人条件的，可申请办理民办非企业单位（法人）登记。由企业事业单位、社会团体和其他社会力量举办的或由上述组织与个人共同举办的，应当申请民办非企业单位（法人）登记。

根据章程示范文本，法人型民办非企业单位的决策机构是理事会；合伙型民办非企业单位的决策机构是合伙人会议。个人型民办非企业单位没有决策机构的相关规定。鉴于上文所述的理由，这里不对合伙型与个人型民办非企业单位的决策机构做进一步的展开。

法人型民办非企业单位的决策机构是理事会，理事会成员为3～25人；理事任期3年或4年，具体由章程规定。理事由举办者（包括出资者）、职工代表（由全体职工推举产生）及有关单位（业务主管单位）推选产生。理事任期届满，连选可以连任。

理事会行使下列事项的决定权：（1）修改章程；（2）业务活动计划；（3）年度财务预算、决算方案；（4）增加开办资金的方案；（5）本单位的分立、合并或终止；（6）聘任或者解聘本单位院长（或校长、所长、主任等）和其提名聘任或者解聘的本单位副院长（或副校长、副所长、副主任等）及财务负责人；（7）罢免、增补理事；（8）内部机构的设置；（9）制定内部管理制度；（10）从业人员的工资报酬；（11）其他章程规定的权力。

理事会每年至少召开2次会议。有下列情形之一，应当召开理事会会议:(1)理事长认为必要时;(2)1/3 以上理事联名提议时。理事会会议应于会议召开 10 日前将会议的时间、地点、内容等一并通知全体理事。理事因故不能出席,可以书面委托其他理事代为出席理事会,委托书必须载明授权范围。理事会会议应由 1/2 以上的理事出席方可举行。理事会会议实行 1 人 1 票制。理事会作出决议,必须经全体理事的过半数通过。下列重要事项的决议,须经全体理事的 2/3 以上通过方为有效:(1)章程的修改;(2)本单位的分立、合并或终止;(3)其他章程特别规定的事项。理事会会议应当制作会议记录。形成决议的,应当当场制作会议纪要,并由出席会议的理事审阅、签名。理事会决议违反法律、法规或章程规定,致使本单位遭受损失的,参与决议的理事应当承担责任。但经证明在表决时反对并记载于会议记录的,该理事可免除责任。理事会记录由理事长指定的人员存档保管。

理事会设理事长 1 名,副理事长 1 ~ 2 名。理事长、副理事长由理事会以全体理事的过半数选举产生或罢免。副理事长协助理事长工作,理事长不能行使职权时,由理事长指定的副理事长代其行使职权。理事长行使下列职权:(1)召集和主持理事会会议;(2)检查理事会决议的实施情况;(3)法律、法规和本单位章程规定的其他职权。

法人型民办非企业单位法定代表人为理事长或院长(校长、所长、主任等),有下列情形之一的,不得担任本单位的法定代表人:(1)无民事行为能力或者限制民事行为能力的;(2)正在被执行刑罚或者正在被执行刑事强制措施的;(3)正在被公安机关或者国家安全机关通缉的;(4)因犯罪被判处刑罚,执行期满未逾 3 年,或者因犯罪被判处剥夺政治权利,执行期满未逾 5 年的;(5)担任因违法被撤销登记的民办非企业单位的法定代表人,自该单位被撤销登记之日起未逾 3 年的;(6)非中国内地居民的;(7)法律、法规规定不得担任法定代表人的其他情形。

(三)社会团体的理事会

社会团体的理事会是会员大会(或会员代表大会)的执行机构,在闭会期间领导本团体开展日常工作,对会员大会(或会员代表大会)负责。理事会的职权是:(1)执行会员大会(或会员代表大会)的决议;(2)选举和罢免理事长(会长)、副理事长(副会长)、秘书长;(3)筹备召开会员大会(或会员代表大会);(4)向会员大会(或会员代表大会)报告工作和财务状况;

(5)决定会员的吸收或除名;(6)决定设立办事机构、分支机构、代表机构和实体机构;(7)决定副秘书长、各机构主要负责人的聘任;(8)领导本团体各机构开展工作;(9)制定内部管理制度;(10)章程赋予的其他权力。

理事会须有2/3以上理事出席方能召开,其决议须经到会理事2/3以上表决通过方能生效。理事会每年至少召开一次会议;情况特殊的,也可采用通讯形式召开。

社会团体理事会的理事人数较多时,可设立常务理事会。常务理事会对理事会负责,常务理事人数不超过理事人数的1/3。常务理事会由理事会选举产生,在理事会闭会期间行使理事会职责,但选举和罢免理事长(会长)、副理事长(副会长)、秘书长的权力必须由理事会行使。常务理事会须有2/3以上常务理事出席方能召开,其决议须经到会常务理事2/3以上表决通过方能生效。常务理事会至少半年召开一次会议;情况特殊的也可采用通讯形式召开。

社会团体的理事长(会长)、副理事长(副会长)、秘书长必须具备下列条件:(1)坚持党的路线、方针、政策,政治素质好;(2)在本团体业务领域内有较大影响;(3)理事长(会长)、副理事长(副会长)、秘书长最高任职年龄不超过70周岁,秘书长为专职;(4)身体健康,能坚持正常工作;(5)未受过剥夺政治权利的刑事处罚的;(6)具有完全民事行为能力;(7)其他章程规定的条件。理事长(会长)、副理事长(副会长)、秘书长如超过最高任职年龄的,须经理事会表决通过,报业务主管单位审查并社团登记管理机关批准同意后,方可任职。理事长(会长)、副理事长(副会长)、秘书长任期由章程规定。理事长(会长)、副理事长(副会长)、秘书长任期最长不得超过两届。因特殊情况需延长任期的,须经会员大会(或会员代表大会)2/3以上会员(或会员代表)表决通过,报业务主管单位审查并经社团登记管理机关批准同意后方可任职。

理事长(会长)为社会团体的法定代表人。如因特殊情况需由副理事长(副会长)或秘书长担任法定代表人,应报业务主管单位审查并经社团登记管理机关批准同意后,方可担任,并在章程中写明。社会团体的法定代表人不兼任其他团体的法定代表人。理事长(会长)行使下列职权:(1)召集和主持理事会(或常务理事会);(2)检查会员大会(或会员代表大会)、理事会(或常务理事会)决议的落实情况;(3)代表本团体签署有关重要文件;(4)其他章程赋予的权力。秘书长行使下列职权:(1)主持办事机构开展日常工作,组织实施年度工作计划;(2)协调各分支机构、代表机构、实体机构开展工作;(3)提名副秘书长以及各办事机构、分支机构、代表机构和实体机构主要负责人,交理事会或常务理事会决定;(4)决定办事机构、代表机构、实体机构专职工作人员的聘用;(5)处理其他日常事务。

第四节　执行负责人

执行负责人或执行长是社会组织的理事会的执行机关,负责贯彻组织既定的方针、处理日常业务。社会团体和基金会的执行负责人称为秘书长,民办非企业单位的执行负责人称为院长(或校长、所长、主任等),由理事会任命,向理事会报告并负责。执行负责人相当于公司法下的总经理,是社会组织的直接管理者。执行负责人的主要职责是执行贯彻理事会的意志以及决议,作为全职的雇员领导整个全职执行团队的工作,是理事会与其他职员之间的桥梁。

依照有关行政法规以及民政部章程示范文本中的规定,三类社会组织的秘书长的职权分别有如下规定。

(一)基金会的秘书长

本基金会秘书长在理事长领导下开展工作,秘书长的职权可从以下选项中确定,理事长和秘书长的职权不能重叠,基金会可根据实际情况细化或进行补充:(1)主持开展日常工作,组织实施理事会决议;(2)组织实施基金会年度公益活动计划;(3)拟订资金的筹集、管理和使用计划;(4)拟订基金会的内部管理规章制度,报理事会审批;(5)协调各机构开展工作;(6)提议聘任或解聘副秘书长以及财务负责人,由理事会决定;(7)提议聘任或解聘各机构主要负责人,由理事会决定;(8)决定各机构专职工作人员聘用;(9)章程和理事会赋予的其他职权。

(二)民办非企业单位的执行长

法人型民办非企业单位的院长(或校长、所长、主任等)对理事会负责,并行使下列职权:(1)主持单位的日常工作,组织实施理事会的决议;(2)组织实施单位年度业务活动计划;(3)拟订单位内部机构设置的方案;(4)拟订内部管理制度;(5)提请聘任或解聘本单位副职和财务负责人;(6)聘任或解聘内设机构负责人;(7)其他章程赋予的权力。院长(或校长、所长、主任等)列席理事会会议。

(三)社会团体的秘书长

社会团体的秘书长行使下列职权:(1)主持办事机构开展日常工作,组织实施年度工作计划;(2)协调各分支机构、代表机构、实体机构开展工作;(3)提名副秘书长以及各办事机构、分支机构、代表机构和实体机构主要负责人,交理事会或常务理事会决定;(4)决定办事机构、代表机构、实体机构专职工作人员的聘用;(5)处理其他日常事务。

第五节 监 事 会

社会组织"所有者缺位"和"三权分离"的特点很容易导致社会组织出现"内部人控制"的弊端。社会组织的内部人控制是指社会组织的内部人员利用自己的权力控制了组织资源的管理与运作,其行为偏离组织的宗旨和目标,如获取控制权收益(滥发工资)、在职公款消费、转移资产等。因此有必要在内部治理结构中强化监事或监事会的职能。相关法规、示范文本中对监事会制度作出了基本的规定。

(一)基金会的监事会

按照《基金会管理条例》《基金会章程示范文本》,基金会设监事,三名以上监事的,可设监事会。监事任期与理事任期相同,期满可以连任。理事、理事的近亲属和基金会财会人员不得兼任监事。监事不得从基金会领取报酬,不得与基金会有任何交易行为。

监事的产生和罢免:(1)监事由主要捐赠人、业务主管单位分别选派;(2)登记管理机关根据工作需要选派;(3)监事的变更依照其产生程序。

监事的权利和义务包括:(1)依照章程规定的程序检查基金会财务和会计资料,监督理事会遵守法律和章程的情况;(2)列席理事会会议,有权向理事会提出质询和建议,并应当向登记管理机关、业务主管单位以及税务、会计主管部门反映情况;(3)应当遵守有关法律法规和基金会章程,忠实履行职责。在基金会综合评估中,监事或监事会的评估主要考察四个指标:监事任职情况、监事受薪情况、监事出席理事会议情况、监事履职情况。

(二)民办非企业单位的监事会

国务院颁布的《民办非企业单位登记管理暂行条例》、民政部发布的《民办非企业单位登记暂行办法》对民办非企业单位的监事制度没有任何规定。

但《民办非企业单位(法人)章程示范文本》对此有比较多的涉及,甚至比《基金会章程示范文本》还详细。按照《民办非企业单位(法人)章程示范文本》,法人型民办非企业单位设立监事会,监事会成员不得少于 3 人,并推选 1 名召集人。人数较少的民办非企业单位可不设监事会,但必须设 1 ~ 2 名监事。

监事任期与理事任期相同,任期届满,连选可以连任。监事在举办者(包括出资者)、本单位从业人员或业务主管单位推荐的人员中产生或更换。监事会中的从业人员代表由单位从业人员民主选举产生。本单位理事、院长(或校长、所长、主任等)及财务负责人,不得兼任监事。

监事会或监事行使下列职权:(1)检查本单位财务;(2)对本单位理事、院长(或校长、所长、主任等)违反法律、法规或章程的行为进行监督;(3)当本单位理事、院长(或校长、所长、主任等)的行为损害本单位的利益时,要求其予以纠正;(4)其他章程赋予的监督权力。监事列席理事会会议。监事会会议实行 1 人 1 票制。监事会决议须经全体监事过半数表决通过,方为有效。

在民办非企业单位规范化建设评估中,监事或监事会的评估标准主要是考察监事或监事会的设立情况、监事或监事会履职情况。

(三)社会团体的监事会

《社会团体登记管理条例》《社会团体章程示范文本》未对社会团体的监事制度作出任何规定,现行的社会组织评估在内部治理部分也没有设置监事制度的评分标准。在这种情况下,是否设立监事或监事会属于社会团体自行决定的事项。不过,正如我们之前所说的,但依照目前部分地区已经出台的地方性规定[如 2007 年《北京市社会团体规范化建设的指导意见》、2014 年上海市《社会团体章程示范文本(直接登记)》、2014 年《广州市社会组织管理办法》],社会团体正逐渐被要求设立监事会。从规范治理的角度上讲,笔者还是建议社会团体根据自己的实际情况设立监事或监事会,并保障监事及时、有效履职。

第六节　内部治理结构小结

综上所述,在内部治理结构方面,现行法规和管理文件对监事(监事会)的规定是最弱的,其次是对权力机构的规定,规定最详细的是理事会。至于执行机构,主要规定的就是执行负责人的职权。这一结构特点是现实需求、观念发展等因素交织的结果。从现实需求来说,理事会的确是社会组织运营的核心因素,强化、细化理事会的职、权、责无可厚非;从观念发展来说,我国对所有者缺位的治理、双重管理体制的建立、监事制度的确立等方面还有待进一步探索,在这个过程中容易出现法律“真空”。

具体到监事制度方面,除了未对社会团体的监事或监事会作出规定这一缺陷外,法规和政府示范文本对基金会、法人型民办非企业单位监事制度的规定也略有差异。比如监事不得领取报酬在基金会方面有明确的规定,在民办非企业单位方面则没有。在监事的选任上,示范文本要求基金会的监事由主要捐赠人、业务主管单位分别选派,登记管理机关根据工作需要选派;对法人型民办非企业单位的要求则是监事在举办者(包括出资者)、本单位从业人员或业务主管单位推荐的人员中产生或更换。监事会中的从业人员代表由单位从业人员民主选举产生。根据我国的双重管理体制,业务主管单位、登记管理机关对社会组织都负有监管职责,但这种监管职责是应以一种直接选派监事参与运营的人事监管方式还是应以一种间接的、外部的行政监管方式来实现,是值得进一步探讨的。

同样的问题存在于我国社会组织内部治理结构的其他方面。检视我国在社会组织方面的管理法规与规范性文件,我们不但会发现双重管理体制,而且会发现双重监管方式。也就是说,业务主管单位、登记管理部门对社会组织的监管不但采取了间接的、外部的行政监管方式,而且采用了直接的、内部的人事监管方式。业务主管单位、登记管理机关有权直接向社会组织内部推荐、选派理事、监事。这一推荐、选派的方式、程序及法律意义等问题均未见规定。这进一步强化了政府管制的巨大权力,在一定程度上损害了社会组织的自主性。

2013 年 3 月 14 日,国务院出台《国务院机构改革和职能转变方案》,规定:成立行业协会商会类、科技类、公益慈善类、城乡社区服务类社会组织,可以直接向民政部门依法申请登记,不再需要业务主管单位批准。目前,各地民政部门都在制定自己的社会组织直接登记管理办法,并推出相应的章程示范文本。这一改革不但改变了双重管理体制,而且可能改变双重监管方式。以上海市推出的各类直接登记的社会团体章程示范文本、法人型民办非企业单位章程示范文本为例,登记管理部门不再直接向社会组织推荐、选派人事,直接的、内部的人事监管方式业已退出。这或许昭示着我国社会组织管理的未来方向。

第七节 信息公开

除了强化内部的监事制度之外,避免社会组织"内部人控制"弊端的另一方法就是加强外部社会监督,而外部社会监督的基础在于社会组织在内部治理上是否重视信息公开。如果社会组织不主动或不依法律要求进行相关信息的披露,则外部社会监督可能无从谈起,社会组织的运营就处于不透明状态,从而损害其自身公益目的,甚至整个行业的声誉,近年来中国公益组织遭遇的公众信任危机就是明证。痛定思痛,目前社会组织的信息公开工作已经引起了民政管理部门、学术研究机构和社会公众的高度关注,我国公益组织的透明指数稳步改善。在这一趋势下,社会组织的内部治理更应切实注重信息公开工作。

总的来说,中国的社会组织重视信息公开还是最近几年的事情。在此之前,无论从观念、法规还是到实务,社会组织的外部监督都大多停留于依照三大条例在年检或其他管理活动中将相关信息提供政府管理部门,接受业务主管单位、登记管理部门、税务部门、审计部门行政监管的程度上;缺乏主动信息公开、接受社会公众监督的习惯。但显然,情况正在发生迅速的变化,可以断言不主动公开信息接受社会公众监督的社会组织会逐渐被社会抛弃,未来的生存空间会日益萎缩。因此,现在的社会组织应主动健全内部信息公开制度,及时、完整、有效地公开相应的组织信息。从理论上讲,这一信息公开除了传统的向政府行政管理部门公开之外,还应有两个层面,一是向社会公众公开,二是向特定人(如捐赠人、资助人)公开。

目前,我国法规对基金会信息公开的规定相对较多。《基金会管理条例》《基金会章程示范文本》均有涉及。2006年,民政部还专门制定了《基金会信息公布办法》;2012年,又出台了《关于规范基金会行为的若干规定(试行)》。这些法规中对基金会的信息公开作出了较为细致的规定。

根据上述相关法规规定,基金会依照章程从事公益活动,应当遵循公开、透明的原则,应将其内部信息和业务活动信息通过媒体向社会公布。为此,基金会应当建立健全信息公布活动的内部管理制度,并指定专人负责处理信息公布活动的有关事务。这一内部制度本身也应在登记管理机关指定的媒体或者本组织网站等其他便于社会公众查询的媒体上予以公开。对于已经公布的信息,应当制作信息公布档案,妥善保管。基金会应当将信息公布活动的情况如实反映在年度工作报告中,接受登记管理机关监督检查。登记管理机关依法对信息公布活动进行监督管理,建立基金会诚信记录。基金会不履行信息公布义务或者公布虚假信息的,由登记管理机关责令改正,并依据《基金会管理条例》第四十二条规定给予行政处罚。

基金会公布的信息资料应当真实、准确、完整,不得有虚假记载、误导性陈述或者重大遗漏。基金会应当保证捐赠人和社会公众能够快捷、方便地查阅或者复制公布的信息资料。基金会应当向社会公布的信息包括:(1)基金会的年度工作报告;(2)具有公开募捐资格的基金会组织募捐活动的信息;(3)基金会开展公益资助项目的信息。在这个基础上,基金会可自行决定公布更多的信息。

基金会年度工作报告的全文和摘要应于每年3月31日前报送登记管理机关,并于登记管理机关审查通过后30日内按照民政部规定的统一格式在登记管理部门指定的媒体上公布。基金会的财务会计报告未经审计不得对外公布。按照民政部规定的《基金会年度工作报告格式文本》,基金会公开的年度工作报告中应包括:(1)基金会基本信息;(2)人员、机构变动情况和会务情况,含变更登记情况、机构增减情况、章程修改情况、会务情况;(3)公益活动情况,含接受捐赠、提供资助情况,募捐情况(具有公开募捐资格的基金会),公益支出情况,公益活动情况报告;(4)财务会计报告,含资产负债表、业务活动表、现金流量表;(5)审计报告;(6)监事意见;(7)其他信息。这些信息基本囊括了《基金会管理条例》《基金会章程示范文本》对基金会信息公开的要求。

根据《关于规范基金会行为的若干规定(试行)》,基金会的下列信息也应及时向社会公众公布:(1)发起人;(2)主要捐赠人;(3)基金会理事主要来源单位;(4)基金会投资的被投资方;(5)其他与基金会存在控制、共同控制或者重大影响关系的个人或组织;(6)基金会与上述个人或组织发生的关联交易。

具有公开募捐资格的基金会组织募捐活动,应当公布募得资金后拟开展的公益活动和资金的详细使用计划。在募捐活动持续期间内,应当及时公布募捐活动所取得的收入和用于开展公益活动的成本支出情况。募捐活动结束后,应当公布募捐活动取得的总收入及其使用情况。在开展募捐活动的十日前基金会应当报业务主管单位(若有)和登记管理机关备案。基金会通过义演、义赛、义卖、义展等活动进行募捐时,应当在开展募捐前向社会公布捐赠人权利义务、资金详细使用计划、成本预算;在资金使用过程中计划有调整的,应当及时向公众公布调整后的计划。基金会通过募捐以及为自然灾害等突发事件接受的公益捐赠,应当在取得捐赠收入后定期在本组织网站和其他媒体上公布详细的收入和支出明细,包括:捐赠收入、直接用于受助人的款物、与所开展的公益项目相关的各项直接运行费用等,在捐赠收入中列支了工作人员工资福利和行政办公支出的,还应当公布列支的情况。项目运行周期大于3个月的,每3个月公示1次;所有项目应当在项目结束后进行全面公示。

基金会开展公益资助项目,应当公布所开展的公益项目种类以及申请、评审程序。评审结束后,应当公布评审结果并通知申请人。公益资助项目完成后,应当公布有关的资金使用情况。事后对项目进行评估的,应当同时公布评估结果。基金会公布有关活动或者项目的信息,应当持续至活动结束或者项目完成。信息一经公布,基金会不得任意修改,确需修改的,应当严格履行内部管理制度的程序在修改后重新公布,并说明理由,声明原信息作废。对于公共媒体上出现的对基金会造成或者可能造成不利影响的消息,基金会应当公开说明或者澄清。基金会注销后的剩余财产应当按照章程的规定用于公益目的;无法按照章程规定处理的,由登记管理机关组织捐赠给与该基金会性质、宗旨相同的社会公益组织,并向社会公告。

除年度工作报告外,基金会公布信息时,可以选择报刊、广播、电视或者互联网作为公布信息的媒体。信息公布所使用的媒体应当能够覆盖基金会的活动地域。公布的信息内容中应当注明基金会的基本情况和联系、咨询方式。

除了向社会公众公开之外,根据捐赠协议,基金会还负有向捐赠人公开有关信息的义务。捐赠人有权向基金会查询捐赠财产的使用、管理情况,并提出意见和建议。对于捐赠人的查询,基金会应当及时如实答复。基金会违反捐赠协议使用捐赠财产的,捐赠人有权要求基金会遵守捐赠协议或者向人民法院申请撤销捐赠行为、解除捐赠协议。基金会的年度工作报告除在登记管理机关指定的媒体上公布外,还应当置备于本基金会,接受捐赠人的查询。

相较而言,在信息公开方面,我国行政法规对社会团体、民办非企业单位的规定就非常薄弱了,仅见于以下两处原则性的规定:《民办非企业登记管理暂行条例》第二十一条中规定,民办非企业单位接受捐赠、资助,必须符合章程规定的宗旨和业务范围,必须根据与捐赠人、资助人约定的期限、方式和合法用途使用。民办非企业单位应当向业务主管单位报告接受、使用捐赠、资助的有关情况,并应当将有关情况以适当方式向社会公布。《社会团体登记管理条例》第二十六条中规定,社会团体接受捐赠、资助,必须符合章程规定的宗旨和业务范围,必须根据与捐赠人、资助人约定的期限、方式和合法用途使用。社会团体应当向业务主管单位报告接受、使用捐赠、资助的有关情况,并应当将有关情况以适当方式向社会公布。具体哪些信息应该公开、以何种方式公开,都还没有相关的规定出台。

对于民办非企业单位信息公开的规定,还见于《民政部关于深入开展民办非企业单位信息公开和承诺服务活动工作的意见》这个规范性文件。按照这个意见,民办非企业单位的信息公开的内容主要包括:民办非企业单位的登记证书、税务登记证书、组织机构代码证书、收费许可证的有关信息;经登记管理机关核准(或备案)的章程(或章程摘要);接受、使用捐赠、资助的有关情况;年度工作报告等。同时,鼓励民办非企业单位在有关媒体上向社会公开其年度审计报告。

不过,这两类社会组织可以自愿参照基金会的相关规定来开展自己的信息公开工作。《关于规范基金会行为的若干规定(试行)》也指出本规定适用于在民政部门登记注册的基金会和其他具有公益性捐赠税前扣除资格的社会团体。除了参考基金会的相关规定,社会组织也可以参考民间研究机构推出的透明指数或信息公开评估体系开展信息公开工作。下面介绍三种常见的有关信息公开的民间标准。

(一)中国民间公益透明指数(GTI)

中国民间公益透明指数(Grassroots Transparency Index,GTI)由壹基金联合 USDO 自律吧委托清华大学创新与社会责任研究中心和清华大学廉政与治理研究中心自 2013 年起开发。GTI 指数在设计上遵循了科学性、系统性、适度性、引导性的原则。指数设计多次征求了业内专家、民间公益组织的意见,涵盖组织基本信息、治理与管理信息、业务或项目信息、财务信息四个维度,包含 58 个三级指标,并严格按照德尔菲法(Delphi Method)确定指标权重,具有较高的科学性、权威性与实践性。指数的目的在于为民间公益组织面向社会的透明度提供一个可以参考的标准,通过指数的发布,帮助公民了解民间公益组织的运作水平,帮助公益组织了解本组织信息公开的程度及其在整个行业的位置,从而激励每个民间公益组织更完整、更及时、更有效地向服务群体、捐赠人披露相关信息,进一步推动中国公益事业的健康发展。

GTI 指数的得分范围在 0 ~ 100 分,最低分为 0 分,满分为 100 分。其中,组织基本信息 18.58 分,治理与管理信息 28.07 分,业务活动或项目信息 22.9 分,财务信息 30.45 分。得分越高,表明该组织透明度越高;得分越低,表明该组织透明度越低。

(二)基金会中心网的中基透明指数(FTI)

为推动基金会公开透明,2012 年基金会中心网联合清华大学廉政与治理研究中心,开发了中基透明指数(Foundation Transparency Index,FTI),成为中国首个衡量基金会透明度的指标体系。

中基透明指数是一套综合指标、权重、信息披露渠道、完整等参数,以排行榜单为呈现形式的基金会透明指数。排行榜按照基金会最新透明分数每月更新一次,排名越靠前,代表基金会透明度越高。所有作为评价基金会透明度的指标和计算方法均向公众公开。一方面方便基金会了解如何提高透明度,另一方面方便公众了解透明指数的含义。2012 年 8 月 29 日起,中基透明指数进入试运行阶段。

中基透明指数共计 60 个指标,满分 129.4 分,包括基本信息 58.2 分,财务信息 28.8 分,项目信息 38 分,捐赠信息 4.4 分,并根据德尔菲法对不同指标附不同权重。主要内容如下:

1. 基本信息包括:基础信息(12 个指标)、联系信息(5 个指标)、理事会信息(5 个指标)、信息化信息(3 个指标)、章程及制度(5 个指标)、年度工作报告(1 个指标);

2. 财务信息包括:财务报告(3 个指标)、主要财务信息(14 个指标);

3. 项目信息包括:主要项目信息(7 个指标)、信息化信息(3 个指标);

4. 捐赠信息包括:信息化信息(1 个指标)、主要捐赠人信息(1 个指标)。

(三)中民慈善捐助信息中心研发的《中国慈善组织透明度评估体系》

该体系主要通过完整性、及时性、易得性三个维度来评价一个社会组织的透明度情况,进行量化打分,再根据各指标权重,得出单个组织的年度透明指数。具体见表 4。

表 4　中国慈善组织透明度评估指标体系简表

一级指标(4 个)	一级指标权重	二级指标(11 个)	三级指标(54 个)
1. 基本信息	20% (系数 0.51)	1. 注册信息	1. 组织名称
			2. 组织机构代码
			3. 登记管理机关
			4. 业务主管单位
			5. 法定代表人
			6. 宗旨
			7. 成立时间
			8. 注册资金
			9. 网址
			10. 章程

续表

一级指标(4个)	一级指标权重	二级指标(11个)	三级指标(54个)
1. 基本信息	20% (系数0.51)	2. 年度信息	1. 机构年度工作报告
			2. 机构年检结果
		3. 联系方式	1. 联系人
			2. 联系电话
			3. 电子邮箱
			4. 联系地址
2. 治理信息	20% (系数0.44)	1. 组织结构	1. 主要负责人
			2. 理事名单
			3. 监事名单
			4. 机构部门设置
			5. 专职工作人员数
			6. 志愿者数
			7. 信息发布负责人
		2. 利益相关方	1. 主要发起人
			2. 主要捐赠人
			3. 主要受益人
			4. 主要合作方
		3. 重大事件	1. 主要工作会议
			2. 其他重大事件
		4. 内部制度建设	1. 财务制度
			2. 人事制度
			3. 项目制度
			4. 信息公开制度

续表

一级指标(4个)	一级指标权重	二级指标(11个)	三级指标(54个)
3. 业务信息	30% (系数0.71)	1. 筹款信息	1. 筹款数额
			2. 筹款来源
			3. 捐赠人权利义务
			4. 所筹款物使用方式
		2. 项目信息	1. 项目名称
			2. 项目时间
			3. 项目实施地域
			4. 项目受助对象遴选标准
			5. 项目相关方
			6. 项目受益对象
			7. 项目资金使用计划
			8. 项目决算
			9. 项目进展
			10. 项目效果
		3. 机构动态	1. 机构动态
			2. 社交媒体
4. 财务信息	30%(系数2)	1. 财务会计报告	1. 审计报告
			2. 业务活动表
			3. 资产负债表
			4. 现金流量表
			5. 会计报表附注

第八节　慈善法在内部治理方面的新规定

2016年3月16日第十二届全国人民代表大会第四次会议通过了《中华人民共和国和慈善法》(以下简称慈善法),这是我国第一部慈善事业方面的综合性法律。慈善法在组织形式上,明确了慈善组织采用基金会、社会团体、社会服务机构等现有的社会组织三种具体形式。已经成立的社会组织可以向其登记的民政部门申请认定为慈善组织;新成立的慈善组织应当在申请成立登记的同时明确其慈善组织的组织形式到底是三种社会组织中的哪一个。

慈善法第二十条规定:"慈善组织的组织形式,登记管理的具体办法由国务院制定。"依据这一条,国务院将按照慈善法相关规定所体现的法律原则,去修订《社会团体登记管理条例》、《民办非企业单位登记管理暂行条例》以及《基金会管理条例》。其中,为了更准确地反映社会服务机构的定位和属性、与慈善法的表述相衔接,修订之后国务院会将"民办非企业单位"名称改为"社会服务机构",将现行《民办非企业单位登记管理暂行条例》名称改为《社会服务机构登记管理条例》。

也就是说,虽然将来社会组织中仅有一部分属于慈善组织,但慈善法中体现的慈善组织内部治理的规定及相关原则,将会扩展适用其他社会组织身上。所以,每个社会组织都应关注慈善法的规定,而不论其是否未来会认定为慈善组织。

下面我们谈谈在慈善法背景下社会组织的内部治理法律:

(一)健全决策、执行、监督机构方面的规定

慈善法第十二条第一款规定:"慈善组织应当根据法律法规以及章程的规定,建立健全内部治理结构,明确决策、执行、监督等方面的职责权限,开展慈善活动。"

按照全国人大内务司法委员会内务室与民政部政策法规司编著的《〈中华人民共和国慈善法〉学习问答》中的解释,慈善组织内部治理结构,是慈善组织内部按照分工要求形成的各个相互作用的组织结构,以求有效、合理地把组织成员动员起来,为实现共同目标而协同努力。一个规范的慈善组织,通常需要决策、执行、监管三个方面的内部治理机构:决策机构是承担本组织决策任务、行使决策权力的机构,如社会团体的会员大会等;执行机构是执行决策机构做出的决策、执行任务的机构;监督机构是负责监督执行决策任务的机构。决策机构、执行机构和监督机构各司其职,互相配合,共同完成慈善组织的使命。目前,社会团体、民办非企业单位设立监事并不是强制性规定;基金会是强制的,必须设立监事制度进行监督。社会团体条例未来改革的要点之一,就是在组织机构的相关规定中增加监事的有关规定。

2016年5月26日,新发布的《社会服务机构登记管理条例》(《民办非企业单位管理暂行条例》修订草案征求意见稿)新增了"组织机构"一章,对于社会服务机构的组织机构第一次有了更为明确的法律规定,该条例草案对社会服务机构的理事会构成(第二十七条)、职责和议事规则(第二十八条)、监事(会)职权(第三十条)、法定代表人(第三十一条)、理事、监事的任职资格(第三十二条)和履职要求(第三十三条)提出了明确的要求。第四章的具体内容如下:

第二十七条 社会服务机构设立理事会,理事数为3至25人。

第一届理事由申请人、捐赠人共同提名、协商确定。继任理事由理事会提名并选举产生。理事任期由章程规定,每届任期不得超过5年。理事任期届满,可以连选连任。

理事会设理事长1人,可以设副理事长。

第二十八条 理事会是社会服务机构的决策机构,履行下列职责:

(一)修改章程;

(二)决定分立、合并或者终止;

(三)决定理事长、副理事长、理事任免事项;

(四)确定法定代表人人选,任免执行机构负责人;

(五)制定内部管理制度;

(六)审议年度工作计划、财务预算、决算报告;

(七)审议重大业务活动、大额财产处置以及重要涉外活动;

(八)审议年度工作报告和财务会计报告;

(九)章程规定的其他职权。

理事会应当对所议事项的决定制作会议记录、会议决议,出席会议的理事应当在会议记录、会议决议上签名。

理事会违反本条例或者章程规定作出的决议无效。

理事长召集和主持理事会会议;理事长不履行职务的,由半数以上理事共同推举1名副理事长或理事召集和主持。

第二十九条 社会服务机构可以设立执行机构。执行机构在执行机构负责人领导下开展工作,负责组织实施理事会决议和章程规定的其他职权。

不担任理事的执行机构负责人列席理事会。

第三十条 社会服务机构可以设立监事或监事会,监事会由3人以上组成。登记或者认定为慈善组织的社会服务机构应当设立监事。

监事由主要捐赠人、业务主管单位、登记管理机关选派。监事任期与理事任期相同,可以连任,但不得超过2届。理事、负责人、财会人员以及上述人员的近亲属不得兼任监事。

> 监事履行以下职责：
> （一）依法监督社会服务机构按照章程开展活动；
> （二）列席理事会会议，有权向理事会提出质询和建议；
> （三）监督法定代表人的工作，检查财务和会计资料；
> （四）有权向业务主管单位、登记管理机关以及税务、会计主管部门反映情况；
> （五）章程赋予的其他职权。
> **第三十一条**　社会服务机构的法定代表人依照章程的规定，由负责人担任。法律、行政法规另有规定的从其规定。
> **第三十二条**　有下列情形之一的，不得担任社会服务机构的负责人、理事、监事：
> （一）无民事行为能力或者限制民事行为能力的；
> （二）因故意犯罪被判处刑罚，自刑罚执行完毕之日起未逾五年的；
> （三）担任因违法被吊销登记证书的社会组织的法定代表人，并负有个人责任的，自被吊销之日起未逾五年的；
> （四）有法律、行政法规规定不适合任职的其他情形的。
> 违反前款规定选举或者任命的负责人、理事、监事无效。负责人、理事、监事在任职期间出现前款所列情形的，社会服务机构应当依照章程的规定解除其职务。
> 国家机关工作人员不得担任社会服务机构的负责人。
> 有近亲属关系的理事人数不得超过理事总人数的三分之一。在社会服务机构领取薪水的理事数量不得超过理事总人数的三分之一。
> **第三十三条**　社会服务机构的负责人、理事、监事应当遵守法律、法规和社会服务机构章程，忠实履行职责，维护社会服务机构利益，不得有下列行为：
> （一）违反决策程序或者内部管理规定，超越职权或者怠于履职的；
> （二）工作中隐瞒情况或者虚假报告的；
> （三）与本社会服务机构交易，损害本单位利益的；
> （四）参与与自身利益有关的决策或者利用职务之便谋取其他不正当利益的；
> （五）其他违反忠实和勤勉义务，损害本单位利益的行为。
> 违反前款规定给社会服务机构造成损失的，应当依法承担赔偿责任。

对于基金会，2016 年 5 月 26 日新发布的《基金会管理条例（修订草案征求意见稿）》中对“组织机构”一章作了一些修改。按照权责明确、运转协调、制衡有效的原则，征求意见稿在原条例规定的基础上完善了基金会组织机构和内部治理的一系列制度，保障基金会的依法自治。一是补充完善了基金会的决策、监督、执行机制（第三章）；二是对具有公开募捐资格的基金会规定了高于一般基金会的治理要求（第二十三条、第二十五条、第三十二条）。第三章全文如下：

第二十二条　基金会设理事会。理事会是基金会的决策机构,根据法律、法规和章程开展活动,对基金会负责。

理事会的理事为 5 人至 25 人,具体人数由章程规定。

第一届理事会应当包含主要发起人。

第二十三条　理事任期由章程规定,但每届任期不得超过 5 年。理事任期届满,连选可以连任。

具有公开募捐资格的基金会,理事长连任不得超过两届。

理事连续两次无正当理由不出席理事会议的,视同辞职。

理事会成员低于章程规定人数的,应当及时补足。未补足前,原理事仍应当依照法律、法规和基金会章程的规定,履行理事职务。拒不履职的,依法承担相应法律责任。

第二十四条　理事会设理事长 1 人,可以设副理事长 1 人至 3 人,从理事中选举产生。理事长是基金会的法定代表人。

第二十五条　基金会理事中相互间具有近亲属关系的总数不得超过理事总人数的三分之一;具有公开募捐资格的基金会,相互间具有近亲属关系的理事不得同时在理事会任职。

第二十六条　基金会理事会依法行使下列职权:

(一)修改章程;

(二)设定和管理内部组织机构,制定管理制度;

(三)选举或者罢免理事长、副理事长、理事;决定聘任或者解聘秘书长;

(四)章程规定的重大募捐活动、投资活动、关联交易等;

(五)决定基金会的分立、合并或者终止;

(六)审议年度工作计划、年度工作报告、收支预算和决算;

(七)制定资金筹集、管理和使用方案;

(八)决定理事和秘书长报酬事项;

(九)章程规定的其他事项。

第二十七条　基金会理事会每年至少召开 2 次会议。有三分之一以上理事提议的,应当及时召开理事会会议。

理事会会议由理事长负责召集和主持。理事长不能履行职务或者不履行职务的,由副理事长履行职务;副理事长不能履行职务或者不履行职务的,由三分之一以上理事在理事中推选召集人,并由召集人主持召开理事会会议。

第二十八条　基金会理事会会议须有三分之二以上理事出席方能召开;会议决议须经出席理事过半数通过方为有效。

本条例第二十六条规定的第一至五项须经全体理事三分之二以上通过方为有效。

第二十九条　理事会会议应当由理事本人出席。理事因故不能出席,可以书面委托其他理事或者他人代为出席,委托书中应载明授权范围。

一名受托人在一次理事会会议上只能接受一名理事的委托,并且委托理事的人数不得超过全体理事总人数的三分之一。

第三十条　理事会会议应当形成会议纪要,出席会议的理事和受托人应当在会议纪要上签名。理事的反对意见应当记录于会议纪要。

第三十一条　基金会设秘书处。秘书处在秘书长领导下工作,组织实施理事会决议和章程赋予的其他职权。

秘书长应当为专职,不能由理事长兼任。

不担任理事的秘书长列席理事会。

第三十二条　基金会设立监事或者监事会。

在省级以上人民政府民政部门登记、具有公开募捐资格的基金会应当设监事会。监事会的监事为 3 人至 7 人,具体数额由章程规定。监事会设监事长 1 人。

前款规定以外的基金会至少设 1 名监事;资产规模较大的,可以设监事会。有 3 名以上监事的,应当设监事会。

第三十三条　监事由主要捐赠人、业务主管单位选派,也可以由登记管理机关选派。

监事长由全体监事过半数选举产生。监事任期与理事任期相同。监事任期届满,可以连任。

监事之间不得有近亲属关系。监事不得由理事、秘书长、基金会财务会计人员及其近亲属兼任。

第三十四条　监事会、不设监事会的基金会的监事依法行使下列职权:

(一)监督理事会、秘书处开展业务情况,检查基金会财务和会计资料;

(二)提出罢免或者解聘的建议;

(三)向登记管理机关、业务主管单位、税务、会计主管部门以及其他有关部门反映基金会异常活动情况;

(四)章程赋予的其他职权。

监事列席理事会会议,并可以对理事会决议事项提出质询或者建议。

第三十五条　监事会每年至少召开 2 次会议。监事会会议须有三分之二以上监事出席方能召开,监事会决议须经全体监事过半数通过方为有效。

第三十六条　监事和未在基金会担任专职工作的理事,不得从基金会领取薪酬。

在基金会领取薪酬的理事不得超过理事总人数的三分之一。

理事、监事履行职责时产生的必要费用,由基金会承担。

第三十七条　有本条例第十一条第一款情形之一的,不能担任基金会理事、监事、秘书长。

理事、监事、秘书长在任职期间出现本条例第十一条第一款情形之一的,基金会应当解除其职务。

第三十八条　基金会的理事长、副理事长和秘书长不得由现职国家机关工作人员兼任。基金会的法定代表人,不得同时担任其他组织的法定代表人。

第三十九条　基金会的理事、监事、秘书长,不得利用其关联关系损害基金会、受益人的利益和社会公共利益。

基金会理事、监事、秘书长与基金会发生交易行为的,不得参与相关事宜的决策,有关交易情况应当向社会公开。

2016 年 8 月 1 日,新发布的《社会团体登记管理条例(修订草案征求意见稿)》新增了“组织机构”一章作为第五章,对于社会团体的组织机构将会第一次有了更为明确的法律规定，该章的规定旨在引导社会团体通过建立完善的内部治理机制，规范会员大会或者会员代表大会、理事会、监事(会)相关权利义务，健全内部监督制度，强化民主选举、民主决策、民主管理，保障社会团体依法自治。一是确立了会员大会或者会员代表大会是社会团体的权力机构、理事会是会员大会或者会员代表大会的执行机构，并明确了相关职权(第三十一条、第三十二条)。二是加强事中事后监管，明确要求社会团体应当就其所议事项的决定作成会议记录，并保存向社会通报(第三十三条)。三是健全内部监督机制，明确要求社会团体设立监事或者监事会，并履行检查监督的职权(第三十四条)。第五章的具体内容如下：

第二十九条 社会团体应当依照法律、法规、规章和章程的规定建立健全组织机构，完善内部治理机制，实行民主选举、民主决策和民主管理，依法开展活动。

第三十条 社会团体的组织机构包括会员大会或者会员代表大会、理事会、监事或者监事会。

第三十一条 会员大会或者会员代表大会是社会团体的权力机构，行使制定、修改章程和会费标准，制定、修改负责人、理事和监事选举办法，审议批准理事会的工作报告和财务报告，决定社会团体的终止事宜，以及章程规定的其他职权。

第三十二条 理事会是会员大会或者会员代表大会的执行机构，行使章程规定的职权，对会员大会或者会员代表大会负责。

社会团体可以根据需要设立常务理事会。

第三十三条 会员大会或者会员代表大会、理事会、常务理事会应当对所议事项的决定作成会议记录。会议记录应当由社会团体保存，并向社会通报。

第三十四条 社会团体设监事。监事有3名以上的，可以设监事会。监事或者监事会行使检查社会团体财务，对理事、常务理事执行职务的行为进行监督，以及章程规定的其他职权。

第三十五条 社会团体的负责人应当遵守法律、法规、规章和章程的规定，忠实履行职责，维护社会团体和会员的合法权益。

社会团体的负责人不得具有近亲属关系。

第三十六条 有下列情形之一的，不得担任社会团体的负责人：

(一)正在或者曾经受到剥夺政治权利的刑事处罚，或者不具有完全民事行为能力的；

(二)曾在被撤销登记、吊销《社会团体法人登记证书》的社会团体担任负责人，且对该社会团体的违法行为负有个人责任，或者曾在被取缔的社会团体担任负责人，自该社会团体被撤销登记、吊销《社会团体法人登记证书》、取缔之日起未逾3年的；

(三)有法律、行政法规和规章规定的其他情形的。

> **第三十七条** 社会团体的分支机构、代表机构是社会团体的组成部分,不具有法人资格,应当按照其所属于的社会团体的章程所规定的宗旨和业务范围,在该社会团体授权的范围内使用规范全称开展活动、发展会员。社会团体的分支机构不得再设立分支机构。
>
> 社会团体不得设立地域性的分支机构。
>
> **第三十八条** 社会团体之间不得建立或者变相建立垂直管理关系。

(二)以"关联交易"为例谈社会组织的内部治理规则

根据1997年财务部发布的《企业会计准则——关联方关系及其交易的披露》规定,关联交易是指关联方之间发生转移资源或义务的事项,不论是否收取价款都作为关联交易。作为一种客观存在交易类型,法律并不一概禁止企业的关联交易,而是关注这种交易的公平性,防止关联人借助优势地位获得不正当利益。

慈善活动中也存在关联交易。慈善法第十四条明确规定了慈善组织的关联交易条款,其内容是:

> **第十四条** 慈善组织的发起人、主要捐赠人以及管理人员,不得利用其关联关系损害慈善组织、受益人的利益和社会公共利益。
>
> 慈善组织的发起人、主要捐赠人以及管理人员与慈善组织发生交易行为的,不得参与慈善组织有关该交易行为的决策,有关交易情况应当向社会公开。

慈善法所说的关联交易,是指慈善组织与关联主体(主要是指本组织直接或间接占有权益、存在利害关系的关联方)之间所进行的交易。关联方包括自然人、法人和其他组织,主要是慈善组织的发起人、主要捐赠人及管理人员等。关联交易的具体类型包括:(1)购买或销售商品;(2)购买或销售除商品之外的其他资产,如设备、房产等;(3)提供或接受劳务;(4)担保,如贷款担保;(5)提供资金,如以现金或实物形式提供贷款或股权投资;(6)租赁;(7)代理,如代理销售货物或代理签订合同等;(8)研究与开发项目的转移;(9)代表企业或由企业代表另一方进行债务结算;(10)支付主要管理人薪酬等。

慈善法没有禁止关联交易,而是要求慈善组织的关联方不得利用其关联关系,损害慈善组织、受益人的利益和社会公共利益。这是基于关联交易也有可能是有利于慈善组织发展和社会公共利益的最大化的,不应当一律禁止。但是从法律角度，慈善法也作了两条防范性规定：一是决策回避；二是信息公开。一旦慈善组织违法进行关联交易，要承担法律责任。

2016 年 5 月 26 日发布的《社会服务机构登记管理条例》(《民办非企业单位管理暂行条例》修订草案征求意见稿)、《基金会管理条例(修订草案征求意见稿)》也分别作了关联交易方面的规定：

> **第三十八条** 社会服务机构与利益关联方发生交易的，应当遵循公开、公平、公允的原则，不得损害社会服务机构利益。
>
> 理事会审议与利益关联方交易事项时，与该交易有利益关系的理事应当回避表决，也不得代理其他理事行使表决权。

作为一个社会组织，为确保合规，履行关联交易方面的义务，我们的建议是最好要在组织内部建立“关联交易管理制度”，根据这个制度形成标准化作业流程，确保交易合法合规。

(三)信息公开方面的新规定

依照慈善法的规定，政府、慈善组织、具有公开募捐资格的慈善组织都有各自的信息公开义务。

慈善组织被动公开的信息，也就是说，县级以上人民政府民政部门和其他有关部门会向社会公开的慈善组织信息如下：(1)慈善组织登记事项；(2)慈善信托备案事项；(3)具有公开募捐资格的慈善组织名单；(4)具有出具公益性捐赠税前扣除票据资格的慈善组织名单；(5)对慈善活动的税收优惠、资助补贴等促进措施；(6)向慈善组织购买服务的信息；(7)对慈善组织、慈善信托开展检查、评估的结果；(8)对慈善组织和其他组织以及个人的表彰、处罚结果；(9)法律法规规定应当公开的其他信息。

慈善组织应当向社会主动公开如下信息：(1)组织章程；(2)决策、执行、监督机构成员信息；(3)国务院民政部门要求公开的其他信息。上述信息有重大变更的，慈善组织应当及时向社会公开。此外，慈善组织每年必须向社会公开其年度工作报告和财务会计报告。具有公开募捐资格的慈善组织的财务会计报告须经审计。

依照慈善法的规定，具有公开募捐资格的慈善组织应当定期向社会公开其募捐情况和慈善项目实施情况。公开募捐周期超过六个月的，至少每三个月公开一次募捐情况，公开募捐活动结束后三个月内应当全面公开募捐情况。慈善项目实施周期超过六个月的，至少每三个月公开一次项目实施情况，项目结束后三个月内应当全面公开项目实施情况和募得款物使用情况。

除此之外，慈善组织还有如下两个告知义务：第一，慈善组织开展定向募捐的，应当及时向捐赠人告知募捐情况、募得款物的管理使用情况；第二，慈善组织、慈善信托的受托人应当向受益人告知其资助标准、工作流程和工作规范等信息。

在信息公开方面的法律原则是：第一，慈善组织、慈善信托的受托人应当依法履行信息公开义务。第二，信息公开应当真实、完整、及时。第三，涉及国家秘密、商业秘密、个人隐私的信息以及捐赠人、慈善信托的委托人不同意公开的姓名、名称、住所、通讯方式等信息，不得公开。

如果慈善组织没有依法履行信息公开义务，按照慈善法的规定要承担法律责任是：民政部门予以警告、责令限期改正；逾期不改正的，责令限期停止活动并进行整改。慈善组织违反慈善法规定泄露国家秘密、商业秘密的，依照有关法律的规定予以处罚。慈善组织有未依法履行信息公开义务或在公开过程中泄露国家秘密、商业秘密的情形，经依法处理后一年内再出现前款规定的情形，或者有其他情节严重情形的，由民政部门吊销登记证书并予以公告。

按照慈善法的精神，2016 年 5 月 26 日发布的《社会服务机构登记管理条例》（《民办非企业单位登记管理暂行条例》修订草案征求意见稿）、《基金会管理条例（修订草案征求意见稿）》也分别增加或加强信息公开方面的规定，在实质上增加了社会服务机构信息公开法律义务并对基金会的信息公开法律义务进行了强化。

《社会服务机构登记管理条例》（《民办非企业单位登记管理暂行条例》修订草案征求意见稿）参考商事制度改革中变年度检查为年度报告和公示的做法，将年度检查调整为社会服务机构应当履行的年度工作报告（第四十五条）和信息公开义务（第四十四条、第四十六条），同时，登记管理机关通过实施随机抽查，将不履行年度工作报告和信息公开义务的社会服务机构列入异常名录等方式（第五十三条），加强监督，既有利于社会服务机构更好地依法自治，又有利于社会公众对社会服务机构进行社会监督，还有利于管理部门加强事中事后监管。

第六章 信息公开

第四十三条 登记管理机关及其他政府有关部门应当及时向社会公开下列信息：

（一）社会服务机构登记、许可事项；

（二）登记或者认定为慈善组织的社会服务机构名单；

（三）对社会服务机构的税收优惠、资助补贴等优惠措施；

（四）对社会服务机构开展检查、抽查、评估的结果；

（五）对社会服务机构的表彰、处罚结果；

（六）法律法规规定应当公开的其他信息。

登记管理机关和其他政府有关部门之间应当建立社会服务机构信息共享机制。

第四十四条 社会服务机构应当自以下信息产生或者变动30日内在登记管理机关统一的信息平台以及通过其他便于公众查询的方式向社会公开：

（一）登记事项；

（二）章程；

（三）负责人、理事和监事名单；

（四）服务内容和收费标准；

（五）接受捐赠和使用情况；

（六）税收优惠、资助补贴、政府购买服务情况；

（七）与利益关联方发生交易情况；

（八）受到行政处罚情况；

（九）设立分支机构情况；

（十）其他依法应当公开的信息。

第四十五条 社会服务机构应当于每年1月1日至6月30日，通过登记管理机关统一的信息平台向登记管理机关报送上一年度工作报告。

社会服务机构年度工作报告内容包括：

（一）基本信息；

（二）业务活动情况；

（三）组织机构情况；

（四）接受有关部门监督管理的情况；

（五）监事意见；

（六）履行信息公开义务的情况；

（七）财务会计报告；

（八）登记管理机关要求的其他信息。

前款第（一）至（六）项信息应当向社会公开，第（七）项、第（八）项信息由社会服务机构选择是否向社会公开。

依法登记或者认定为慈善组织的社会服务机构，年度工作报告及公开的内容还应当包括注册会计师审计报告。

第四十六条 社会服务机构应当对公开信息的真实性、完整性、及时性负责。公开信息应当便于公众获取，不得有虚假记载、误导性陈述或者重大遗漏。社会服务机构被民政部门登记或者认定为慈善组织的，还应当依法公开相关的组织和活动信息。

社会服务机构对于已经公开的信息，应当制作信息公开档案，妥善保管。

涉及国家秘密、商业机密和个人隐私的信息以及法律、行政法规规定不予公开的其他信息，不得公开。捐赠人不同意公开的信息，不得公开。

……

第五十三条　有下列情形之一的社会服务机构，由登记管理机关列入异常名录或严重违法名单，并通过统一的信息平台向社会公开：

（一）未按照本条例规定的时限公开年度报告或者公开有关组织信息的；

（二）公开信息隐瞒真实情况、弄虚作假的；

（三）有其他违法违规情况的。

具体实施办法由国务院民政部门制定。

《基金会管理条例（修订草案征求意见稿）》增设了第五章"信息公开"，对原条例中有关信息公开的内容进行了整合，建立了全面的基金会信息公开制度。一是按照年度公开、随时公开和定期公开，分类规定了基金会的信息公开义务（第五十六条—第六十二条）。二是规定了登记管理机关和其他政府部门的信息公开义务（第五十四条、第五十五条）。

第五章　信息公开

第五十四条　登记管理机关应当在统一的信息平台上免费提供基金会信息发布服务，并及时向社会公开履行职责过程中产生的下列信息：

（一）基金会设立、变更、注销、章程核准等事项；

（二）具有公开募捐资格的基金会名单；

（三）具有公益性捐赠税前扣除资格的基金会名单；

（四）对基金会开展检查、评估的结果；

（五）对基金会的表彰、处罚结果；

（六）法律法规规定应当公开的其他信息。

第五十五条　登记管理机关以外的其他政府部门（以下简称其他政府部门）应当公开其在履行职责过程中产生的下列信息：

（一）行政许可决定；

（二）行政处罚结果；

（三）其他依法应当公开的信息。

登记管理机关和其他政府部门之间应当建立信息共享机制。

第五十六条　基金会应当于每年1月1日至3月31日，向登记管理机关报送上一年的年度工作报告和财务会计报告，并在登记管理机关统一的信息平台上向社会发布。

当年成立登记的基金会，自下一年度起报送年度工作报告和财务会计报告。

有业务主管单位的基金会，应当在报送登记管理机关之前，报业务主管单位审查。

第五十七条　年度工作报告内容包括：

(一)登记事项、网址和联系电话等基本信息;

(二)接受捐赠以及大额捐赠情况、公开募捐情况、公益慈善活动支出和管理费用情况、实施慈善项目情况、财产管理情况、保值增值情况、关联方关系及其交易情况、承接政府购买服务情况、工作人员工资福利情况等业务活动情况;

(三)理事、监事、工作人员信息以及领取报酬的情况,理事会召开和决策情况,党组织建设情况,专项基金等机构建设情况;

(四)注册会计师审计报告;

(五)接受检查和评估的结果,受到表彰、处罚的情况,获得公益性捐赠税前扣除资格、有关税收优惠资格等情况;

(六)监事意见;

(七)履行信息公开义务的情况;

(八)登记管理机关要求的其他信息。

第五十八条 基金会的年度工作报告或者财务会计报告需要修改的,应当在向登记管理机关重新报送并书面说明修改理由后,将修改后的年度工作报告或者财务会计报告以及修改理由向社会公开。

第五十九条 基金会应当自下列信息形成或者变更之日起30日内通过登记管理机关统一的信息平台和其他便于公众查询的方式向社会公开:

(一)登记事项;

(二)组织章程;

(三)决策、执行、监督机构成员信息;

(四)专项基金等分支机构信息;

(五)涉及社会公共利益的内部管理制度;

(六)承接政府转移职能、授权、委托和购买服务事项的情况;

(七)国务院民政部门要求公开的其他信息。

具有公开募捐资格的基金会还应当按照前款规定的方式向社会公开其重大债权、债务和重大保值增值活动信息。

第六十条 具有公开募捐资格的基金会开展公开募捐活动,应当在登记管理机关统一的信息平台、募捐活动现场或者募捐活动载体的显著位置,公布募捐资格证书、募捐方案、联系方式、募捐信息查询方法等,并定期向社会公开其募捐情况和慈善项目实施情况。

公开募捐周期超过六个月的,至少每三个月公开一次募捐情况,公开募捐活动结束后三个月内应当全面公开募捐情况。

慈善项目实施周期超过六个月的,至少每三个月公开一次项目实施情况,项目结束后三个月内应当全面公开项目实施情况和募得款物使用情况。

第六十一条 基金会应当依法履行信息公开义务。信息公开应当真实、完整、及时,不得有虚假记载、误导性陈述或者重大遗漏。

基金会对于已经公开的信息,应当制作信息公开档案,妥善保管。

第六十二条 涉及国家秘密、商业秘密、个人隐私的信息以及捐赠人不同意公开的姓名、名称、住所、通讯方式等信息,不得公开。

《社会团体登记管理条例(修订草案征求意见稿)》增设第六章“信息公

开”，明确规定了登记管理机关、社会团体的信息公开义务，鼓励社会公众对社会团体进行监督，以提高社会团体透明度，提升公信力。一是登记管理机关应当向社会公开社会团体登记、检查、评估、表彰、处罚等信息（第三十九条）。二是明确社会团体作为信息公开的义务主体，应当主动及时向社会公开章程、负责人、组织机构等有关重要信息（第四十条）。三是将现行的年检制度改为年度报告制度，并将年度工作报告向社会公开，接受社会公众监督（第四十一条）。

第六章　信 息 公 开

第三十九条　登记管理机关应当向社会公开下列信息：

（一）社会团体登记事项；

（二）对社会团体开展检查、评估的结果；

（三）对社会团体表彰、处罚的结果；

（四）法律、行政法规规定应当公开的其他信息。

第四十条　社会团体应当向社会公开章程、负责人、组织机构信息，以及接受使用社会捐赠情况和国务院登记管理机关要求公开的其他信息。上述信息有重大变更的，社会团体应当及时向社会公开。

第四十一条　社会团体应当于每年5月31日前通过登记管理机关统一的信息平台报送上一年度工作报告，并向社会公开。年度工作报告的内容包括：本社会团体遵守法律、法规、规章和国家政策的情况、依照本条例履行登记手续的情况、按照章程开展活动的情况、人员和机构变动的情况以及财务管理的情况。

经业务主管单位审查同意后登记成立的社会团体，应当在向登记管理机关统一的信息平台报送上一年度工作报告前，报业务主管单位审查。

第四十二条　涉及国家秘密、商业秘密、个人隐私的信息，以及捐赠人不同意公开的姓名、名称、住所、通讯方式等信息的，不得公开。

作为一个社会组织，为确保合规，履行信息公开方面的义务，我们的建议是最好要在组织内部建立“信息公开管理制度”，根据这个制度形成标准化作业流程，完善内部的信息公开管理体系。

第三章　外国内部治理法律比较研究

第一节　英美非营利组织的法律监管及内部治理准则

英国和美国具有相似的普通法体系，由于非营利组织或慈善组织是为其特定的社会目标/宗旨而存在，因此要求非营利组织或慈善组织的负责人（受托人）向受益人/公众承担信托法上的信托义务，为公众利益服务，代为管理和使用非营利组织或慈善组织的资源使其服务对象受益，其管理和运作行为最终应向公众交代并承担责任。

在行政法律层面，英美两国在政府代表公众监管非营利或慈善组织并实现责任人信托责任方面选择了较为不同的法律体系。英国以典型的慈善立法和建立独立的监管机构（即慈善委员会）全面管理和指导本国慈善组织（苏格兰除外），将基本的治理规则上升为法定要求，建立了一套监管程序，再以财税、警察、法院等对相关调查和执法给予配合。

美国联邦法律一直未制定专门的非营利组织法律或慈善立法，非营利机构不须向专门主管部门登记以认可其慈善性质，只需按照其选择的组织形式（公司、社团、基金会等）根据各州相关法律设立机构，同时向税务局申请免税资格。机构的宗旨必须符合税法明确认可的免税目的范围，此免税目的条款基本上包括了所有公众利益和慈善宗旨，因此税务局通过审核免税资格逐渐扩大对非营利组织违规行为的监督，实质上发挥了监管非营利组织的作用。同时，美国各州普遍制定了关于社团协会方面的法律，并授权检察官和法官可代表公众行使监督直至公诉/司法权以监管本州的非营利组织，同时有的州还要求社团组织等在检察官处备案登记。可见，美国在行政法方面是以税法为中心的，各州再自行立法，各有特点，执法和监管力度也不同，较为分散和不统一。

虽然如此,两国非营利/慈善领域经过长期发展,积累了一系列的职业操守和准则,形成了许多共同的价值观和内部治理标准,如处理利益冲突、机构财务和资源管理使用的原则、信息公开和透明度、投诉/举报、公众问责制度等。这些法律实践归纳为一个大原则就是:

非营利组织理事会/受托人应将治理的核心放在保证并促进组织所追求实现的社会公益价值上,并且要以是否有利于此追求的价值来衡量每个决策和评价其机构的活动和事务之成效;受托人/理事会的职责主要是"决定机构的使命、各项规则和战略规划;选任并监督首席执行官;监管内部治理的流程是否得到贯彻;为组织提供信息、知识资源和判断力;监督绩效表现"。

一、英国

本部分首先介绍英国慈善法框架下对慈善组织内部治理的监管制度,再说明信托责任对慈善组织人员的要求和标准,最后介绍英国官方和非营利业界对内部治理最佳实践的指引。

(一)慈善法和慈善委员会

英国1860年就设立了慈善委员会监督管理慈善组织,慈善法随着时代的发展几经修订,目前适用的是2011年《慈善法》。慈善委员会具有准司法的权力,直接向议会负责,不属于内阁或其他政府部门的管辖,独立于任何党派,因此只根据《慈善法》和相应法律赋予的权力独立行使职能。在慈善法的整体框架下,英国历史悠久的信托法也是规范慈善组织人员法律责任的基础性法律,特别是慈善组织的决策和主管人员应承担的信托义务贯穿在机构的筹备设立、管理和运作以至最终结束的全过程,满足信托义务的一个重要条件就是建立良好的机构治理机制,而且要以实际行动全面执行并不断检讨和改进机构的内部治理。

英国法律并不要求所有志愿者组织必须登记注册,但若为了慈善目的成立有组织的社团/法人机构(年收入在5000英镑以上)则必须在慈善委员会登记注册,注册获批准才可以法人机构名义进行慈善活动,此规定的出发点在于慈善活动是为了不特定公众或某些社会群体的利益,而非追求志愿者本身的利益或志趣,因此也应向社会公众负责。登记注册是由慈善委员会代表公众对慈善组织进行监督的起点,同时也是慈善组织向公众开放接受公众监督的平台。慈善委员会对慈善组织及其负责人员各方面的问题会持续地提出全面的建议和指引,对出现不良问题的慈善组织有较大权力介入其事务实施监督和纠正的措施。

慈善委员会工作的方向和目标是:(1)提升公众对慈善组织的信任度;(2)推动慈善组织认识和理解"公众利益"的法定意义和要求;(3)促进慈善组织责任人履行法定义务,在控制和管理过程中保证慈善组织的合法合规性;(4)促进慈善组织有效利用慈善资源;(5)提升慈善组织对捐赠人、受益人和广大公众承担责任的意识。

上述目标体现了慈善法和慈善委员会对慈善组织内部治理有非常高的要求,慈善委员会与内部治理相应的法定职能和权力包括:(1)决定一个机构是否属于慈善性质;(2)鼓励和促进慈善组织的良好管理;(3)发现和调查慈善机构管理中的不正当行为或管理失当行为,并采取措施补救或者保护机构和公众利益。在促进慈善组织提高管理水平方面,慈善法也明确规定慈善委员会可在其认为适当的情况下向慈善组织发出建议和指引,包括对全体慈善组织发出普遍的指引,或者就某些问题向某一类慈善组织特别作出指引,还可以向特定的一个组织发出针对其问题的指引。

(二)慈善委员会的常规持续监督机制

慈善法特别要求慈善组织除了有其自身特定的具体慈善目标(如为特定受益人群服务等因素)之外,还必须符合整体"公众利益"的要求,慈善委员会必须发布指引要求慈善组织按符合"公众利益"的标准运作,慈善组织的责任人行使职权或履行义务时必须在所有相关的事项上遵守指引的要求。因此,英国慈善组织必须同时符合自身特定的慈善目标和"公众利益"两者的要求,才可被持续认定为符合法律规定的慈善目的之机构。

1. 日常和持续监督

(1)财务管理

慈善委员会监督慈善组织最重要的环节之一,就是监控慈善组织资金的收支、使用和财务状况。慈善法要求慈善组织准确记录每一笔收支、保存凭证并与对应记录使用事项,年收入规模较大的组织必须每年制备详细的财务报表,年收入规模较小的组织也应每年制备收支账和资产负债说明;年收入规模较大的组织/集团必须聘请符合公司法要求资质的法定审计师或特定法律规定资格的审计人员对其财务状况进行审计,年收入规模较小的组织可以选择聘请上述合资质的审计师或聘请受托人/责任人相信具备合格能力查验财务之人士进行审查。慈善委员会有权指定法定审计师对未遵守上述审计要求的组织进行强制审计,即使年收入规模未达到必须法定审计师审计的标准,慈善委员会也有权根据实际情况监管的必要指定法定审计师对该慈善组织进行审计。审计师等审查人员在审核慈善组织财务状况时发现可能引起慈善法规定必须由慈善委员会调查质询的问题或事项,或者发现有关问题必须由慈善委员会行使保护慈善组织利益的职权,必须马上向慈善委员会报告;若其发现其他有合理理由相信需要慈善委员会行使职权处理的问题,也可以向慈善委员会报告。

(2)年度报告

慈善组织负责人每年都应制备年度报告,说明其慈善组织本年度所进行的所有活动情况,以及法规要求的有关该组织或其负责人(受托人)的其他信息。年度报告同时还要附上财务报表/收支说明/资产负债说明(因收入或资产规模而异),以及审计师或独立第三方对其财务审计或检查结果的报告。年收入超过 25000 英镑的慈善组织必须每年将上述报告及附件提交给慈善委员会,若慈善委员会在法定时限内提出要求,年收入低于 25000 英镑的慈善组织也必须提交上述报告和文件供其检查,而未被要求提交的年度报告也必须保存至少 6 年以备查询。同时,年收入超过 10000 英镑的注册慈善组织每年都必须填写法定的年度报告表向慈善委员会提供表格所要求的信息。

(3)预防措施

除了上述常规接受报告的方式之外,英国慈善委员会还强调主动采取预防措施,帮助慈善组织发现其运作中的具体风险及提醒遵守相应的合规要求,就特定事项发布有针对性的意见、指引和支持办法。其中比较重要的手段有“预警”、“非正式调查工作报告”及“合规访查”。

①“预警”:慈善委员会针对可能影响慈善组织及其运作的具体风险事项或容易使其受损失之问题发布预警信息;主要包括慈善委员会在监管工作中从慈善组织、相关行业机构和其他相关部门的信息中发现的风险和问

题,通过及时发布预警信息帮助慈善组织更有效防止滥用或非法利用其慈善资源的行为。

②“非正式调查工作报告”:对于一些无须启动正式法定调查的事项,若慈善委员会在处理过程中认为涉及的问题和处理的结果对公众利益有重大影响,或者对慈善组织有借鉴意义的,都会以非正式调查工作报告的专题形式公布。

③“合规访查”:若慈善委员会发现某些慈善组织存在较严重的合规隐忧问题,或者从投诉及其他信息渠道了解到可能存在的合规问题,但又未掌握足够的证据启动法定调查,或者发现某些机构连续不履行按时提交年度报告、财务报告等法定义务,资金进出状况异常波动,某些活动方式或操作手法可能导致系统性风险使慈善组织资源面临被违法滥用的危险等情况,慈善委员会就有权对相应的慈善机构进行面对面的实地合规访查,通过对特定慈善机构的访查和了解情况,确定其实际面临的问题和风险,可以提前对负责人和该组织发出监管意见和指引,帮助其采取行动防止发生任何损害或滥用慈善资源等违规问题。

(4)质询调查权

慈善委员会有权在其认为必要时随时向慈善组织提出质询和调查,可以是对慈善组织的普遍质询,也可以是针对某类组织或单个组织的特定事项或问题提出质询。委员会为了质询的目的,有权发出指令要求拥有相关信息或能够获取相关信息的人员提供其所要求的文件或书面陈述等证明材料,也可请其在指定时间和地点向委员会提供证据或书面陈述;若有必要,慈善委员会还可请警察部门出具搜查令,授权委员会工作人员等执法人员对特定地点进行搜查获取质询所需的证据和文件等材料。慈善委员会通常会在网站上公布质询的信息,使公众了解该慈善组织正涉及问题被调查,最后将形成调查报告、调查结论的声明或者对涉事机构采取措施的决定等,只要慈善委员会认为适当,所有上述文件可在网站公告并开放给公众查询获取复制文本。慈善组织或其负责人等蓄意的不当行为/违法活动、刑事违法或严重的滥用权力等均是慈善委员会重点调查的目标。

(5)执法措施

通过调查认定慈善组织存在违规或滥用职权/资源的行为,慈善委员会将要求慈善组织负责人采取纠正措施,有时会指定其应采取的具体行为或与其商定一系列改进计划,定期检查计划的实施情况,继续跟进直到全部完成。开展调查的同时,为了保证慈善组织的资产和运作不受损害,慈善委员会还有权决定采取保护措施,包括限制慈善组织的交易行为、任命新增受托人、冻结慈善组织的银行账户、暂停或撤销某些受托人的资格、任命临时经理人接管慈善组织等。

2. 公众/外部监督机制

(1)公众查询权(信息公开)

任何人都有权向慈善委员会查询其已存档的依法公开的任何资料或文件的复制本或摘要。慈善委员会向公众开放查询其保存的慈善组织的登记注册信息、年度报告等文件,上述质询调查的事项和调查报告等信息也会附在被调查组织的档案资料中;公众也可以个人名义书面要求慈善组织提供其最近年度的报告和财务报表,慈善组织负责人必须在两个月内履行提供信息的义务,若其未尽全力采取所有合理行动满足上述要求,则构成违法并应缴纳罚金。

(2)举报

慈善委员会在其网站和办公处建立联系渠道,鼓励公众直接向其投诉慈善组织的问题,或由慈善组织负责人/受托人向其报告机构中发生的重大问题或事件以寻求帮助,同时也设立渠道鼓励慈善组织工作人员/内部人士对其服务的组织存在的问题提出检举。

(3)异议权

慈善法还赋予公众对申请登记为慈善组织的慈善目标提出异议的权利,成为慈善组织从设立开始即接受公众监督和辅助慈善委员会评断其慈善宗旨的一种途径。

3. 慈善组织内部治理之官方指引及行业标准

慈善委员会提倡良好治理的要素是:(1)首先要了解并符合法律和法定程序的要求;(2)对组织中各机构人员的职能和责任有充分和共同的认知;(3)建立能够促进有效治理的决策、工作流程和机制;(4)借鉴行业内良好运作的范例提高治理水平;(5)良好治理最根本的因素还是人,人的作用最重要,共同的价值观、受托人和职员等参与者的付出、为了共同的愿景一起不懈努力。

慈善委员会为了帮助慈善组织的责任人(受托人)履行法定职责并对慈善组织进行良好的内部治理,发布了一系列的指引,典型指引为“受托人须知”,另外还支持英国志愿组织协会等四个专业行业机构共同发布了“志愿及社区组织行业良好治理准则”。

第一,受托人须知(以下简称“指引”)。

(1)受托人的法律责任

慈善委员会首先以信托法为基础阐述了慈善组织受托人应承担信托责任的内容。慈善法和慈善委员会对受托人的界定是:对慈善组织的管治有总体控制权和管理权的人,其名称可以是受托人、董事、理事、管理人或委员会的委员等。受托人是代表慈善组织承担忠实义务的不受薪志愿者,视具体情形和慈善组织章程等的规定,受托人对慈善组织的债务或损失要承担个人责任。

受托人的信托义务包括合规义务、谨慎义务、注意义务。

合规:作为最基本的合法性要求,受托人首先必须使机构的运作符合法律的规定,按照慈善法和慈善委员会的要求运作,保证按法律要求的方式报告其所完成的项目、提交年度报告、财务报告等;遵守机构的章程等组织文件所制定的规则,机构的活动要始终真正地符合章程所述的慈善目标和宗旨;要以诚信原则处理机构的事务,避免个人的利益冲突事项或不当使用机构的资金和资产。

谨慎:在合法合规的基础上,受托人还承担谨慎义务。①财务上要保证机构不会入不敷出或资不抵债;②合理使用机构的资金和财产,并且只能用于增进机构目标的实现;③不得使机构从事的业务或行为导致其受赠财物、资金、财产或声誉承受不当的风险;④为机构资金增值进行投资或为机构筹措借款时应加以特别的考虑和注意。

注意:注意义务是对受托人自身行为、能力和态度的要求,是最根本并且贯穿其行使职权、作出决策的全过程,也包括在履行上述合规、谨慎义务的过程中。受托人管理机构内部和对外代表机构的行为都应该达到机构良好运作所需的水平或程度,即应发挥其作为受托人所应合理拥有的专注、关注、能力、经验、资源和投入程度;如果机构面临较重大的风险或出现可能使受托人违反其义务或职责的情形，受托人应就如何处理此类问题征询外部顾问的专业意见。英国信托法的要求是"根据受托人拥有的特定知识/经验或专业知识/经验，或根据其所从事的业务或职业所应合理期待其应具备的特定知识或经验，其在处理相应事务时应合理达到的注意和技能的程度"。慈善法在指引中将注意义务简要归纳为"受托人必须为履行职责投入足够的时间、思考和精力，并合理利用其技能和经验"。

(2)决策机制

慈善组织的决策应由受托人根据章程的表决程序集体通过，章程可规定哪些事项经多数通过即可，哪些事项需要一致通过；决议通过后，受托人作为一个团队，每人均应对决定承担责任。为了作出决策，可委托某些受托人或其他有帮助之人士组成工作组或委员会研究讨论的事项并提出建议，这些建议仅具参考作用，是否按照相关建议作出决定则最终取决于受托人自身的判断。

指引也对受托人在召集会议商讨决策方面提供了原则性指导。受托人应根据慈善组织事务正确依法运作的需要而确定召开会议的频率，并且要安排充分的时间在依据充分且信息全面的基础上作出决定。定期会议是多数慈善组织运作的方式，章程也可设置定期会议的条款、最低出席人数以及表决比例。同时，受托人自身也应投入足够的时间，通常其工作包括会议之前的准备(如研究会议议题涉及的情况和问题)以及参与受托人会议的讨论和表决，还有不时参加其他专项会议或处理其他事务。

(3)职能分配

若慈善组织受托人要委派受雇员工或委员会执行管理职能，应在章程中清晰规定所授予的职权范围，并且要求其将重要事项的决定向受托人(理事会)汇报。因此，受托人必须建立有效的内部报告程序和清晰的职责界限。

(4)防止利益冲突规则

慈善法禁止受托人就其履行其常规职责而从慈善组织收受任何利益，而在某些有限的情形下允许受托人为慈善组织提供额外的货物或服务并收取合理的报酬，或者仅可报销合理必要的费用，如参加受托人会议的必要差旅费。法律明确禁止受托人通过以下几种情形直接或间接受益于慈善组织:①租赁慈善组织的物业;②向慈善组织借款;③与慈善组织签订合同进行商业交易。若违反上述规定,受托人必须赔偿慈善组织因此受到的损失,即使没有损失,受托人也应将其因利用了慈善组织所获得的利润归还给慈善组织。除了上述法定禁止的情形,慈善组织章程也可规定严格的条件和权限范围允许慈善组织向受托人支付报酬或与受托人进行商业交易,另外,若受托人能证明某项交易对慈善组织是有利的,慈善委员会也有权对个案作出批准。法律原则上也禁止受托人同时任职慈善组织的雇员领取工资薪金,慈善组织雇用的员工也不得同时担任受托人的角色,避免决策与执行层面的利益冲突;但慈善组织章程可明确授权受托人同时受雇佣担任某个职位,或需得到慈善委员会或法院的许可,除非慈善组织能证明该受托人从未实质参与到设置或保留该职位的决策或招聘过程的重要环节,并且该受托人在该职位公开招聘前辞任并按公平公开竞争方式申请该受雇职位。

受托人必须合理谨慎地处理慈善组织的所有事务,必须谨记慈善组织的利益是首要的,不能以其个人观点或倾向影响作为慈善组织受托人的行为。若慈善组织受托人团队要作一项决策可能影响到某位受托人的个人利益时,组织章程应该规定受影响的受托人不得参与相关讨论和表决,即使组织章程未有明确规定,该指引也要求受托人作为良好治理的手段遵守此回避规则。

(5)受托人的财务管理原则

慈善组织受托人必须保证适当、谨慎、合法地使用组织的财产资源,而且应投入到符合慈善组织宗旨的项目中。财务管理包括在筹款、提供慈善服务和投资方面的决策,受托人在财务方面首要坚持的原则是只能将收入和财产资源用在章程所述的宗旨上。慈善委员会指引的要点包括:①公平客观原则:慈善组织必须向符合资格的受益对象公平分配慈善资源;②结余处理原则:慈善组织一般应在一定合理时期内将其得到的收入使用到其慈善宗旨的受益人或项目中,若非章程特别明确许可,受托人不得随意积累慈善组织的收入而不用于慈善目的。

第二,志愿及社区组织行业良好治理准则(以下简称"准则")。

英国慈善委员会和本国志愿慈善行业的联合及支持组织合作,共同制定和推广行业良好治理准则,并委托一个代表机构"治理中心"负责该准则的调研和持续改进建议，因此目前已经推出了第二版，反映了最新的监管要求和治理方式。“准则”的六大要求如下：

准则一：高效的理事会必须理解其职责和角色。理事会全体以及每位成员都应理解其法定义务、对组织资产的保护责任、章程及组织架构文件的规定、外部环境、机构的整体组织结构，从而设定并维护机构的愿景、核心价值和声誉，监督机构的工作，管理并支持机构的职员和志愿者。

准则二：确保机构提供其宗旨/目标所述的服务。理事会应制定并通过长期规划、具体执行方案和预算、根据方案和预算监督进度和资金使用、评估执行结果成效和影响力、根据情况检查或修改方案和预算。

准则三：理事会团队及个人均应富有成效地工作。理事会应制定一系列适当的规则和流程，具备适当的知识、态度和行为准则，使每位成员及理事会整体有效运作。

准则四：理事会应进行有效地监督和控制，确保机构理解并遵守全部有关的法律法规要求，内部具备持续的财务和管理监控体系，随时发现和研究机构面临的主要风险并建立应对机制，对委员会、职员和志愿者的职能分派有效运作，并对其行使职能的情况进行有效监督。

准则五：理事会应带头坚持诚信，以高度的道德准则行事，处理好利益冲突问题，保证决策的独立性，保护和提高机构的声誉。

准则六：理事会应使机构对内对外都以开放、公开和负责任的方式运作，采取公开的传播策略，使人广泛了解机构及其工作成果，制定/修改机构的服务内容、方式和机构的制度时应合适地征询意见，听取支持者、资助人、受益人、服务对象及其他利益相关方的意见，对投诉/举报等要不偏不倚地处理，采取积极有效的方式解决。

二、美国

非营利组织在美国受州法和联邦法律两个层面管辖。

各州制定法律规定慈善组织如何创建、可采取的组织形式、组织者的信托义务，并对其持续运作的相关事项进行规范。美国慈善组织主要采用信托或公司两种形式，多数以公司形式注册，无论何种形式，其宗旨都必须是慈善目的。州法通常引用联邦的慈善用途法定义慈善目的。慈善目的包括:(1)救助贫困;(2)促进知识普及或教育发展;(3)促进宗教;(4)提高健康水平;(5)政府或市政目的;(6)其他有益于社群的目的。有些州则参考联邦税法对慈善目的之定义。慈善公司必须在州政府注册才可成立,其设立的申请文件与普通的营利公司类似,但要说明其慈善目的,注册完成后取得注册证书或特许状。各州法律普遍要求慈善组织向公众筹款前进行备案登记。无论设立信托还是公司,慈善组织的受托人或主管人员均应对该组织负有信托义务,各州采用相似的信托法原则,主要有谨慎义务和忠实义务,受托人或主管人员应做到合理的注意、运用其技能和周全考虑以达到上述义务要求的标准。若受托人或主管人员违反上述对慈善组织应履行的信托义务,各州主要通过检察官和法院(代表公众)程序追究责任保证慈善组织的宗旨和公众受益人的利益得到实现。州政府也有权对注册的公司(包括慈善公司)进行复核,若发现严重损害公众利益或违规越权的情况,法院有权解散该机构、命令更换受托人或董事/理事。

联邦税法和州的税法都对被认定为慈善机构的公司或组织给予各种免税待遇。美国没有设立专门管理非营利机构的政府部门,税务局(特别是联邦层面)实际上发挥了监管非营利机构的作用。税法实际上规范和限制着慈善机构的行为:设定了其认可的慈善目的之范围,限制慈善组织参与为私人利益进行的交易,并且对各类慈善组织的活动和投资行为进行限制和规范。违反税法的相应规定或违反上述信托义务,慈善组织或其受托人/董事等会受到处罚,严重违规的甚至被取消免税资格。若慈善组织进行超出其慈善目的之交易,为其领导者或其他内部人员带来超额私人收益,税务局有权就此补征税款,此举主要是防止内部人员通过关联交易获取不当收益(如收益超过其为机构提供的服务/对价的价值),因此主要是针对个人的收益而非处罚机构本身。

(一)美国税务局对非营利机构内部治理的指引

除了上述法定规制的几个方面,美国税法并无统一规定非营利机构内部必须采用的组织结构、运作规则或管理措施。非营利机构申请免税资格和提交年度报告都须提供有关内部治理的信息,税务局在评估免税申请文件和审查年度报告时会将内部治理的内容作为重要的衡量标准之一。为鼓励非营利机构采用良好健全的内部治理,税务局发布了内部治理相关事项的指引。

(1)宗旨

非营利组织必须在申请表/报告中写明其宗旨。宗旨应符合税法认可的免税类别,税务局鼓励其制定清晰的宗旨,并得到理事会的认可,机构应为实现其宗旨而行动,明确其应开展的活动以及为谁服务。

(2)机构组织文件

无论采用何种组织形式建立非营利机构,所有机构都必须提供其治理和管理的组织结构。各州的法律对每种组织形式应采用的组织结构文件有详细的要求,如信托协议或信托公告、注册为公司的则为公司章程。有的州还要求制定组织的规章制度。税务局要求非营利机构提交其组织章程和规章制度,并审查这些文件确保该机构是以慈善目的为其唯一宗旨,而且其计划和实际行动均与这些文件所述的目标和要求一致。

(3)治理机构

税务局鼓励理事会主动积极参与非营利机构的治理,才能保证机构取得成功并遵守相关法律。承担内部治理责任的理事会成员应具备相应的知识和经验,并主动积极监督机构的运作和财务管理。若理事会容忍封闭运作或懈怠的作风,税务局会更倾向怀疑该慈善组织的财产被内幕人员为了私利转移,对公共慈善利益造成损失。理事会也应该设定合理的人数,根据机构的需要寻找具备相应能力的人士(财会、人力或道德操守)。税务局还特别强调理事会成员的独立性,应引入足够的独立理事,不能由具有亲属关系或商业关系的不具独立性的人员在理事会中占决对多数。税务局评估理事会组成人员时,会考虑其是否具有足够广泛的代表公共利益的人员构成,评估其进行内幕交易滥用慈善财产的可能性。非营利机构是否赋予独立理事、独立股东或其他具独立性的人员选举理事会成员的权利或对理事会决定的否决权,是否将控制权或主要管理权委托给专业管理公司或其他人,也是税务局重点关注的因素。

(4)治理和管理制度

税法并无要求慈善组织制定治理和管理的规章制度,但税务局在审查申请免税的文件和年度报告时,需要确定该组织在七个方面制定并实施了相应的规章制度:①主管人员的报酬;②利益冲突;③投资;④筹款;⑤理事会决策记录;⑥文件归档和销毁;⑦雇员检举权。

(5)财务报表

理事成员是慈善组织资金和其他资源的代管人,应随时或定期查看财务报表,确保资金出入及时准确地记录并用于促进慈善的目的。有些州的法律会要求一定规模的慈善组织必须做外部审计,接受联邦政府拨款的机构也要接受相关法律规定的多次审计。若无法律强制规定,税务局也鼓励那些拥有大量财产或收入的慈善机构考虑聘请独立审计师审计其财务报表。

(6)信息公开和问责制度

税务局要求慈善组织将其免税资格申请文件(1023 表)、990 表和990 - T 表公开给公众查询。同时也鼓励慈善组织将上述文件、年度报告、财务报表等在其网站上公开,并且在公众需要时提供副本。慈善组织在提交 990 表时也需要说明是否向公众公开上述三表、组织文件/规章、利益冲突制度和财务报表,并要说明公开的方法。

(二)理事会的法律责任(信托责任)

理事会及其成员对慈善组织和其服务的社群大众负有信托责任。信托责任的核心是不得把慈善组织的资金/资源视为创立者或理事会或任何个人自己的财产,而是将该组织及其所有资源都视为一个信托,是由理事会或其成员为了公众利益受托管理和使用这些资产。因此,一个负责任的理事会应以合理、适当并合法的方式使用这些资源(不仅包括资金)。

理事会履行信托责任通常应做到以下几点:

1. 制定一套制度管理资金和其他资源的筹措和使用;

2. 制定预算将资金分配到为了机构的宗旨而开展的项目和活动中;

3. 制定和持续执行内部控制流程,保证员工和志愿者依照上述规章制度和预算安排工作并使其对不合规的行为负个人责任;

4. 制定并持续执行一套财务监控、评估和报告体系,管理机构整体财务状况和财务绩效;

5. 实施外部独立审核制度(如独立审计师),评估机构的财务状况和健全程度,检查其内部体系和制度是否有效保护和正当使用其财产资源。

（三）治理结构

美国多数州法律要求非营利组织设定某些主管职位。最常见的如理事长/总裁、副理事长/副总裁、秘书长及财务会计。这些职位通常由核心领导成员担任。大部分非营利组织的理事会通过设立特定的委员会行使内部治理的职能，如执行委员会（管理层委员会）、提名委员会、筹款或发展委员会、财务委员会、人事委员会和项目委员会等，这些常见的职能委员会往往是永久或常设的。另外，也会就某些特殊事项设立专门工作组，这些工作组往往是临时的，完成工作后就结束，这也是一个发展趋势。

执行委员会或执行官员通常是代表理事会执行理事会的决定和管理机构事务，对理事会负责，其行为要受全体理事的监督和许可。另外，根据某些机构的需要和章程的特别规定，有些执行委员会被授予独立运作的地位。

提名委员会负责招募理事或委员会成员，有些还负责招募机构职能部门的主管官员。提名委员会根据理事会要求选择候选人，最终由理事会决定录用的人员。

财务委员会负责机构资金的预算、控制和监督资金的使用，还负责制定机构的财务规则并由理事会遵守和执行，若无独立的审计委员会，则由财务委员会负责监督和审核独立审计师对机构作出的审计报告，或者直接对机构的财务状况作出审核。

人事委员会负责计划和监督机构使用人力资源的状况（包括受薪职员和志愿者），制定机构的人事制度和守则、绩效管理和福利待遇制度、投诉/申诉机制等。

项目委员会负责监督机构向其服务对象提供服务的质量和服务的流程体系等，包括监督服务的及时性以及是否以负责任的方式完成；为了评估服务质量/效果，该委员会需要与社区领袖、项目的利益相关群体打交道并处理相应关系，为项目的发展作出策划并改进方案以满足新的需求。

委员会必须是代理行使理事会/董事会的合法权限和职责的一部分，不得干预机构的具体执行和运作方面的事务，也不得绕开理事会或干预应由理事会全体负责的监督职能。

（四）理事的法律责任

美国法律对非营利组织理事会成员以及其他对组织的行为承担责任的

高级管理人员也有类似英国信托义务的要求。在美国法律之下他们对非营利组织承担三类义务:注意义务、忠实义务及合规义务。

注意义务:美国对注意义务强调的是一个合理谨慎的人在知情或相应知识/意见的基础上作出决定的过程中所应具备的注意程度和判断力,在慈善组织的意义上,包括作为一个理事应该善意地相信此决定是符合组织的最大利益。法律并不期望理事会成员永远不会作出错误的决定,但注意义务要求他们在考虑一项制度/决策或进行一些行动时,对投入应有的关注程度、考虑的周全程度和付出的努力程度负责,若未达到上述应有的程度,则需要承担责任。

忠实义务:理事会及成员必须善意地为增进慈善组织的利益而考虑及采取行动。理事会成员应尽可能争取对慈善组织最有利的结果或条件,而且不得在涉及其个人利益冲突的事项上参与理事会的讨论和决定过程。

合规义务:要求理事会成员遵循组织的宗旨/使命,遵守组织的各项规章制度,并且遵守相关领域法律法规要求的其他行为准则。

因此,理事在理事会的决策和行动过程中必须遵循上述义务和标准,否则将可能承担民事甚至刑事责任(如税务局对其不正当个人利益所做出的处罚)。与私人信托不同,慈善信托并无特定的受益人,而采用公司形式的慈善机构对不特定的受益人也构成默示的信托关系,检察官、政府部门、其他受托人/股东等都有权提起诉讼以采取强制措施实现信托的目的。

(五)对理事满足信托义务的建议

理事会的信托义务要求每个理事都同样承担上述三项义务。理事代表机构或参与机构活动时,都应做到上述三项义务所要求的标准。总体而言,理事应积极准备和参与理事会事务、全面了解相关情况和搜集信息,也包括提出根据合理谨慎标准所应考虑的问题和困难;每位理事都应尽全力完成理事的职责从而保证理事会达到法律要求的信托义务的标准。

美国城市研究所(Urban Ins)2007 年发表了一份对美国非营利组织的调查研究报告,该研究所认为除了要求理事会制定和执行各项制度和措施避免违规行为,更应该追问理事会/理事是否足够积极地付出努力确保实现机构的目标和宗旨。该调查也显示相当一部分非营利组织的理事会未能积极地完成其职责。

一个治理良好的非营利机构的理事会应要求理事达到以下标准:

1. 积极参加理事会的全部会议;加入一个或多个委员会或工作组;为相关会议或理事会活动提前做准备;对理事会各方面的工作进行独立理性的分析、思考或反思;机构有需要时参加特别的活动或重要的机构活动。

2. 充分认识和理解机构的使命、愿景、整体工作和战略方向;理事会工作所遵循的规章制度;理事会对理事的期望。

3. 做好调查研究充分了解理事会讨论和决策事项所涉及的问题,以及对理事会和机构的成功有影响的重要问题/事项。

4. 鼓励和支持职员和志愿者的工作,注意不让理事会干预职员正常执行其职务和工作。

5. 尊重和积极支持理事会依规合法作出的决定,一旦作出决定后,应对理事会的讨论内容保密。

6. 最大限度回避实质上存在的或可能被认为存在的利益冲突情况,在所有个人行为上都应遵循最高的道德操守。

第二节　欧陆非营利组织的法律监管及内部治理准则

一、德国

在德国,公民可根据民法典组建具有法人资格的社团或基金会,也可以根据公司法设立公司,由创立者通过章程规定相应的宗旨决定,这三种法人组织形式均可以用于公益、互助或私益目的。另外,德国还允许公民成立不具备法人资格的社团或基金会,在此情况下主要按合同性质来处理社员/会员之间或对外关系。在德国,并不能仅从名称判断一个机构属于营利还是非营利性质,如既可存在公益性的基金会,也可存在营利性的基金会,所以要以组织章程的宗旨是否属于利他性质来判断。德国非营利组织创立者可根据需要选择任何一种组织形式,而最近的趋势是越来越多的人选择用公司的形式组建非营利机构,特别是从事公益服务的组织。鉴于本次课题的研究范围,在此仅讨论法人组织形式的相关内部治理问题。

(一)社团

德国民法典中的社团是指一个会员组织,是会员为了追求一个共同目标而组建的法人团体。社团可以追求公益目标,也可以追求互利的目标,因此“社团”这个名称本身不必然代表是公益性质,也不一定具备免税资格。正式的社团法人须根据一个经公证的契约成立,契约包括组织章程;非经济性的社团应规定合法的非商业性质的宗旨和活动内容,经当地法院注册登记后即可成为社团法人,社团注册时必须至少有7名会员,登记后会员可以减少,但不得少于3人。民法典要求社团必须有两层内部治理架构:董事会及会员大会;此外,社团还可在章程中设立其他职能的管理机构(如委员会等)。董事会一般负责社团的管理,制定各方面的制度并对外代表社团,董事会负责根据法律或者章程的规定召集会员大会,若无规定,也应在任何必要的情况下召集会员大会,而一定数量的会员书面要求召开会员大会时,董事会也须召集会员大会。会员大会的法定职能主要是“制定/修订章程、任免董事会成员、决定社团组织形式的变更、合并、分立或解散”等。德国的州对社团监管比较宽松,在个别情况下会根据州的社团法对社团进行一些管理。

(二)基金会

德国基金会必须在州政府登记注册,除了民法典,各州根据各自的基金会法管理和监督当地的基金会。《德国民法典》只要求基金会建立一个管理机构“理事会”,同时也是基金会对外的代表机构。联邦各州的基金会法律对其地域范围内的基金会管理有具体规定,如规定基金会章程必须制定理事会人数、任免程序、任期和决议程序等。民法典及州法均无要求设立监事、监事会或审计委员会;对基金会的创立者也无特别限制其权利,允许创立者担任理事会理事。虽无法定要求设立监事或监事会,德国许多大型基金会均自愿选择设立监事会作为监督机构。对理事会的具体制度,法律并无再作强制性规定,赋予基金创立者权利通过章程详细规定,就理事的任职条件、理事人数、任免或辞职等,均可由章程自行规定,法律并无特别要求。

民法典规定基金会的资产和收入必须为创立者设定的宗旨和目标服务(但不可只为了创立者一个受益人),法律强调基金会的独立性,虽然创立者可以担任理事会的理事,但在基金会成立后,作为独立的法人,在做任何决策时，理事应尽义务保证促进基金会实现章程中明确规定的宗旨，而不能以其个人理由影响基金会的决策偏离机构的宗旨。在决策过程中，总监或管理人员等职员可以参与研究和准备工作，但是决定权只能在理事会，只有理事会成员才能根据章程的程序通过机构的决议，不得将决定权委托或授予职员。法律并不规定基金会最低的资产/资金，但地方政府要求资金足够保证长期可持续地实现基金会的目标，一般会接受起码 5 万欧元的发起资金。

各州根据其基金会法由当地政府部门监管基金会，基金会必须提交年度报告，成立基金会、修改章程或解散基金会均须得到监管部门的批准，只要符合法律规定的条件，监管部门并无任何自由裁量权拒绝批准，因此必须遵循法律和创立者的意愿批准。监管机构还有权就重大的问题调查基金会，发现不当行为时，可采取干预措施，如撤换理事、任命新理事，甚至接管基金会等。

（三）避免利益冲突规则

《德国民法典》原则上禁止进行有利益冲突的内幕交易，财税法规严禁利用取得免税资格的机构（包括社团、基金会或公司）获取私人利益，总体规则如下：

1. 机构的资产必须专款专用地直接投入到章程所述的公共利益的宗旨，允许合理的行政管理费用支出。

2. 及时使用资产原则要求机构不得不合理地积累资产。机构最多可将 1/3 被动收入和 1/10 的其他可支配收入作为积累，其他资产应合理使用在机构的宗旨上，个别例外是允许合理的积累和保存基金会受赠资金，或者机构若提交其在一定时期内的具体项目计划，则允许为此计划留存积累资金。

3. 机构不得在未取得充分的补偿或对价的情况下向其会员、股东、董事/理事或其他并非本机构宗旨的受益人分配机构的资产，唯一的例外是允许基金会向其创立人或创立人的近亲分配不超过基金 1/3 净收入的财产，但此等分配的数额也不可高得不合理。

4. 任何人都不可从机构中获取特别的个人收益，不合理的薪酬也是被禁止的。

5. 机构解散清算时，其剩余资产应继续用于符合免税资格的公益目的，通常将资产转移给另一个具备免税资格的机构或公共服务机构。若机构是公司,在股东退出或公司清算时,股东最多可取回其出资额或与其实物出资相当的公平市场价值的资金,公司其他剩余资产必须投入到符合免税资格的公益目的。

(四)信息公开制度

德国社团和基金会都应按照社团法规要求向监管部门(包括注册主管部门和财税部门)送交年度报告和资产负债表等,并且接受税务部门的财务监管。但是,除了社团和公司的登记信息可以在工商记录中公开,基金会没有法定义务公开在主管部门的登记信息或提交的财务信息,因此除非基金会主动公布,公众无法通过监管部门查询到基金会的登记注册信息和财务信息,而且德国法律也不强制基金会必须每年进行外部审计,监管部门会根据个案情况提出审计的要求,主要是针对大型的基金会。

二、瑞士

瑞士非营利机构可采用的组织形式主要有五种:社团、基金会、合作社、非营利股份公司和有限公司。本节主要讨论前三种典型的组织形式。

(一)社团

在瑞士,社团取得法人资格不需得到政府批准,亦无专门监管部门。社团的基本目标和宗旨应该是非经济性的,但只要社团保持非经济性活动为其主要方面,法律也允许社团从事一定的商业行为,若一个社团从事商业活动并且年收入超过10万瑞士法郎,就必须进行商业登记;不从事商业的社团也可进行商业登记,此种登记仅起一种公示的作用,而且使社团向公众公开信息;法定要求审计的社团也必须进入商业登记的系统。

社团的组成人员只要2人或以上即可,社团成员制定章程,并且只要章程中规定社团为一个法人,则可享有法人地位,若章程中无明确表示社团为一个法人,则可按合伙关系处理。社团也必须建立两层机构,即会员大会(作为最高权力机构)和社团委员会,章程也可设立其他机构,如秘书、代表大会等。会员大会是最高权力机构,但也可通过章程设立会员代表大会,将表决权赋予会员代表大会。会员大会通过决议确定会员的准入和除名、选举职能委员会成员,并决定社团的组织结构和解散、变更章程等重大事项。

会员大会应根据章程的规定召开，五分之一会员提出要求则必须召开会员大会；法律还规定了会员大会召集和充分通知的条件，必须符合此等条件的会员大会通过的决议才是有效的（除非全体会员都有出席或授权代表出席）。瑞士的社团管理机构通常采用委员会的形式，会员大会可通过章程规定委员会的产生方式和职能等，通常是由会员大会选举或任命一人或多人担任，也可请会员之外的第三方担任委员，委员会负责召集和准备会员大会，并负责社团的管理和对外代表社团。根据瑞士法律，会员对社团的基本义务分为人身义务和财产义务：人身义务总体上就是不得从事任何损害社团利益的行为；财产义务就是根据章程的规定向社团支付会费。瑞士法律同时也规定：除非社团章程有不同规定，社团仅以其自身的财产对外承担债务。

（二）基金会

瑞士法律不强制要求家族基金会和教会基金会进行商业登记，而且其他附属性的基金会也无须进行商业登记，在瑞士基金会可以是营利性也可以是非营利性的，因此将非营利性的基金会称为传统/普通基金会。瑞士民法即是针对传统基金会，规定其应经商业登记取得法人资格，并由地方政府监管，除了职员福利基金和教会基金会受到一些特别监管规定，此外并无专门的基金会法律管制。家族基金会不涉及公共目的，因此不须登记也不受政府管制。在瑞士，企业基金会甚至不受监管，而且有关基金会的法律也未涉及该领域，瑞士法院也支持企业基金会追求经济目标，如直接支持型的基金会投入到医院学校等社会服务企业，或持股基金会在商业企业中持有股份等。

联邦基金会监管局要求基金会至少具备 5 万瑞士法郎的初始资本，以保证基金会能够实现其宗旨，否则发起人应证明基金会能够在成立后取得充分的资产，若基金会实际取得的资产不足以实现其宗旨，则应将该资产转让给相似宗旨的机构。

基金会可通过章程设立管理和组织机构以及其管理方式。基金会应设立一个最高决策机构负责管理和对外代表基金会，通常是基金理事会、董事会或委员会。法律要求基金会有义务保留财务等方面的凭据和记录，并应进行外部审计。其他机构可由基金会自行选择设立，如内部监督机构等。

地方政府负责监管具有法人资格的基金会,其监管主要是确保基金会的管理机构和执行机构等不会作出违反基金会宗旨或章程的决定或行为,当然也包括不得作出违法或不道德的行为。监管部门有权强制指定基金会作出纠正措施,否则有权处罚基金会。同时,瑞士法律还特别规定基金会应接受与其宗旨相关的区域社群的监督,因此,根据其宗旨和活动涉及的地域范围,联邦、省级、市级或区级机构都有可能成为其监管部门。监管部门一般采取预防性和纠正性的监管方式。预防性的手段包括:规范基金会的投资行为、提交年度报告的义务、提交基金会规章和其变更或修订等;纠正性的手段意在防止基金会管理机构的错误决策或行为造成的后果,通常包括警告、撤销基金会的决定,采取替代措施、罚款、刑事检举等,严重情况下还有权整体免除管理机构的人员职务。但监管部门并无权力对基金会进行任意的控制,而且应采取与违规行为相适应的监管措施。若基金会的机构组成不符合规定或存在缺陷,监管部门有权采取必要措施,可规定基金会在一定期限内恢复合法的组织机构,也可委派人员填补其缺位,或任命管理人。

(三)合作社

瑞士法律定义的合作社主要是追求经济利益的人合组织,会员人数是开放性的,不过法律同时也仅允许合作社在主要的经济目标之外从事非营利活动,商业登记条例也允许专门从事非营利活动的合作社登记注册。法律要求合作社建立三个机构:会员大会作为权力机构、管理部门作为执行机构、审计部门作为监控机构。会员大会决定重大事项并委任其他两个部门的人员,若会员超过 300 人或主要由合作社构成会员,则可委托一个代表大会行使会员大会权力,也可通过书面表决行使会员大会的职权,而同时使用会员代表大会及书面表决也是允许的,在大型合作社中常见这种安排。法律特别规定合作社必须设立至少 3 人组成的管理部门,以确保执行部门可以进行民主管理。合作社亦可任命行政委员会和执行经理/董事等,而执行委员会的大多数成员必须是从合作社会员中产生。

(四)财务监管

社团有义务保存其收入、支出和财产的凭证和记录,登记注册的社团应遵守商业会计准则,连续 2 年符合至少两项条件的社团必须进行官方审计(总资产超过一千万瑞士法郎、收入超过两千万瑞士法郎、年均全职雇员达到50人)。而除此之外的大部分社团并无法定的审计义务。基金会的最高管理机构有义务根据商业会计准则存留其业务记录,若基金会通过商业活动实现其宗旨,则应根据股份公司会计准则的要求处理财务并公开年度财务报表,因为涉及商业活动,受益人、债权人和捐赠人都有更大的理由监督其如何使用其收入。法律规定基金会一般应进行外部审计,但家族基金会、教会基金会可免于审计义务,或资产较少(连续两年总资产低于20万瑞士法郎)并且不向公众募捐的基金会经监管部门批准可豁免审计,虽豁免审计义务,基金会仍必须向监管部门提交报告。基金会进行官方审计的标准与社团相同,若未达到该条件,则应对其年度财务报表进行有限审计(Limited Audit)。法律同时也赋予基金会的监事机构提出进行官方审计要求的权力,审计机构会将审计报告及基金会的重要情况提交给监管部门。合作社的审计依照股份公司的规定执行,对合作社追加资本承担个人责任或义务的会员,10%会员或持有10%资本的会员均有权提出要求进行官方审计,不需官方审计的合作社亦应进行有限审计;若经全体会员同意,全职雇员不超过10人的合作社可不进行审计。

瑞士法律并无直接规定基金会等必须在一定时期内使用一定百分比的资金等"及时使用"规则,但在税法上,若用在机构宗旨方面的资金不足其资金的50%,则会失去免税资格;在管理费方面,虽也无强制的比例规定,但一般而言,基金会被要求向监管部门提交管理人员的薪酬报告,总体的管理费用在10%以下属于较低且安全的比例,10%～20%的管理费也是属于适当的范围。

(五)信息公开

根据法律必须进行登记的社团、基金会或合作社,其登记信息可向公众开放查询,但其提交给监管部门的年度报告、财务报表等信息并无义务必须向公众公开,但受益人在原则上有部分信息权,即在与其正当权益相关的情况下,可通过向监管部门投诉等途径获取一定的信息。

三、欧洲国家的行业自律准则

瑞士等大陆法系国家的非营利机构行业组织也制定了自律准则,欧洲基金会中心也出台了最佳实践原则。

(一)瑞士非营利机构治理指南

以瑞士为例,2006年瑞士大型人道及救济组织主席会议发布了瑞士非营利机构治理指南,是瑞士20个大型非营利组织共同制定、签署并执行的行业守则。

首先设定了治理原则:

1. 分权制衡:规章制度应清晰区分领导、管理和监督三种职责,形成战略管理、执行权和总体监督三者之间的制衡;

2. 治理机构成员应以组织的核心价值为理念,以负责、高效和可持续的方式运作机构;

3. 透明度:治理机构应制定组织的信息公开制度,向内部和外部及时提供组织的架构和活动情况,以及其资金使用和流动情况等财务信息;

4. 保护组织成员、捐赠者和志愿者的权益:在保护成员和捐赠人利益的同时,促进荣誉成员、志愿者和全职员工之间的高效合作;

5. 保护捐赠人利益:治理机构还应特别注意公平公正地获取资金和使用资金。

以下为各机构的具体治理原则:

第一,最高权力机构。

社团或基金会的最高权力机构应采纳和执行以下原则:

1. 保证所有会员或会员代表/理事会成员都有权对议程中的事项表达意见并行使投票表决权。

2. 最高权力机构每年至少召开一次全体会议,议程和时间地点等应及时通知给所有成员,并为其提供有关会议讨论事项的充分完整的文件和信息,在闭会期间若有成员要求,应向其提供有关组织的最新发展情况和业务策略计划等信息。此外,基金会应向创始人和资助人/捐赠人提交业务报告完全披露其投入的资金的使用情况。

3. 最高权力机构制定章程和规章制度、批准财务计划、设立组织机构和职能部门、确定会员资格和其权利义务、选任各职能部门的人员、监督组织的业务活动、批准管理人员和职员的薪酬待遇、决定机构的组织形式变更或解散等。

4. 最高权力机构应特别注意严格区分战略管理部门和执行部门的人员

组成,两个部门互相独立,两者人员不得兼任,不应互相干涉。就基金会而言,应通过组织规章等明确分清各部门的职责,若理事会同时承担最高权力机构和战略管理机构两个职责,就必须公开透明地说明行使该双重职能的流程和方式。

第二,战略管理机构。

社团或基金会的战略管理部门是经最高权力机构选任的负责制定战略方向和中长期业务领导和监督的部门,主要职责是组织的整体业务活动、管理和使用组织的资金、风险管理和有效的监督。具体如下:

1. 保证在符合组织宗旨的范围内,作出独立和负责任的决策;

2. 确定组织的战略方向和服务人群,积极寻求和推动适合组织使命和财务能力的活动,投入可实现组织使命的业务领域;

3. 制定战略,确定财务、预算和财务监督的规则,监督资金的使用保证其用于实施战略目标的方面;

4. 通过财务计划和预算并提交给最高权力机构批准;

5. 确定执行和管理机构的架构和职能分工,选任、监管或解聘执行和管理部门的人员;

6. 向执行管理部门人员分派任务并持续监督其工作情况,承担总体责任;

7. 充分照顾利益相关方的需要,特别是在使用其提供的资金方面,保证向组织的成员、资助人、捐赠人等的透明度。

第三,执行和管理机构(执行部门)。

执行部门为战略部门的决策提供支持,并具体执行和实施战略部门的决定。具体如下:

1. 决策支持:执行部门及时为战略部门提供需要讨论的问题和事项,确保战略部门及时全面了解任何有关问题的事宜和信息,并应积极主动提出新的想法和建议,执行部门可作为建议者参与战略部门的会议;

2. 执行部门的负责人向战略部门负责,战略部门应致力于与执行部门达成积极合作及交流;

3. 执行部门应为实现组织的宗旨积极有效地处理组织的具体事务,确定各具体目标的优先次序并依计划执行。

第四,战略部门和执行部门的组织原则。

战略部门和执行部门的构成和标准应遵循以下普遍原则:

1. 人员组成:一般应至少由 5 人组成战略部门,并且应具备该组织主要事业领域所需的知识和经验;

2. 结构:应设计组织结构和内部决策流程,保证部门成员能在充分了解事实和表达独立意见的规则下履行其职责,作出及时有效的决策;

3. 人员选任:应制定长期的人员任免轮替制度,保证年龄层和性别平衡,任期通常不超过 4 年,战略部门成员连任最长不得超过 12 年;

4. 避免利益冲突:同部门内的成员不应具有婚姻或近亲属关系等,亦不应与其他部门成员具有类似关系,若部门成员出现任何可能与组织利益冲突的事宜或问题,应向最高权力机构披露该利益冲突事项,并应尽量回避,若任何部门成员与组织之间产生业务(交易)关系,应作出披露并按照组织与其他第三方交易时相同的条件开展业务活动;

5. 部门成员/职员的薪酬:战略部门成员/职员原则上不领薪酬义务履行其职责,若在合理情况下支付一定报酬,则应制定一个客观和透明的标准,该标准要符合非营利组织的通常报酬水平,也应与事务的规模、复杂程度、职责范围及所需的时间和技能相适应,最后该标准还应经最高权力机构批准,部门成员/职员领取报酬的时间和数额均应得到披露。

第五,财务内控和信息公开。

最后,该准则要求非营利组织建立财务报告制度、充分的内控体系和稳健的风险管理制度,最高权力机构应聘请外部审计进行年度独立审计,并且应定期更换审计负责人。

在信息公开方面,战略管理部门负责向利益相关方提供及时透明的信息和沟通,财务方面应根据瑞士通用会计准则等制备年度报告和财务报表。年度报告陈述组织自身的目标、主要活动、回顾成绩和展望未来。年度报告向利益相关方说明以下方面的事项:(1)组织的架构/附属机构以及与其他组织之间的合作关系等;(2)战略管理部门成员的活动;(3)战略管理部门的运营费用及向部门成员支付的报酬;(4)执行部门人员构成和职能,以及对其成员的薪酬、部门运作的成本和费用;(5)报告组织遵循内部治理原则运作的情况。

（二）欧洲基金会中心：基金会自律良好治理准则

欧洲基金会中心的良好治理准则强调四个方面：治理的独立性、良好管理、透明度、问责制度。

1. 治理的独立性

①理事会应设定机构的战略目标并确保机构的项目、运作和财务状况都符合这些目标；

②理事会应建立详细的治理结构，包括理事会的职责和决策程序，保证清晰和独立的决策，并对外公开；

③理事会成员的任命应充分考虑其资质和经验等因素，并根据规则定期延续或替换；

④制订适当的薪酬政策和处理利益冲突的原则，并对外公布。

2. 良好管理

①执行部门和非执行部门的职能清晰区分，创造一个内部制衡的体系；

②确定处理职员利益冲突问题的制度；

③采取措施对运营的各方面进行风险评估和解决风险问题；

④在项目设计和策划阶段征询利益相关方的意见；

⑤建立利益相关方的反馈渠道和定期调研，利益相关方包括受资助方及未取得资助的潜在受益人。

3. 透明度

①机构应使用全面和易懂的方式报告其业务活动情况，通过网站和宣传资料等方式完整和客观地描述基金会的业务活动和业务策略；

②申请基金会资金的规则、程序和指引应公开透明，且应公布理事会成员和机构职员的名单，理事和管理层主管的简历也最好可以公开；

③制订机构内部的道德守则并对外公开；

④机构管理层主管和职员的薪酬范围也建议公开；

⑤财务报表、年度报告和资助项目情况（包括总额）对外公开（但应保障数据权利和个人隐私）；

⑥机构应积极与利益相关方沟通，促进其参与对话交流和联合倡导活动，以推动相应领域的发展和改进。

4.问责制度

①基金会应就其活动和行为对利益相关方负责,还应主动分享其知识和经验;

②优先考虑基金会的利益相关方的需求,并适应社会外部环境需求的变化;

③在项目设计阶段要考虑到行动的局限性、项目时长和退出策略;

④评估和监督项目的效果,请利益相关方和受益人参与评估,评估的正面和负面结果均对外公开,用于改善日后的战略和优先选项;

⑤与合作伙伴共同行动,最大化共享资源、发挥协同效应、推动创新、促进学习和提高影响力;

⑥建立渠道和机制(包括社交媒体)面向公众征询反馈意见。

第四章 社会组织内部治理的最佳实践

非营利组织指的是不以营利为目的，介于政府和营利组织之间，一切面向社会，提供公益服务的社会团体或组织，或者称为非政府组织。我国习惯上将这类组织称为民间组织（后来改称社会组织），主要包括社会团体、民办非企业单位和基金会。

在国际非营利事业蓬勃发展和我国经济、政治体制改革的背景下，从1978年开始，我国社会组织进入快速发展时期。它们正日益成为我国社会生活中不可或缺的第三部门，发挥着政府、市场不可替代的作用。然而，在迅猛发展的同时，我们也应认识到，相较于西方成熟的非营利组织与第三部门，我国社会组织的发展尚处于初级阶段，不可避免地存在着种种缺陷。随着社会组织"失灵"事件的频频曝光，社会组织治理的问题开始引起政府监管部门、组织管理者与大众的关注。诚然，社会组织并非完美无缺，它的"失灵"有组织外部经济、社会、文化、制度等环境因素的影响，也有组织内部治理和管理机制、运行模式的限制。但就目前而言，从社会组织管理者、领导者的角度来说，机构不重视内部机制和管理流程、缺乏明确的战略规划、理事会虚置或职责不明、人治色彩浓厚、决策不民主等问题才是社会组织失灵的主要原因，并且是社会组织亟须也可以通过内部治理改造解决的。

社会组织的治理主要包括治理结构和治理机制两个方面。前者从静态的角度规范组织内部的权力配置机制，强调组织内部分权与制衡的关系；后者则是通过一系列方式与策略，动员资源以实现组织使命，强调建立一种动态制衡的过程。[1] 故在此章中将着眼于社会组织的治理结构，不会罗列所有制度措施，侧重于阐释内部治理制度中的治理结构，通过建立决策者、执行者和监督者之间的权力制衡结构模式规避或解决组织在发展中可能遇到

〔1〕 参见刘春湘：《非营利组织治理结构研究》，中南大学出版社2007年版。

的风险。内部治理结构是根本性的问题，它将影响之后一系列机制的产生和运行。

第一节 理 事 会

社会组织内部治理不同于企业的内部治理。企业中各股东按出资额的多少分配权利，股东会作为企业的最高权力机关享有决策权，对公司重大事项进行决策并对公司的经营管理享有广泛的决定权。在企业中，权与责是明确而清晰的。而向社会组织投入资源的利益相关方通常不局限于出资人或发起人，如捐赠资产一经捐出不再归捐赠人所有，捐赠人也无法根据自己的捐赠额在社会组织中享有类似企业股东的权利，而社会组织的公益性也决定其不宜根据发起或原始出资这唯一标准来产生明确的决定权者，所以在社会组织中无法比照企业的模式建立类似股东会的权力机构。这样就容易造成一个问题，即社会组织较容易忽略或虚置权力决策机构。对于社会团体这种人合组织来说，最高权力机构是由全体会员选举产生的会员大会，它的产生合法、合理，也确实在组织中代表全体会员的利益对社团的发展产生一定的影响。社会团体的理事会在相关法规中被界定为会员大会（或会员代表大会）的执行机构。而对于基金会和民办非企业单位来说，法律法规界定理事会为它们的决策机构。但很多时候一些组织对理事会采取的是一种功利主义的态度。正如一位草根劳工团体的领导人曾说："我们没有理事会。我知道其他非政府组织有，但是我们没有。如果我们注册为社会组织，那么就必须得建立一个。或者，如果有其他人，比如一家外国基金会，要求我们有理事会，那么我们就要建立一个理事会。"[1] 由此可见，我国许多的社会组织对于建立理事会的必要性是茫然不知的，为了登记和筹资而建立的"挂名"理事会形同虚设。

很多公众包括一些社会组织的领导者都会产生疑问：为什么法律要求社会组织的内部结构中要设立理事会？理事会产生的必要性是什么？其实理事会在一定程度上是社会资源的体现。一个好的理事会应是一个连接外

---

〔1〕 参见朱健刚主编：《中国公益发展报告（2012）》，社会科学文献出版社 2013 年版。

部的桥梁,是良好工作的见证人。理事会人员的构成代表了该机构在发展过程中希望运用到的社会资源的方向。所以,我们建议,在组织刚建立时将理事会成员控制在法律界定的最低人数左右(基金会5人、民办非企业单位3人),由机构创始人、发起人组成初设理事会,在初步确定机构的使命和发展愿景后,将可能或希望用到的社会领域或公共资源的代表人物吸纳进理事会,使之成为理事会的一员,筹集资源并从社会大局的层面指导、推进组织的发展。

作为社会组织内部治理结构的一个重要环节,理事会在整个架构中处于核心位置。使命和战略规划对一个组织来说是最关键的课题,而理事会作为遵循使命制订战略规划的机构当然地处于整个组织中的核心位置。对社会组织来说,治理首先要解决的是在遵循组织宗旨的前提下如何实现战略性领导问题。被选举成为社会组织使命的守护者,社会组织理事会就要通过提供指引和领导来帮助组织向前发展。如维纳所言:"我们必须要有一个中央决策机构来对付所有这种方式的行为,特别是那些比较复杂的行为。这个中央决策机构根据反馈来的信息决定机构下一步的行动,并用类似于生命体的记忆那样的方式把信息储存起来。"[1]理事会作为这个决策领导机构,站在制高点的位置,为组织的发展和战略规划出谋划策。

一般情况下,理事会的职责是建立框架性的政策和策略、针对员工为实现目标而制订的工作计划提供反馈、监督和评估组织实现目标的进度。然而现实中在实际应用层面,由于理事会在治理和管理中法定义务的交叉和其他种种原因,治理和管理的界限变得模糊。一些理事会把制订宏观政策变成制订管理层的具体管理规范,一些新生的或员工稀少的组织依赖理事会来管理日常事务。造成这种现象的原因不仅是因为理事会成员对自身的职责认识模糊,也是因为治理工作周期长、事务烦琐,需要反复的讨论、分析以及大量的对组织内外部环境的了解,管理比治理见效更快。为了避免理事会成为"多管闲事的理事会",就要先确认理事会在治理中是领导者的角色。理事会应该把自己当作监管人而非执行人,从宏观层面监督任务的执行,并把细节交给执行团队。"慧灵"的创始人孟维娜女士曾坦言,将决策

〔1〕 转引自朱小平:《会计理论与方法研究》,中国人民大学出版社2003年版。

层和执行层在架构上分开,正是这种治理结构使得"慧灵"适应了我国社会组织的初级发展阶段。理事会作为组织的领导者要想完成治理的职责,光是断断续续地召开几次理事会议是无效的,这也就从另一层面更强调理事会成员的参与度。

我国目前的社会组织整体尚处于发展的初期阶段,国内各个组织的发展也参差不齐,不同发展阶段的组织对理事会也有不同的需求。

(一)处于初创期的组织

一般来说,若在初创期便设立了理事会的社会组织,此时理事会除了作出决策,还需要兼顾部分的操作运营。由于此时的组织既缺少执行具体工作的专业技能又没有足够的资源来聘请外部专业人士,所以理事会在这个阶段可能会更多地投入到日常管理中去,既是为稳定组织奠定基础,也是为了帮助理事会感受实际运营中的困难以便作出更好的宏观决策。在这个阶段,理事会的介入更多的功能是辅助,需要注意的是不能放任将工作重心向日常管理方向靠拢,仍需坚持理事会最重要的职责也是当务之急便是制订组织的使命宗旨和战略规划。组织的使命和宗旨确定了该组织未来的发展方向并将组织正确定位;战略规划的制订可以说是为了定义和说明组织存在的意义和工作的范围,既是社会组织管理运营的重要依据,也是社会组织向外展示自我的重要名片。一个组织缺乏使命和宗旨,很容易被项目所累,做着一个又一个的项目却不知这样疲惫的意义;一个组织缺乏战略规划,那么理事会很可能将原本应有的长期战略做成短期策略而无法从社会大局观念指导组织的发展,着眼于眼前而缺少对未来的铺垫。

以长春心语志愿者协会的发展历程为例,其创始人兼现任会长于海波女士将此归纳为三个阶段:第一个阶段是迷茫期,大体上是 1996 年到 2000 年期间,在这个艰难、迷茫和盲目的发展阶段,心语协会找不到可借鉴的其他社会组织的信息和资料,没有清晰的目标和榜样。在开展活动上很被动,没有明确的主线,往往跟着项目走,协助很多单位做了很多活动,但没有给心语自己留下什么东西。大体从 2000 年 3 月左右一直到 2005 年这个阶段,是心语的第二个阶段即裂变期,重新认识组织定位,逐渐明确了心语工作的三个基本方向——助学、助残和心理支持。这五年对心语来说是一个新的发展,明确了方向也知道了目标。之后很自然地便过渡到了如今的阶段，也是心语的第三个阶段即自我完善期，中心任务是努力实现组织的自我完善，进一步加强能力建设。下一步在第四个阶段，心语希望能为别的组织提供支持与帮助。[1] 正是在经历过迷茫与艰难后，心语才更注重组织战略与使命的规划，才明确组织未来的发展方向，从操作型组织向服务平台型组织转变。使命与战略规划在整个组织发展中的作用可见一斑。

自然之友的创始人之一梁晓燕女士曾将战略规划的制订比喻为“先有宪法再立国”，她认为，战略规划的确定不仅仅意味着机构的方向明确，而且意味着机构的运作方式规范，确立了清晰的治理机制，让决策机构与执行机构相对分工。缺少战略规划，难免会使工作充满随机性，基本思路不明，更无法抓住工作重点。战略规划的制定并不是一件简单的事，首先确定组织的职能目标，制定愿景，实现愿景目标的动态过程即为战略规划，而在这过程中也会受到内部、外部各种环境因素的干扰。制订战略规划的具体步骤与建议可参考本书上编第二章第一节的内容，同时可参考图 36。

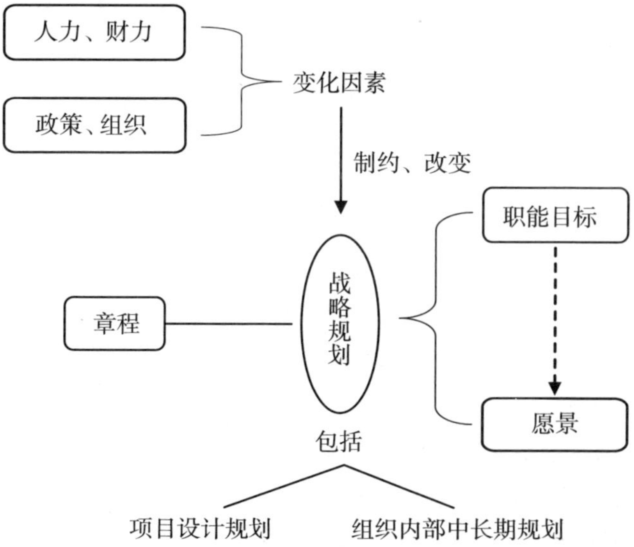

图 36　战略规划

〔1〕 参见王名主编：《中国 NGO 口述史》，社会科学文献出版社 2012 年版。

毫无疑问,使命在公益事业中具有核心作用。组织是为了满足某一需求而诞生的,此项需求便是该组织的使命,它是组织运作的动力。社会组织的运作是“使命导向的”“基于价值观的”。使命驱动或关注使命意味着组织在操作项目、组织活动和作决策时,时刻都是遵循使命并以此为动力的。使命反映出一个组织的价值观、存在原因和不息的激情。它就像是光源,把所有认可使命、有同样志向的有识之士集结在一起。制订和提升一个建立在价值观之上的使命也便成了理事会的首要职责。

虽然大多数组织都会在成立初期便设立理事会,将理事会前置(其中对于社会团体而言,会员成立组织后由会员代表大会或会员大会选举产生理事会,不存在不设理事会的问题),但仍存在部分草根组织依靠创始人个人的资源发展而并不设立理事会。这样的情况既然存在便也是合理的。针对处于初创期的组织,若一个组织能够始终依靠创始人个人资源完成组织使命持续发展,在不需要、不占用社会资源的情况下,也就确实无须费力集结公共资源的各个代表设立理事会。当然,按照国家对社会组织的规定以及社会团体、法人型民办非企业单位以及基金会的章程示范文本,这种不设立理事会(对民办非企业单位而言,可以叫董事会或管理委员会)的做法是不合规的。

(二)处于发展期的组织

理事会对于发展期的组织显得尤为重要。这个阶段的组织已度过了最初创立时期的彷徨,相对来说需要执行团队操作的项目会逐渐增多,理事会会渐渐减少对事务的亲自操作,由事务型理事会向管理型理事会演变。此时,社会组织的治理结构也在不断发生变化。随着项目的增多,治理结构不再只是单纯的直线型由上而下的“理事会—执行团队”,当中也许会演变出许多的分支:理事会开始受到委员会的制约,执行团队随着项目的需要开始分设项目群等。结构的复杂化必然也会带来一定的问题,特别是对于处于发展成长期尚不稳定的组织而言。内外部环境的变化因素也会成为时刻引发组织危机的诱因。也许随着实务的开展,组织成员也会发现需要重新梳理、调整组织的发展目标和规划,那么,此时社会组织就面临发展过程中许多的危急关头和“分岔口”,理事会的作用便是及时根据组织自身的发展来调整战略目标和规划,从社会发展的大趋势着眼,通过决策引领组织向前迈进。复恩在采访了众多社会组织的理事和创始人之后,发现众多组织在发展期都曾面临过以上的问题。

而更为典型或者说在目前我国仍多数存在的问题便是:许多依靠创始人个人领袖魅力发起成立的组织在迈入发展期后面临着转型的困惑,尤其是理事会转型的迷茫。成立至今二十余年的自然之友也不可避免地经历过转型的“阵痛”。2004 年 6 月 5 日,自然之友理事会决定启动组织转型计划,由原本以创始人为主的“领袖治理型”组织,转型为理事会治理下的“总干事负责制”。在自然之友创建之初,基本上是碰到什么就干什么,使命、目标和长期战略问题还没有凸显出来。后来就逐渐出现问题:随机性、一般性的工作容易流于表面,虚而不实,无法抓住工作重点等。2008 年自然之友进行了成立以来的第一次战略规划,重新确立了组织愿景、使命、核心价值观,并确定了优先工作领域和与之匹配的工作架构。理事会从最初的几十人减少至 17 人,再缩小为 9 人,理事投入程度和活跃度大大提升。前任会长梁从诫先生曾经说过,“自然之友不能成为梁从诫的‘自然之友’,也不应重复上演人亡政息的一幕”。自然之友在转型时遇到过不少问题:“转型”时扩张过快、战线过长引致“成长的烦恼”;新设的岗位和初创的部门职能定位不清,跨部门的协作更需磨合;新开拓的事业方向、自身储备不足,有些工作半途而废……除了这些常规挑战,最紧急的是资金压力骤增,特别是可用于支付管理人员工资、房租及其他运营支出的可自主支配资金所剩无几……此时,来自外部的反馈都是担心和怀疑,团队内部则充斥着迷茫情绪。但也正是这些坎坷让自然之友认识到,不能让整个机构置身于梁先生这棵大树下“乘凉”,若只想栖身于“舒适空间”,难免被时代抛弃。

我国的社会组织(特别是民间社会力量发起的社会组织)成立、成长很难,很大程度上是因为我国的社会组织成长于一个法制不健全的环境中,它们在法律的缝隙中艰难成长。在中国,个人影响力的作用非常大。个人拥有一些特殊资源、特殊人脉、特殊影响力和地位,或者个人在工作领域中拥有一些特殊经历,往往是这个“个人”发起一个组织后,使该组织在成立和初创期拥有一些别人所不具备的条件。但一旦这个组织成立时间拉长,规模扩大,第一代领导人退出换第二代领导人上场时,整个组织无可避免地会经历阵痛。第二代领导人也许并不具备第一代创始人的特殊人脉和资源,他需要改变组织的行事方式或社会交际方向，那么会对已经初步形成的组织内部文化和习惯造成一定的冲击，这即是社会组织的代际现象。我国许许多多的草根组织扎根于基层，它们的建立和成长一定和政府部门的某些特殊人脉和资源有关系，当第一代和第二代领导人转换时，随之退出的还有这些特殊资源。失去这些资源，草根组织的发展更是举步维艰。这也是我国有许多组织只能昙花一现的原因。为了避免这种现象，设立一个平权、权责相当、资源平均的理事会对于这些发展时期的组织来说便成为一个十分重要的课题。

（三）处于成熟期的组织

在这个阶段的社会组织，治理机构相对较为健全，理事会也更成熟，理事亲自实际操作事务的情况明显减少。理事会角色转化为顾问型，主要职责不再是领导项目和制定政策而是给执行团队提供战略指导和评估。作为一个成熟的理事会，它所作的评估不仅限于执行团队和项目组，对其自身也会有专业、定期的自我评估。我们相信大部分理事都是热心公益的志愿者，他们因为认同机构的使命和理念而聚集在一起为组织的发展出谋划策。也许对于这些有志愿工作性质的理事来说会在潜意识里排斥对理事会的自我评估，认为这是对他们工作能力的不信任。然而自我评估是帮助理事会认识自己的长短处和理事之间的差异、清楚地提醒理事自身的角色和职责、从宏观上有效改善理事会工作的最有效的途径。如今，越来越多的理事会认识到自我评估的价值，许多相对成熟的组织在其理事会内部会定期开展自我评估。

不同时期的社会组织，其理事会主导的治理结构不同，理事会的职责也会有所变化。随着组织的发展成熟，治理结构变得越来越复杂，与之对应的是理事会职责的“简化”。一个越是成熟的组织，理事会相应地会“放手”更多具体的操作事务，转而统筹概括地抓住大纲，引领组织按其自身的轨迹发展。

综上所述，以下图 37 概括了不同阶段理事会的治理结构，表 5 则概括了不同阶段理事会的演进特点。

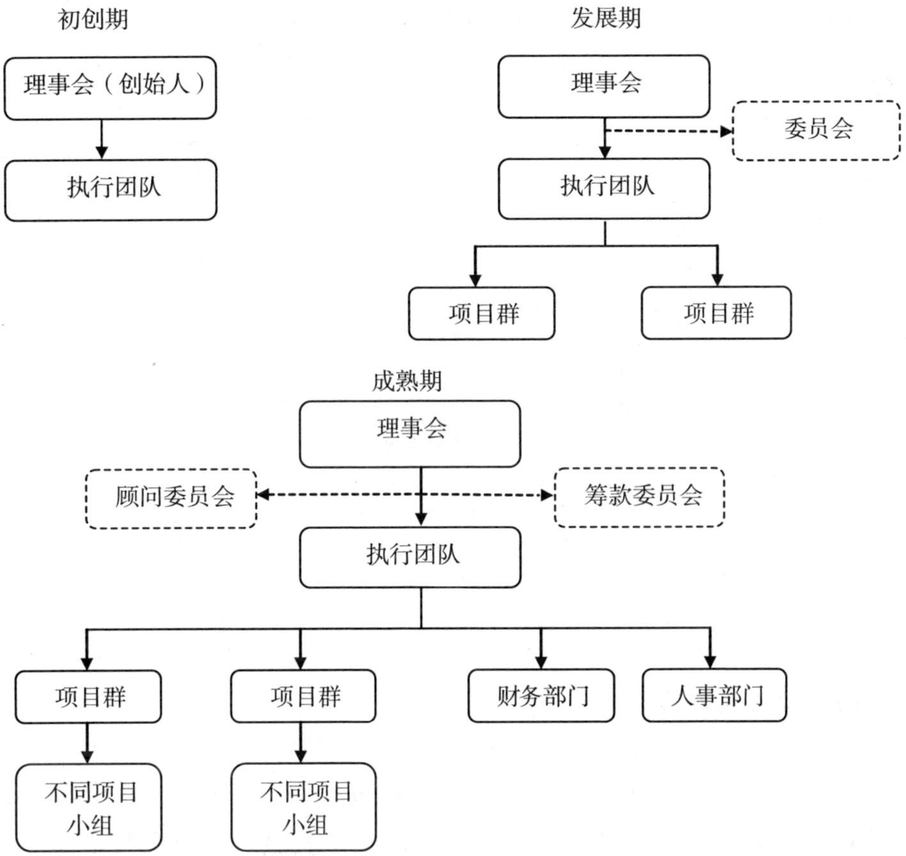

图 37　不同阶段理事会治理结构[1]

表 5　不同阶段理事会的演进

议题＼阶段	初　创　期	发　展　期	成　熟　期
理事会人员构成	组织内部成员（创始人、发起人、主要执行者）+个别资源提供者（主要是创始人的人脉）	组织内部成员 + 外部管理人员（能给组织带来资源、声望的人）	组织内部成员

〔1〕 参考自程昔武：《非营利组织治理机制研究》，中国人民大学出版社 2008 年版。

续表

阶段 议题	初创期	发展期	成熟期
理事会角色	事务型（决策＋实施）	管理型（决策）	顾问型（组织能依据内部的章程和机制自行发展，不再需要理事事无巨细的指导）
理事会的职责	战略性指导 制订章程 政策制订 工作支持 直接运作实施 领导管理层选择 外部资源的获取 人事、财务、基金会的运作	战略性指导 政策制订 项目领导 运作顾问 人事、财务、基金会运作指导 领导管理层评估	战略重构 政策指导 运作监督 领导层建议

（四）理事会发展趋势

由于我国政治体制等方面的原因，还有一批特殊的社会组织，如中华全国妇女联合会、中华全国总工会、中华全国青年联合会、中国红十字会等，它们带有“机关化、行政化”倾向，这些组织在雇员、资金来源方面有很深的政府背景。我国社会组织的发展受到政府意志的巨大影响，而且现有相当一部分社会组织本身就是由党政机关转型而来。事实上，官办社会组织首先面临治理失灵的问题，如果依附于政府，那么理事会基本上是虚设，监事会也是空缺的。北京大学非营利组织法研究中心主任金锦萍在经过长期考察后曾说：“官办非营利组织的政府规制是无力的，激励机制是缺失的，因为人员里面的考核和编制联系在一起，内部人员会有多种不同的身份，身份不同决定待遇的不同，不可能在内部建立起一个非常有活力的、有实效的激励机制。”官办社会组织中的成员没有对组织使命的强烈认同感，没有把公益作为最终目的，很容易在市场化运作中产生严重的目标错位。虽然短时间内官办社会组织不可能摆脱官方特征，也很难改革成功，但如今我国社会处于转型期，官办社会组织也意识到它们若想长期生存就必须转型，影响其转型的因素除了外部环境,内部因素也是存在的。如果从内部治理的结构来看,官办社会组织欲转型,想摆脱政府直接插手决策事务,摆脱成为官方的“下属机构”,那么最关键也是目前来看最有效的改革还是应着眼于理事会,建立一个平权的理事会。理事会的成员由所运用到的资源的代表组成,可将有政府背景资源的代表作为理事会成员之一,但其与其他成员一样,在决策中都只有一票的表决权,既避免政府直接控制理事会又保证了政府的话语权。

“幸福的人都是相似的,不幸的人却各有各的不幸”。也许这句话用在形容有效理事会上同样贴切。前文针对不同发展时期的组织简要梳理了理事会的职责和演变,强调了建立一个有效的理事会的重要性,那么到底有效的理事会有没有什么特点呢?虽然理事会的大小和架构方面没有什么规律可循,只要某种模式适合所属组织,那么这种模式就是好的,但仍然能从一些实例中看到理事会发展的趋势。

(1)理事会的规模大小

大多数组织都曾抱有理事会越大越好的想法,大型的理事会拥有更多理事成员,也就意味着能带来更多捐款和筹资的途径,毕竟资金问题是困扰大多数组织的“大麻烦”。然而事实上这种模式不一定有效,大型理事会意味着理事的参与度降低,在理事会议上每一位理事很少有充足的时间发言,当话语权得不到尊重,理事在这个组织中找不到参与的意义与价值,久而久之,理事会的作用得不到体现,也就面临着虚设的危机。自然之友在理事会转型改革中就曾一再缩小理事会的规模。从这个经验中我们能看出,小型理事会通常能更好地发挥治理的作用。理事会越小,理事之间的沟通就能越亲密、密切,思想的碰撞与争议下闪现出的是不同的观点和更深层的精练的想法。每个理事对组织的作用越大,理事就能从中得到激励,参与度自然就会大大提升。

当然,理事会的组成和大小没有一个固定的模式,每个组织都有自己发展的规律,形式理所当然地服务于功能。每个组织都应评估自己的工作重点,依据组织的长期规划与需要来建设自己的理事会。我们建议可以在小型理事会外分设不同的委员会,如名誉委员会、顾问委员会等,吸纳那些不愿担当理事重任的著名领袖人物,以此提高组织的知名度,这样能够对大小型理事会的优点兼收并蓄,做到主次分明。

(2)组织规模扩张后,总理事会下分设理事会,在执行团队下设工作小组

恩派曾在发展到一定阶段的时候,发现理事会起到的作用在逐渐减小,而恩派又不断扩张,发起了多家机构,恩派当时的架构根本不足以承受扩张的“野心”。于是,恩派迅速调整结构,设立一个总的理事会,总理事会向发起机构派遣理事,然后再在当地找一些专家共同组成理事会。这种做法其实某种意义上在现有的法律框架里既能够保证我们有独立的理事会,同时又能保证总部对发起机构的决策权。恩派操作的业务非常多,可以分成二十多个业务单位,梳理这些业务是非常烦琐的。于是,恩派开始聚焦核心业务,总结出自己的三个特长后,将二十多个业务单位分为三个事业群,每一个事业群都有一个总的负责人分管该事业群中的人事、财务等问题,在其下还能分设更多的工作小组。层层相扣,提纲挈领,抓住重心也能做到井井有条。

也许对于那些规模较大的社会组织而言,恩派的架构是十分值得借鉴的。在发起机构中派遣理事设立理事会,既能保证总部对每个机构的协调指导,又能在各个机构间共享总部的资源与信息。在执行团队下分设工作小组,明确它们的角色、职责、权力和对它们的期望,最好以书面形式确定下来,能够帮助它们互相之间避免不必要的重复和困惑。

(3)理事会会议

理事会要达到高效,理事会会议也就必须有效,理事会多数职责都是通过开会的形式来履行的。每一次理事会会议的首要目的就是要制订能帮助组织向实现使命迈进的政策层面的决定。理事会会议的首要关注点应该是政策和战略问题。但在日常实践中,理事会会议上需要讨论的议题很多,有与使命相关、推动理事会工作前进的目标,也有一些受到传统、法律或者内部章程要求应由理事会通过的一般性行动。根据重要性排列议题在此时就显得十分重要,将重要的议题排在前面,既确保那些关于政策和战略方面的问题得到充分审议,又能让不很熟悉组织具体事务的理事了解并迅速掌握他们的角色和真正需要关注的问题。

理事会会议由于各种因素的限制,一般不会十分频繁地召开,每年一到

两次的频率是现如今多数组织所能够接受的。在理事会会议上，理事会审议和评估项目与财务报告，审议并通过下一年度的预算和运营计划，收集对理事会绩效的反馈并自我审视等。另外需要特别注意的是，理事应将目光放于治理问题上而非本应由执行团队关注的管理问题。

在温克洛民间组织能力开发项目中介绍了理事会会议上三种不同的决策原则，分别是协商一致原则、多数通过原则和绝对多数通过原则。协商一致即所有理事都同意决定，如果不是所有人都同意，就会确定一种妥协方案，征求大家的意见，直到所有人都一致同意为止。多数通过即一半以上的理事(51%以上)支持决议则为通过。绝对多数通过即2/3以上的当选理事(67%以上)支持决议则为通过。目前，多数组织都在理事会会议上采用罗伯特议事规则，其中包含了详细的针对不同意见的提出和表达的规则、有关辩论的规则、不同情况下的表决规则等，决策原则采用的即是多数通过原则。每个组织都可以根据自身机构的发展情况和规模来选择适合自己的理事会会议议事和决策规则。

(4)分工、合作与制衡

在社会组织中，理事会为最高的决策单位，与执行团队和监事会处于互相制约、互相合作的关系。理事会依据组织的使命为执行团队提供短期或长期的政策规划和指导，执行团队则根据提供的信息和资源进行实际操作，绝不能逾越权限而干预理事会的决定，监事会则作为组织监督机制中的一个单位可以对理事会和执行团队的工作实行监察和督导。

理事会与执行团队的工作界限在实务中并不能区分得十分清晰，它们的功能并非泾渭分明而是互相交叉、相互协调。执行团队把理事会制定的政策和规划付诸实际的行动，同时也将实务中遇到的困难和意见反馈给理事会。它们之间的信息流不断交融，才能保证理事会在制订组织的重要安排和决策时不拘泥于理论、不局限于空泛，以解决决策的有限理性的局限，为未来的规划铺垫。

(五)总结

理事会作为社会组织中的核心领导机构，毫无疑问在组织中占据中心位置。理事会成员的高度参与和团结一致才能使理事会在不断的观点争论中发出一个共同的明智声音来引领组织向其使命迈进。作为理事会的一员,许多理事以此为荣,认为这种身份带来的是荣誉,但其实更多的还是责任,这是一份义务大于权力的工作。理事会成员也许需要在理事会还未设立之前先成立一个骨干志愿组制定组织的章程,在理事会设立之初详细地指导组织的工作与执行团队密切合作,在理事会成立后一段时间积极开展自我绩效评估与监督机构有效沟通等,这些治理工作都需要对时间和细节的关注,仅仅依靠理事会断断续续地开几次短会是绝对做不好这些事的。有效的治理需要理事会的付出,需要理事会在反馈的信息和所掌握的资源中不断探索出一条适合组织发展的路径。理事会任重而道远。

第二节 监督机制

孟德斯鸠说过:"一切有权力的人都容易滥用权力,这是万古不易的一条的经验。有权力的人们使用权力一直到遇有界限的地方才休止……要防止滥用权力,就必须以权力约束权力。"于是社会组织的监督机制应运而生,为决定和运用社会公共资源的社会组织理事会和执行团队设立权力的界限。从不同角度理解,社会组织监督可以有以下多种内涵:(1)从外部来看,社会组织监督是指依法从组织外部,运用与组织无利益牵连的第三方机制对社会组织的管理与运作进行监督与督导,即他律;(2)从内部来看,社会组织监督是指组织内部团队中以制定自我监督与检测的方式对阶段工作进行反馈和自省,即自律;(3)从组织之间相互关系来看,社会组织监督是指行业内各组织间根据现行惯例对组织之间的活动进行相互监督,即互律。

(一)他律

社会组织的他律可以表现为两个方面:第一,他律是外在主体对组织的一种规范体系,对组织来说,具有强制性,是维护社会组织正常运行并健康发展所必需的规则,如《社会团体登记管理条例》《民办非企业单位登记管理暂行条例》《基金会管理条例》等法规。第二,他律是外在主体对组织的一种评价系统,它以社会舆论为导向,通过公众舆论的褒贬抑扬实现组织行为的调控,如最近社会舆论对公共组织失灵现象的评论就是一种他律的评价。[1]

他律作为对组织的一种制约,是对权力的限制,也是对组织自律程度不足的一种补充。社会组织的激励不足往往会使自律机制失调,所以这时严格化的外力约束成为组织健康发展的必要条件,政府对社会组织的监管、法律法规对社会组织的制约、社会组织的监事会或第三方机构对社会组织的监督和评估都是他律的一种手段。

现实情况是,由于缺乏登记或备案要求,一些社会组织在初创期往往并不设立监事会,取而代之的是请专业的第三方机构为组织的财务、项目运作、理事会决策机制等作监管和评估,这同样是可行的。监事会的人数、人员构成并没有一个规范的模板,每个组织都有自己发展的脉络,很难规定一个模式来定义其为最好的监督机制或治理结构,只要适合组织的发展、适应组织的使命并能起到外部强化监督的作用就是可行的。但未来社会组织立法的趋势是,对于任何类型的社会组织,都有设立 1～2 名监事或监事会的要求。

社会组织在发展中会受到很多影响,环境的因素也是其中之一。在实际操作中,利益相关方作为外部因素很容易影响和制约社会组织的治理,从一定程度上来说,它也属于监督机构的一种。利益相关方包括政府、捐赠者、受益方、公众、合作组织等,若将相关方对组织实务操作的期待和督促转化为正能量来看待,这也是推动组织完善监督机制的有利条件。当他律的约束促使社会组织产生惯性并下意识地对自己的行为实行监督和自省后,他律也就转化为自律,实现了统一。

(二)自律

他律是成功的基础,那自律发挥主观能动性就是不败的法宝。

之前所提到的理事会自我绩效评估也属于自律的一种方式。理事会的自我评估是最快帮助理事会认识自身长短处的方法。首先是理事个人的自我评估,在温洛克民间组织能力开发项目中附有《理事表现自查表》(具体如表 6 所示),以理事会成员岗位描述为基础,在自我评估和小组讨论的前

---

〔1〕 参见程昔武:《非营利组织治理机制研究》,中国人民大学出版社 2008 年版。

提下制订理事会下一年度的计划和目标。

表6 理事表现自查表

作为一名理事我是否(在横线上填是或否):
1. ______参加组织提供的培训?
2. ______在参加理事会会议之前阅读理事会提供的材料?
3. ______参加所有的理事会会议?
4. ______积极参加理事会的讨论和辩论?
5. ______要求组织提供所需的其他信息和财务数据,以确保自己全面了解情况?
6. ______当感到有必要保护自己的声誉时,要求将自己投反对票的情况写进会议纪要?
7. ______在允许公开理事会决议之前严格保密?
8. ______不介入员工之间的摩擦冲突?
9. ______在自己能力范围内支持或推动组织的筹款活动,并且本人量力而行向组织捐款?
10. ______支持理事会大多数人通过的决议(尽管本人并不同意这一决议)?
11. ______了解理事会的职责,对理事会和组织的行为的合法性保持警觉?
12. ______不参与任何可能会导致或被理解为有利益冲突的活动?

接下来是理事会成员共同对理事会绩效作出评估,内容包括审议的年度报表、所制定的规划等。即使没有第三方的参与,这种微型评估也是快速自测方法。罗列理事会基本职责找出有待改善的地方,将结果做成表格,然后再讨论改善的方法,醒目且省时。同样可以将这种方法转化,建立一个类似的在战略规划下帮助理事会评估组织总体绩效的自测评价。“慧灵”的创始人孟维娜女士在谈对慧灵的管理时也曾提到自我评估。慧灵的自我评估使用一套描述性工具。慧灵在多地设立同名同旨的服务机构,对于各地的慧灵,有一个峰会制度。峰会文件上有说明,如果某个慧灵没有达到评估的质量标准,决策委员会有权取消服务,这个机构可以继续服务,但不能用“慧灵”的牌子做。各地慧灵都十分认可这个自我评估体系,“中国慧灵”会派出专业评估辅导员在一旁对评估过程提供协助。从评估的结果上看,如果行政管理是弱项,那么主管行政的要负主要责任;如果服务方面是弱项,那么服务部门就要负责任。任何的评估结果都是“一把手”工作质量的反映。评估结果出来后,慧灵总部一要看结果,二要作具体分析,然后采取措施。[1] 从慧灵的例子中可看出,规模较大、发展时间较长、发展较为成熟的

---

〔1〕 参见王名主编:《中国NGO口述史》,社会科学文献出版社2012年版。

组织对自律的部分是十分重视的,这也许是它们在发展过程中不断调整、不断反思治理结构所总结出的经验。

一些组织也会有意识地在制度设计中制定自律守则,如中国青年基金会的"五透明五不准"自律守则,这是非常值得在社会组织中推广和复制的经验。中国青年基金会的自律守则包括:财务管理透明,不准设任何形式的"小金库";收入分配透明,不准谋求任何工资以外的收入;投资运作透明,不准谋求和机构相关的任何个人投资收入;资产管理透明,不准利用捐赠物资和特许物资为个人谋利;资助管理透明,不准利用分配资助款的权力收受礼品。

(三)互律

互律是行业优胜劣汰、健康发展的重要条件,建立一个行业互律(自律)联盟,可以在一个共同规则下追求卓越,创造出马太效应。互律是对他律和自律的弥补,是一种积极的监督机制。在行业内各社会组织之间依靠自身的力量进行相互监督,以此来提高各个社会组织操作和运行的公开性和透明度,保证整个行业的健康发展,营造透明、公开、合法、公正的行业文化和氛围。

我国社会组织对于行业互律的需求是十分高的。2008 年 4 月 26～27 日,由中国人民大学公共管理学院非营利组织研究所主办的"民间组织问责国际会议"在北京举行,会议通过了《中国公益性非营利组织自律准则》(其全文见本章附录)。这是一场行业互律结合了组织自律的行动。《中国公益性非营利组织自律准则》依据我国现有非营利组织的法律法规,借鉴了欧美、亚洲等其他国家和地区非营利组织自律准则和公信力的标准,征求了各类公益性民间机构的意见。准则包括使命、利益冲突、内部治理、筹资、财务、项目、人员、非营利组织间的协作关系、信息公开九个方面。对于各个社会组织构建组织公信力、自我评估、信息公开、内部治理等方面都具有重要的借鉴意义。

同时,我国还有一个独立的公益网络平台,带有"互联网 +"的模式,以现代信息沟通方式联合了全国 100 多家公益机构发起了"USDO 自律吧"。所有参与的公益机构通过签署并遵守《USDO 自律准则》,共同促进行业自律、提升公信力。USDO 是一套基于普遍接受的原则的价值观,是一项推动社会组织自律和问责的自愿行动，是一个由社会组织和其他利益相关方共同组成的社区。至今，我国有越来越多的民间组织加入到“USDO 自律吧”（截至 2016 年 2 月，成员来自 27 个省市自治区的 165 家公益性社会组织）中，如上海热爱家园、北京鹰眼、长春心语等，它们向公众宣告了自己的自律承诺，能获得捐款人和资助方的基本信任，找到自律问题的交流评判学习平台，参与规则制定、准则调整、组员选举并能享受 USDO 协调组的服务。

我们发现自律和行业互律通常都是交织在一起、不可分离的，都需要组织有寻求监督、渴望建设公信力的自我意识，自主参与才能实现最大的效果。

监督机制是促进和保证治理机制有序、健康运行的制约性机制。公信力的建设也是和信息公开、自我评价交织在一起的。希望各个组织能去了解并加入上述所介绍的各种准则和平台，将他律、自律和行业互律结合在一起，营造行业内公开透明的氛围，提升公众对我国社会组织的信任和信心，避免“丽江妈妈”胡曼莉事件[1]等类似社会组织治理失灵事件的发生。

第三节　信息公开制度

信息公开制度，也称为信息披露制度，它所解决的是组织信息透明度的

---

〔1〕 20 世纪 90 年代初，胡曼莉因为收养孤儿而被其单位武钢集团树立为爱心典型，随后她于 1992 年在武汉正式注册了中国第一个民办孤儿院——中华绿荫儿童村。1998 年，胡曼莉与美国妈妈联谊会会长张春华及云南丽江政府合作建立孤儿学校。学校教师和常务副校长由丽江县教委委派，胡曼莉负责筹钱来支持学校。与学校同期成立的管理和善款接受机构为“丽江妈妈联谊会”。

开学之后不久，学校混乱的账目引起了人们的关注。在张春华的推动下，丽江审计局于 2006 年对“丽江妈妈联谊会”的财务进行了审计，结论是“在管理使用各项捐款上，存在一些不规范的问题，有的违反了《中华人民共和国会计法》等法律法规的相关规定”。这次审计中，胡曼莉的丈夫段灿标提供了胡曼莉用孤儿名字开私人账户的证明文件、作假的票据证明等材料。张春华以善款使用违背捐款人意图为由将“丽江妈妈联谊会”告上法庭，从丽江中院到云南高院，张春华和她的“美国妈妈联谊会”两度获胜，法院责令“丽江妈妈联谊会将未按照美国妈妈联谊会捐赠意愿使用的 907890 元人民币如数返还”。2007 年 2 月 14 日，丽江市民政局作出对“丽江妈妈联谊会”给予撤销登记的行政处罚。

问题,是提高组织的社会公信力,促进组织健康发展的制度。公信力是指社会对一个组织的认可和信任程度,这也是社会组织发展的社会基础。社会组织在发展过程中运用到社会公共资源,它必须回应社会对组织的期待与追求,将信息披露公开是使公众了解、监督组织运作流程和绩效情况的一种方式。社会组织良好的信息公开制度,既为社会公众的知情权提供保障,又在公众面前宣传并树立自己的社会形象,消除公众对该组织的认知障碍,追求社会效益的最大化。

由于非营利属性使然,社会组织的信息公开应尽量尊重其自愿选择性。但针对不同性质和类型的社会组织,由于其信息和资金来源都不同,存在三种不同类型的信息公开制度,如图 38 所示,分别为自愿性信息公开、强制性信息公开和基于第三方的补充信息公开。

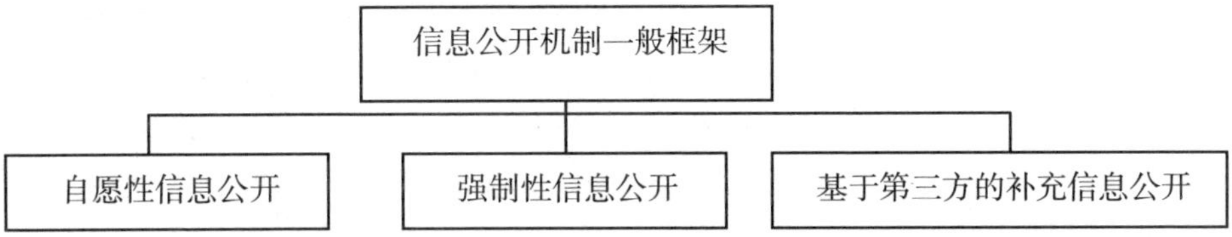

图 38　信息公开制度图

信息公开的本质,就是帮助社会组织减少决策过程中的不确定性。上述三种信息公开制度比较分析如下:

(1)自愿性信息公开

相较于开放性更强的基金会而言,原本没有公开募捐资格的民办非企业单位和社会团体只需引入自愿性信息公开制度即可。民办非企业单位的外部资金主要来源于政府购买款项或基金会的资助。社会团体的经费一般由会员的会费和基金会的资助组成,它们的资金来源都不直接来自公众,公众性相对较低,没有义务将机构的具体运作情况完全公之于众。一般而言,每年的年度工作报告、年度审计报告公开就可以让公众比较系统地了解它们的工作和完成职责的状况。目前,自愿公开年度工作报告和年度审计报告的社会组织数量还是不多的。

民办非企业单位和社会团体处于一个不太开放、不太封闭的环境就正好,太过于开放而顾及各方想法会对它们的工作效率产生影响,而太过于封闭又违背了公益的本质,所以实行自愿性信息公开制度,在它们所处的环境中打开一条供公众了解的渠道则正好保持了这种平衡。

目前的趋势是,公开募捐资格将会扩展到公益慈善类的社会团体与民办非企业单位,它们将同基金会一样,接受更为严格的信息公开义务(请参见本书上编第二章第八节“慈善法在内部治理方面的新规定”)。自愿性信息公开的主体,将主要是那些非公益慈善类的社会组织。

(2)强制性信息公开

另一种类型的社会组织——基金会,又分为公募基金会和非公募基金会。公募基金会的资金来源于公众基于对组织的信任而作出的募捐,公众认可基金会的使命并愿意将资金投入交给基金会运作,那么公募基金会就必须对公众的需求和期待作出回应。再者,考虑到实际操作中的情况,基金会一般会将一定比例的资金投入理财市场中运作,希望能实现利益的最大化,这样也会有更多资金用于公益事业。此时,为了资金的安全和市场经济的有序,就必须有一个官方监管者监督公募基金会的资金流向和操作信息,以此维护公众利益,于是强制性信息公开制度被引入公募基金会。强制性信息公开制度出现的主要动因便是弥补自愿性信息公开的局限。埃布拉希姆直言,对 NGO 来说,自我批评如果有的话,也是十分不明显的,惯性的做法是高举成功,低调处理负面事件。Sadguru 的一名高级评估人员也曾说过:“我从不报告机构的负面消息,因为这会使我们失信于捐赠者。”[1] 社会组织虽然有利他因素的存在,但这种人合组织有时依然摆脱不了有限理性人的人性局限。何况信息公开本来就会耗费一定的人力、物力和财力,基于控制运营成本和时间成本等的考量,社会组织也不大可能出钱出力来向社会公布自己的负面缺陷。另外,公募基金会面对的是不特定的捐赠人群,捐赠人以及公众信息需求是非常多样的,公募基金会仅依靠自愿性披露信息,一来不可能将各种信息面面俱到地展现;二来在不同时间段、不同环境下针对不同组织和受众所公布的信息不具有可比性。所以,此时代表广大公众利益的政府作为监管者就必须对公募基金会中会影响未来决策和可能造成社会影响的“难言之隐”进行干预和适度披露。

---

〔1〕 参见程昔武:《非营利组织治理机制研究》,中国人民大学出版社 2008 年版。

(3)基于第三方的补充信息公开

基于第三方的补充信息公开制度又是对前两种制度的补充,以会计师事务所、审计团队为主体的专业人员对组织中的财务、人事等问题进行专业的评价和信息公开。非公募基金会这种组织形式的机构,介于民办非企业单位、社会团体相对封闭性的组织和公募基金会相对较开放的组织之间,通常来说只需结合自愿性信息公开制度和基于第三方的补充信息公开制度即可。

如今,我国的社会组织也越来越注重信息公开,它们意识到这是提高组织公信力、促进组织健康发展的有效方式。民间研究机构也推出了一系列机构信息公开评估体系,如"中国慈善组织透明度评估体系"(详见本书第二章第七节)、"USDO 财务信息披露模板"、GTI 指数以及 FTI 指数等。

"USDO 财务信息披露模板"基于《民间非营利组织会计制度》等财务规范性文件设计,参考和借鉴了其他行业财务信息披露的相关规范。如图 39 所示,模板的结构包括会计报表及其明细表、重大事项和审计报告三部分,较为全面地反映了公益组织的运营状况。会计报表及其明细表包括 11 张报表,重大事项包括 4 张报表,审计报告包括机构审计报告和项目审计报告两类。

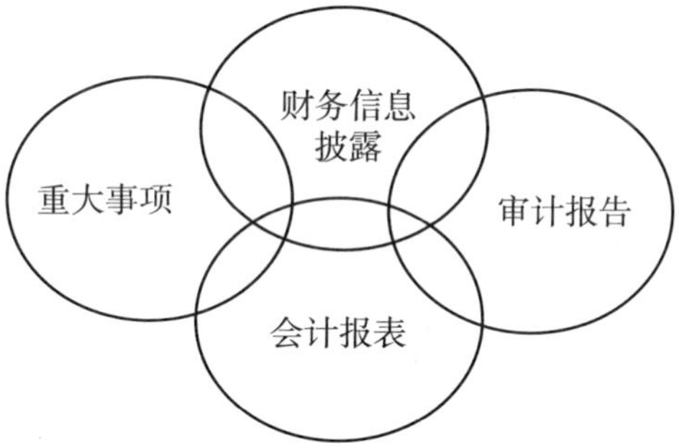

图 39　USDO 财务信息披露模板

如表 7 所示,模板采用四级披露方式:

表 7　四级披露适用范围表

级别	适用范围
一级	无财务人员 无账务系统 无规范的财务报表

续表

级别	适用范围
二级	无专职的专业财务人员 会计记录不完整、不及时 能出具满足主管部门和税务要求的法定报表
三级	有专职的专业财务人员 会计核算与法定报表规范、完整 有一定的财务管理能力,并出具管理报表 有年度审计报告
四级	在具备三级的适用条件基础上,还具备: 有较高的财务管理能力 有基于《民间非营利组织会计制度》的年度审计报告 有连续 3 年以上完整的财务信息披露

GTI 指数全称为中国民间公益透明指数,旨在推动民间公益组织有效透明,规范行业良性发展。它由 4 个一级指标(分别是基本信息、治理与管理信息、业务活动/项目信息、财务信息)、20 个二级指标和 58 个三级指标构成。中国民间公益透明指数的满分为 100 分。GTI 指数既是监督评估组织的一种途径,又为组织的信息公开透明度提供指标。

第四节　给社会组织理事会的几条建议

我们就社会组织的内部治理风险防范给社会组织的理事会提出如下五条建议:

第一,选对人。根据社会组织的不同发展阶段选择合适的理事会成员,组建一个有效的理事会。在外国不少非营利组织有提名委员会制度,都是为了选对的理事。

第二,做培训。要对理事会成员进行上岗前的"理事会培训",普及社会组织法律,并使其熟悉机构章程规定的内容,对理事会的职责、权利与义务有明确的了解。

第三,开好会。按照法律、组织章程、理事会制度的规定,开好理事会会议(每年不少于2次),发挥好理事会在社会组织内部治理中的核心地位。

第四,重法治。对于度过初创期、进入成长期的社会组织,必须加强社会组织内部治理方面的规章制度[除了章程之外,还有理事会制度、监事(会)制度、财务管理制度、关联交易管理制度、信息公开管理制度、档案管理制度等]、内部控制制度与标准化作业流程建设,重在制度的落实。

第五,有监督。理事会、监事对社会组织的运作和工作人员有充分的监督,包括对执行机构负责人(秘书长或主任)表现的考核、组织财务预算的审核等。

综上所述,社会组织的内部治理中每一节都环环相扣,理事会、执行团队和监督机制缺一不可。但也很难用条化的标准来规定怎样才算一种好的治理模式。每个组织都有自己发展的轨迹和脉络,顺着自己的脉络生长,扎根于公众,吸取公益行业内的正能量,找出适合自己的结构,也许并不能都成长为参天大树,但每一棵一定都是茁壮成长的树木。期待着未来在公益的这块土壤上看到一片绿意葱葱的森林!

第四章附录
中国公益性非营利组织自律准则

第一部分 制定的原则

Ø《自律准则》贯彻全国人大通过的《国民经济和社会发展十一五规划纲要》中关于完善民间组织自律机制的精神。

Ø《自律准则》中的公益性非营利组织是指非政治、非宗教、非营利的(即它们主要不是作为商业目的存在,不向理事会、资源提供者/发起人或者管理层分配利润)、以服务公共利益为中心的合法运行的组织。

Ø《自律准则》适用于经过民政部门登记的公益性 NPO,也适用于以公司形式存在、遵循非营利组织资产分配原则的草根公益组织。

Ø《自律准则》依据我国现有非营利组织的法律法规,借鉴了欧美、亚洲其他国家 NPO 的自律准则和公信力标准,指标条款超过 100 条,比较全面和严谨。

Ø 根据《自律准则》,公益性非营利组织自愿接受独立评估机构的评估,达到一定标准,加入自律联盟(具体方式待探讨)。

第二部分 定　　义

公益性非营利组织

是指在政府部门和以营利为目的的企业(即市场部门)之外的,以非营利为目的、从事公益事业的一切志愿团体、社会组织或民间协会。

使命

使命是一个组织的目的与存在的依据。组织的使命包括这个组织活动的职能和服务对象。

理事会

营利或非营利公司的管理机构,对组织、政府和公众负有具体的法律和道德上的责任。

利益冲突

是指理事会成员或组织员工在获取自身利益时可能损害组织利益,包括两种情况:一是组织员工或志愿者因为与组织的关系而得到了不应该得到的金钱利益;二是理事同时任职于组织的竞争对手(或潜在的竞争对手)。

内部治理

是指由治理/监管层(如董事会、管理委员会、理事会等)进行的确保一个组织正常有效运行的活动。

志愿者

为组织的发展目标付出了一定的贡献,但没有获取任何报酬,或只得到了比正常价格低得多的报酬的人员。

第三部分　条　　款

第一条　使命

1.1　应当以服务公众利益作为机构的使命和目标。

1.1.1　应当有明确、清晰的使命。

1.1.2　组织的使命由理事会讨论通过。

1.1.3　使命应当以适当方式为公众所获取。

1.1.4　应当定期评估其使命是否以服务公众利益为目的,是否需要修改。

1.1.5　员工应当理解和认同非营利组织的使命和价值观。

1.2　行为和使命应当保持一致。

1.2.1　应当按照使命和目标制定组织的战略规划以及开展工作。

1.2.2　应当用使命和目标来评估组织的表现。评估记录应当予以保持。

第二条　利益冲突

2.1　理事会成员的个人利益不应当与非营利组织利益有潜在冲突。

2.1.1　理事会吸纳新成员应当规定审查预备成员的个人利益是否与非营利组织利益有潜在冲突。

2.1.2　理事会成员清楚并承诺个人利益不应当与非营利组织利益产生重大冲突。

2.2　应当有利益回避制度。

2.2.1　在进行交易或者业务往来时,有利益关系的理事会成员、员工或者其他人员不能参与相关的决策。

2.2.2　相关的交易和业务往来应当符合非营利组织的最大利益。

第三条　内部治理

3.1　非营利组织章程应当规定理事会是非营利组织的决策机构,并明确阐述理事会的产生、成员任免、职责、运作程序。

3.2　理事会成员的构成制度应当保证理事会正常和有效的运作。

3.2.1　理事会成员不应当少于3人(基金会的理事会成员人数遵守相关法律法规的规定)。

3.2.2　应当在信息披露中公布理事会成员的报酬。

3.2.3　领薪的理事不应当超过1/3,而且领薪的理事必须在非营利组织担任专职工作。

3.3　理事会应当审核并通过战略规划,以及任命执行团队负责人并评估其业绩。

3.3.1　理事会通过和制定的战略规划,应当符合非营利组织的愿景和使命。

3.3.2　理事会应当明确界定理事会与执行团队之间的权限。

3.3.3　理事会应当具有独立任免执行团队负责人的权力,并定期评估执行团队负责人的表现,确保按照非营利组织的使命实现战略规划。

3.3.4　理事会应当审核并通过非营利组织的年度预算和决算。

3.4　应当定期召开有效的理事会会议。

3.4.1　每年至少举行两次理事会会议。

3.4.2　出席理事会议的理事人数每次不应当少于2/3。

3.4.3　理事会会议讨论的内容应当符合理事会的职责,并形成决议。

3.4.4　理事会会议应当有会议记录,并连同其他相关资料予以保持。

3.5　理事会应当定期进行自我评估。评估记录应当予以保持。

第四条　筹资

4.1　筹资来源和筹资方式必须与组织的使命和价值观保持一致。

4.1.1　理事会或者相关负责人应当审议筹资来源和筹资方式,是否可能与组织的使命和价值观产生冲突。

4.2　筹资活动中所提供的相关信息和资料应当真实、可靠、不误导他人。

4.2.1　筹资活动应当真实反映非营利组织的名称、筹资的目的和使用方式。

4.2.2　筹资活动中不应使用可能会引起歧义的文字或图片。

4.2.3　筹资活动只承诺非营利组织能力所及的目标,避免造成捐赠者不现实的期待。

4.2.4　公众筹资活动的相关信息以适当的方式向社会公示。

4.3　筹资成本应当公开透明。

4.3.1　应当在信息披露中公开筹资成本,并说明筹资成本如何计算。

4.4　筹资行为应当尊重捐赠者的合法利益,包括捐赠意愿、隐私权和知情权。

4.4.1　捐赠者的隐私权应当得到保护。除非得到捐赠者的同意,或者法律法规另有规定外,不得向第三方披露捐赠者的资料。

4.4.2　应当按照捐赠者的意愿使用资金,专款专用。

4.4.3　捐款的使用情况应当予以记录,并且定期向捐赠者知会。

4.4.4　应当为捐赠者开具捐赠收据。

4.5　筹资活动中应当有规范的捐赠合同,明确双方的权利义务。

第五条　财务

5.1　资金使用应当符合非营利组织的使命和目标。

5.1.1　应当根据理事会通过的年度预算开展工作。

5.2　应有健全的财务管理制度,包括会计核算及内部会计控制制度,并视情况进行内部审计,以改善组织内部的财务管理工作。

5.2.1　应当制定适合本单位业务活动的内部会计控制制度。

5.2.2　财务部门应当编制清晰的财务报表,能清楚地反映各项工作的财务信息。

5.3　应当接受独立的审计机构的审计。

5.3.1　审计机构的选择标准应当由理事会制定。

5.3.2　审计报告应当没有涉及原则性问题的保留意见。

5.4　应当每年公布经审计的年度财务会计报告，接受社会监督和质询。

5.4.1　年度财务报告至少应当于年度终了后4个月内对外公布。

第六条　项目

6.1　应当有系统的项目管理制度和程序。

6.1.1　项目设计和论证应当遵守非营利组织的使命和目标。

6.1.2　应当有完整的项目方案（或项目建议书），指出项目的目标、受众、计划、产出和预算。

6.1.3　项目人员和非营利组织负责人及资助方之间应当定期就项目进度和效果的情况进行沟通。

6.1.4　项目终结时，应当向捐赠人提供项目报告。

6.2　应当建立完整的项目监测和评估体系。

6.2.1　应当对项目进行自我监测和评估。

6.2.2　应当使用有效的评估和监测的方法。

6.2.3　项目评估应当以项目受益群体的意见和建议为主要依据，并反映其他利益相关方的意见和建议。

6.2.4　应当根据项目的需要，确定是否邀请外部人员评估，或进行第三方评估。

6.2.5　项目评估和监测的过程应当公开、透明、公正。

6.3　应当保持完整的项目记录，包括项目方案（或项目建议书）、执行记录和项目评估报告。

第七条　人员

7.1　应当建立规范的人事与人力资源管理制度，用以吸引、管理、培育和激励具有适当能力和技能的员工，使其在实现组织既定使命的过程中提供高质量和高效率的服务。

7.1.1　人员聘用过程应当遵循公开、机会均等、无利益冲突的原则。

7.1.2　应当与其员工签订规范的聘用合同（包括聘用期限、试用期、清晰的岗位职责描述、辞职、停职和终止合同等内容)，并对以上文件予以保持。

7.1.3　应当具有公开的、切合实际的员工绩效考核和激励机制，并予以执行。

7.1.4　人事制度不应当与非营利事业的基本价值观(如平等、互助、合作等)相冲突。

7.2　应当在互相尊重和互惠互利的基础上招募和管理志愿者。

7.2.1　应当使志愿者准确、清晰地了解非营利组织的使命和价值观、其工作的内容、技能要求、时间投入、工作环境(包括硬件环境和软件环境)以及工作中可能涉及的风险，并清晰地表明该工作的义务性质以及非营利组织可能提供的补贴。

7.2.2　应当为志愿者提供适合他们任务和经验水平的培训和督导。

7.2.3　应当建立评估志愿者工作绩效、褒奖优秀志愿者的制度。

7.2.4　应当在志愿工作结束或工作阶段结束后征求志愿者对组织及其人员、对志愿计划以及志愿工作的反馈意见，并予以保持。

第八条　非营利组织之间的协作关系

8.1　应当避免任何形式的恶性竞争和侵犯、损害同行利益的行为。

8.1.1　应当明确规定其任何活动不能造成与同行恶意竞争，侵犯、损害同行利益，并得到理事和员工的认可。

8.1.2　应当与其他非营利组织建立良好的伙伴关系，尤其是那些与其关注共同领域的非营利组织。

8.2　尊重和维护同行的名誉、知识产权和商标权等。

8.2.1　未得到允许，不得使用其他非营利组织的标识，商标和具有知识产权的成果。

8.2.2　应当坚决抵制可能导致同行的名誉、知识产权和商标权受损的行为。

8.2.3　没有过损害同行名誉或者侵犯知识产权和商标权的行为。

第九条　信息公开

9.1　应当以适当的途径，及时向社会公开非营利组织的真实的信息，其中应当包括：

9.1.1　使命、服务领域；

9.1.2　理事会的成员名单和背景；

9.1.3　财务信息，包括经审计的完整的年度财务报告以及承诺向社会公示的财务信息；

9.1.4　项目信息，除了出于尊重捐赠者意愿的考虑或者出于保护知识产权的考虑，应当保证项目信息（包括项目评估报告）的公开透明；

9.1.5　年度报告，应当包括该非营利组织的年度工作总结、财务收支情况、项目的实施情况、组织自身的发展成长。

9.2　应当建立信息公开渠道和回应公众质询的渠道。

9.2.1　应当具备完善的信息管理制度，明确对公众开放的信息范围和沟通途径。

9.2.2　应当建立回应公众质询的制度，并保证捐赠人和社会公众能够快捷、方便地查阅或者复制公布的信息资料。

下　编

社会组织内部治理实务研究

贾西津:治理结构应匹配机构的公益性和发展阶段

受访者:贾西津,清华大学公共管理学院副教授,NGO研究所副所长(以下简称“贾”)

采访者:上海复恩社会组织法律研究与服务中心(以下简称“复恩”)

时　间:2015年5月6日

地　点:通过电话采访

复恩:未来我国将会有越来越多的公民参与社会组织的运作或活动中。可以说,大家的公民意识正在觉醒,参与社会治理的积极性也会越来越高。结合目前中国的社会环境,您认为中国NGO的发展方向是将朝着公益信息的传递者还是实际操作者而去呢?

贾:如果就NGO在社会治理中的整体定位来说,一方面,它应该是社会治理的主体之一,通过自己的服务提供相应的与公共治理相关的产品,比如说各种互益和公益的产品,特别是和各种教育、医疗、环境、人权、法律等相关的公共价值;另一方面,NGO还有它的倡导和教育功能,倡导指的是面向政府和企业,使政府和企业更具有诚信。它的教育功能主要是面向公众,其实是一种公民教育。当然这并不是说,NGO就是一个教育者,而别人是被教育者,而是通过它本身的行动能够使得公民形成一个自我教育的平台或是一个实践的平台。所以,NGO应该具有两种方向的作用,一个是直接的社会治理主体,另一个是倡导和唤醒其他主体的积极性。

复恩:现在的一些公益机构是有政府背景的,或是具有官办性质,对于这类社会组织,您认为它的内部治理架构应该如何来改善呢?

贾:这类机构通常被称为GONGO(Government Organized Non - Governmental Organization)。有一种说法认为GONGO应该实现转型。但

是我自己的判断是:GONGO 的转型是很难的。就个案而言,当然是有成功的例子,但这要取决于很多的条件,比如特定的社会或行业环境、机构负责人的认知和素质,等等。在各种要素具备、适宜的情况下,GONGO 是可能实现转型的。但是就总体而言,我认为 GONGO 现在并没有寻找到一条合适的转型路径,可能最终它就是在逐渐放开的“公益市场”竞争中优胜劣汰。如果它不适应这种竞争,可能就逐渐消亡。或当这一批人、特定的目标过去之后它自然地淘汰掉。所以,对 GONGO,我想它的转型依存的条件太多,非常难,我不认为对大多数 GONGO 而言可以成功地实现转型。

就现存的 GONGO 而言,如果要改善自己的一些功能,想在自己的功能和治理层次方面有所改进,这个是大多数组织都可以完成的。如果要涉及内部治理的话,主要是建立契约性的治理关系。契约性就面向外部而言,它和政府以及相关部门之间能够构成一种契约性的关系,政府有特定的目标或任务要通过 GONGO 实现,但不是通过将社会组织纳入行政管理的方式,而是将这些特定目标或任务明确设立出来,和社会组织之间建立契约化的实现关系,责权明确,法治治理。就对内部而言,它也要实现一种有法的、可预期的、可以自治的治理机制。这样,可以让它内部的治理更具有契约性。虽然它实现不了完全的转型,但是它可以提升自己的功能和能力,有进步的余地。

复恩:您认为影响 GONGO 转型的主要因素是外部政策的影响吗?

贾:我想主要还不是政策,而是它产生的逻辑。真正的草根 NGO 产生的逻辑是基于一个社会目标,或者是互益的,或者是公益的,有一个需求点;整个的组织资源整合是基于这个目标而产生的,所以它的钱、人、动员的社会关系、社会资源都是为了实现这一目标。可是 GONGO 产生的逻辑往往不是这样,它是首先有某种政府责任,或者说政府意图,甚至有时候可能就是为了分流人员,或者是动员社会资源,它的目标本身不一定是一个公共性的目的。它整个发生的逻辑不是草根 NGO 的发生逻辑,这样就使它整个的资源整合结构并非是朝向一个真正的 NGO 的宗旨。所以,当它的宗旨本身并不存在或并不清晰的时候,整个组织就会呈现扭曲化的发展结构和历程,当想在某个时间点上转型的时候,一定会遇到最原始的问题:组织为什么而存在?因为没有那个起始点,往往只是看到自己的困境运行不下去,其实还只是从治理机制上意识到问题,而在宗旨的层次上它其实是没有非常清晰的立足点,所以这种转型就会涉及整个系统。

复恩:那它最后的结局会是怎么样的呢,裂变?

贾:GONGO 的裂变很少,除了在运作过程中寻找到自己的社会目标并实现组织转型的少部分,它可能是逐步地代际淘汰、逐步消亡或者是逐渐地削弱功能,这种情况可能更多。不过我觉得在目前这个阶段,由于整个社会结构还没发生转型,所以它还是一个相当程度上适合于 GONGO 生存的社会。在目前的情况下,大量 GONGO 还没有出现要淘汰、消亡的现象,我认为现处的社会阶段之中 GONGO 是有生存空间的,甚至在某种运作层次是有优越性的,但是如果从长远的"公益市场"的转型和现代社会治理转型的方向来看,GONGO 可能会随着整个社会的变化越来越失去它的功能。

复恩:中国的 NGO 发展显然不能拿处于成熟期的国外 NGO 的标准来衡量,有些刚刚创立的草根 NGO 组织立马成立一个理事会也许没有什么意义,您是怎么看待这个问题的?对于刚刚开始发展的组织,理事会对它们有意义吗?

贾:我觉得这个问题涉及 NGO 的发展阶段,不能用"一刀切"的政策和要求来看待,也不是一个中外之间的差别。因为对于国外而言,它有规模很大且非常成熟的 NGO,也有很小的、随时变动的草根组织,它们不需要注册,甚至连专职人员都没有,就是一个志愿群体。所以,任何一个国家,NGO 都有它自己的发展阶段,也有 NGO 内部部门的差异,我不认为这是一个中外的差异。当然,就总体而言,中国 NGO 的整体发展水平显然还远远没有达到那些公民社会发达的国家的水平,特别是大型成熟的组织和组织联盟还没有形成,但是这种发展过程本身是一样的。在中国,已经有非常优秀的、可以和国际对接的 NGO 存在,当然更多的是弱小的草根。所以不应该说是因为中国和外国的差异,而是说 NGO 的治理结构和相应要求应该适应于 NGO 自身的发展阶段,政策也不能"一刀切"地规制。

对于很小的草根组织,有的就没有必要去登记,也不一定就需要去建立一个理事会。它的治理结构应该是基于它的功能而产生的,一个适应于它功能的治理结构就是最好的,而不是说越复杂的治理结构就越好。如果是一个功能简单的组织,那么简洁的治理结构可能更好;但如果是一个大型的组织,有大量的资源动员力和比较复杂的功能,那么显然治理结构的完善性、职责权利的法制化就是必要的。所以,这个是和NGO的发展阶段有关,一个组织的发展阶段从出生期到成熟期不同,小组织和比较成熟的大型组织不同,都是要和自身的发展阶段相对应上。

复恩:也就是说,每个组织都有自己的发展脉络,根据自身的发展情况来不断变化自身的内部治理结构。

贾:是的。对一个组织而言,它有成长周期;对于整个中国的NGO部门而言,不同组织有定位的差异。有些组织如社区组织,它以后也不一定会成长为一个大组织,它可以始终是一个小组织;但是有些组织就可能很快地生长成一个国际化的组织。所以,组织之间是有定位差异的,或者说类型差异的。应该针对组织的发展特点和发展阶段来看待合适的治理结构与规制原则。如英国慈善委员会对慈善组织的规制就区分了很多层次,规模越大接受的监管越严,反之则越简单,即"抓大放小"的原则。

复恩:NGO在运作的过程中使用到了部分社会公共资源,因此也就有义务在一定范围内向公众公开有关治理结构、财务、人事、项目执行等的情况。但现状是,许多组织甚至不能按法律法规规定的要求来进行信息公开。那么您认为,信息披露制度应该如何来逐步地成熟化呢?

贾:这个问题有机构的原因也有制度的原因。因为我们现在的登记注册体制是比较"一刀切"的,比如说民非这一类中包括了各种组织,对它们用同样的规制要求本来就存在一定的不合理性,而且我国的登记注册和免税之间没有必然的关联。所以,如果一个组织既没有接受任何的税收减免,又没有社会的捐赠资源,它凭什么承担公开信息的责任?法律对它的这种要求可能就是不合理的。在国外,信息公开的法律规制的前提是,只有使用公共资源的组织,比如说通过接受捐赠和享受免税这两种途径享受到公共资源的组织,才会进入到它的慈善规制视野。如果不符合这种条件,只是一种结社,只是一个非营利的行为,那么是不在它慈善组织规制的这个体系里的,是不负有公开信息的责任的。而在我国确实存在没有免税资格的组织一旦经过登记注册就要遵守一样的规定。由于未作区分,这种规制只能是"取中"的,它可能对于没有接受公共资源的组织加负了过度规制,同时对接受公共资源的组织又可能规制不够。有些接受大量公共资源的组织如人民团体和群众团体,甚至不一定负有向社会公开的责任,这里确实存在矛盾。由于我国的登记注册体系主要是政治和社会稳定导向而不是资源导向,所以确实会存在这种制度上的问题。

社会组织内部也是存在问题的,有很多接受了公共资源的组织,也是没有足够的向社会交代的责任感。为了改善这种情况,需要"公益市场"施加对它的自律压力,让它在获取公共资源的时候就有这种动机;第二个就是行业内部有没有一种自治体系;第三个是行为规制是不是非常的细致,要求是不是合理。只有那些使用公共资源的组织,依据它使用公共资源程度的不同有不同的交代义务,特别是依靠社会募资的组织,这种组织的公开透明义务是比较大的,而不是对所有的非营利组织都要求它公开透明。比如说一个商会,公众是没有资格要求它公开透明的。另外就是要加强制度性的建设。

复恩:也就是说,如公募基金会这类面向公众来募资的组织是应该有信息公开的责任的?

贾:是的。但募款资格仅仅是公募基金会才有,这种规定是不合理的,也不符合现实,也会导致规制规则的模糊。

复恩:您认为政府是否有制定强制规则要求社会组织信息公开的必要性呢?

贾:实际上对公募基金会这种组织的年报是可以主动公开的,就像美国的免税组织的税表,公众在网上都是可以查得到的,所以政府可以主动对这些组织要求信息公开。当然,像社会问责这方面,一个是法律上的规定,还有很重要的一点就是"公益市场"行业内有没有压力,假如没有"公益市场"的选择,一个仅仅依靠行政资源的组织就没有公开的动力。

复恩:我们现在是想通过调整组织内部治理结构来加大它内部公开的动力,因为外在压力再大,也必须通过内部结构的调整来实现,是否可以在组织的章程中加入这么一条信息公开的规定?

贾:一个运行良好的公益组织,会对自己的治理和社会责任有比较清晰的界定,对于自己的资源使用、财务报表会做得比较详细。像基金会中心网做的FTI公开透明指数,有些组织是得满分的。也就是说,它们赋予了自己更多的社会责任,虽然法律没有那么高的要求。那是因为它们希望自己得到更多的信任，让自己能获得社会的公信力。但这不是一种法定的责任。但是，如果一个社会组织没有公开动力的话，它是不会在章程中给自己附加责任的，也不会在年报里写得很细致。所以我觉得，首先需要社会组织对自己公开透明的责任有一个定位，再相应地进行能力建设。当然，这个时候会遇到技术性和能力性的问题，但这些都是可以学习和得到提升的。动力问题却是很难解决的，因为外界“公益市场”的压力不强。国外 NGO 自律动力很强的原因，是存在充分的公开公益市场。如果公开透明、社会责任做得很差，那么这个组织是募不到钱的，在社会上也是没有生存余地的，这种组织要么是被淘汰掉，要么是去改进自己，重新获得市场。“公益市场”是它们动力的来源。光靠改变章程是解决不了动力问题的；相反，要有动力才会那样去做章程。中国的很多 GONGO 依靠行政资源而不是公益市场，所以它们对社会责任的动力是不足的。

复恩：监事会对理事会和执行团队的权力通常仅限于业务监督，并没有实际控制和改变理事会或执行团队的权力，这是否意味着监事会的监督职能被弱化了？

贾：不会！因为监督权它就像司法权，监事会如果发现问题是有权要求理事会作出解释、作出纠正的。虽然它不能自己作决策，但它有权要求理事会作出交代。这个交代的责任是一定要满足理事会的。监事不能直接去介入决策。

复恩：如果理事会不满足会怎么样呢？

贾：如果出现理事会硬性违背监事会的监督职责，这时候可能就涉及法律介入，需要引入外部监督。如果是违法行为，还需要法律的惩戒手段。

复恩：对于一些规模较小或者说刚刚起步的社会组织来说，是否一定要设立监事会？是否需要引入第三方来监督它的决策和执行？

贾：这个不一定。并不是所有的组织都要有完整的内部治理结构，还是要取决于这个组织的公益性和规模。如果公益性较强，最好是从起始阶段就建立完善的治理结构；如果是小规模的组织，可以采取独立审计的方法来实现相应的目的。在国外，如英美等国家实行的是独立的审计制，并不是都有监事会，如果有相对比较好的独立审计制度，也是可以解决这个问题的。

复恩:NGO 不同于企业,企业是以营利为出发点的。社会组织如果要健全它的治理结构,初始作用力是什么?或者说它的激励制度是怎样来实行的?

贾:一个正常发生的 NGO,它的出发点就是宗旨,先有了宗旨定位,然后要在“公益市场”上竞争来满足自己的宗旨。所以,有时候这种公益竞争就是它要健全治理结构、获得公信力的一个原初的动力。但对于有些组织比如说 GONGO,它的定位不清或者是不是非营利的定位,再加上它的资源动员往往又是通过一个行政途径,可能就会出现动力不足。当然,对于草根 NGO 而言,有些草根组织可能是处于比较模糊的状态,还没想好干什么就开始行动了,所以对自己的宗旨认知也可能是不足的,这个时候也会出现治理定位上的偏差,它可能会有一个成熟的过程。但对于一个好的非营利组织而言,它的宗旨一定是很明确、很有行动力的,这个就会成为它自己去健全治理和行动的动力机制。

复恩:关于社会组织的内部治理,您站在专业研究者的角度,觉得还有什么需要提醒社会组织注意的?

贾:对非营利组织的治理,我想区分互益和公益是很有必要的,因为它们有着完全不同的治理逻辑。对于互益性组织而言,会员是它的权力来源,所以建立一种民主性的会员控制和治理结构是很核心的。但是对于一般公益组织而言,它是一种社会信托的关系,所以有一个负责任的理事会就显得很有必要,因为理事会要代表社会来履行决策责任。对公益组织来说,很重要的是决策、执行、监督,权力的制衡架构是否清楚,是否各自都能发挥功能,同时在其中的决策规则也非常重要,包括相互之间如何享受权力、如何享受代表性、权力控制关系是怎样的,等等。这样就能避免组织陷入某一方夺取话语权或者无人为组织负责的状况。理事会成为真正能负责任的理事会,对公益组织而言很重要。理事会大致可分为两种:一种是咨询型的,组织的执行层比较强,理事会相对而言会虚化一点;更适宜的一种是决策型的,理事会是有实权的,这样在决策机制上相应会比较完整。但无论怎样,理事会是居于公益组织架构中的核心位置的。

卢思骋:公益组织要确定自己在社会系统中的生态位

受访者:卢思骋,WWF世界自然基金会中国总干事,历任绿色和平中国项目总监、SEE(阿拉善)基金会秘书长、自然之友执行理事长;创绿中心和前进工作室创始人;曾担任UNEP(联合国环境规划署)、达沃斯世界经济论坛、香港特区政府可持续发展委员会、中山大学等机构和组织的专家(以下简称"卢")

采访者:上海复恩社会组织法律研究与服务中心(以下简称"复恩")

时　间:2015年3月12日

地　点:上海

环境问题在全球化时代是最能体现人和世界关系的

复恩:我们先从您的公益经历说起吧!之前有访谈说是一次考察让您正式踏入了公益领域,参加了当时正在筹备的"绿色和平"香港办公室。您是在此以前就立志要加入公益工作,还是仅仅因为这次经历而踏入了公益领域呢?

卢:我是1973年出生的,1991年进的大学。进大学的时候,我已经对社会变革历史、环境与发展、发展中国家与发达国家的公平与合作、公民与社会之间的关系这些问题产生了浓厚的兴趣。1992年,我刚好有个机会去了马来西亚。恰巧1992年也正逢"联合国环境与发展大会"在巴西首都里约热内卢召开。当时,亚洲各国的学生创建了一个青年学生论坛,讨论环境与发展的论题。那时已经在谈论"反对全球化"了,虽然那时全球化还没有真正深入到亚洲。那时的中国还不像现在这么开放发达。我当时在马来西亚确实也是开阔了视野,尤其是我去了沙捞越的原始森林,那时非法砍伐树木、破坏森林的问题在马来西亚是非常非常严重的问题。当时马来西亚的森林消失得很快。造成这个问题的原因有很多,其中一个原因是日本的跨国公司在马来西亚大面积地砍伐森林来制作一次性木筷子,听起来挺荒谬的。那时我很年轻,从没想到日本寿司店用的木筷子原来是以砍了人家的森林为代价制作的。而其实森林里面是有很多马来西亚原住民在居住,并不是什么人都没有。我们当时去原始森林就是住在原住民的家里。我们也算是志愿者,帮助原住民建设路障,来阻止跨国公司砍伐森林,破坏他们的家园,去制作并不算必需品的木筷子。那次事件对我影响还是很大的。20来岁的年轻人刚刚出来接触社会,突然发现我们日常生活中以前从没在意过的小事、小细节,原来是可能导致别人家毁人亡的原因。他们面对的家园破坏是和我们的消费习惯有紧密的联系的。那时候已经很流行讲"global village"(地球村),也许对很多人来说很抽象,但对我来说,那几天的感触特别深。人们是住在同一个地球村的。打个比方说:我在村的这一头打个喷嚏,村的另外一头的人们都会受影响。环境问题在全球化时代其实是最能体现人和世界关系的。我就是从那时开始有想法加入公益行业的。

复恩:您一开始等于是在香港入行的,为什么还要到内地来继续从事公益环保呢?是否想到过,当时内地一些公益组织制度,包括环保法律,其实并不完善?

卢:我到内地开始工作已经是1999年,那时香港已经回归,情况已经不一样了。我那时已经加入了"Greenpeace"(绿色和平)。"绿色和平"当时刚好在香港开设办公室,叫做"Greenpeace China"。其实那时候的Greenpeace总部是蛮有远见的,在20世纪90年代中期就已经看到了中国日后在全球环境治理的重要性。因为邓小平于1992年"南方谈话"之后,改革开放重新增加了几个动力,中国开始迈进了第三次工业化。中国经济发展的真正提速是在2000年以后。当时他们已经看到,像中国这么大的国家,有这么大的面积,占全世界五分之一的人口,人均GDP的增长是需要很大努力的。当然,那也是20多年前能够看到的趋势。应该说,在众多的国际环保组织当中,"绿色和平"是在那种背景下比较早尝试进入到中国来工作的组织。

我最初在绿色和平的时候也没想到会有后面这些给个人发展带来很大变化的机会。我当时基于很简单的想法,就是我们的地球不能再这样子了。

我在加入“绿色和平”之前也想过要到内地工作，毕竟“地球村”的概念是连在一起的，而且香港和内地是不能隔开的，香港也是中国的领土，并没有什么隔开不隔开的问题。

复恩：从现在回顾过去，您觉得这些年最大的变化是什么？

卢：我是念历史的，我对中国历史很感兴趣。我是这样理解的：我是近100年以来一拨又一拨的香港人参与到中国现代化进程中的一个。其实从100多年前那个年代开始，就有很多的香港人从南方参与到中国现代化革命中来。你可以想象，当时孙中山先生是在香港念书的，一直到民国时代，包括共产党有很多前期的基础是在香港的，1922年是海员大罢工，1925年是省港大罢工。这两个大罢工是中共领导的工人运动的基础。最初的中共领导人中有好几个是做香港工运组织工作的。在抗日战争时期，有很多比如说上海的、华东的文化人士搬到香港去抵抗日本侵略。在香港沦陷的时候，中共领导的东江大队救出了许多爱国人士和盟军。许多文化名人像郭沫若、萧红、鲁迅都在香港待过。政治上、经济上，香港和内地都是相互有联系和支持的。在20世纪80年代改革开放的号召下，大量的香港商人，还有中层管理者，最初是酒店管理、广告公关，然后是会计、管理咨询、电影娱乐，从一个行业到另一个行业，轮番到内地，参加改革开放，提供了不同行业在早期发展的人才。我刚好坐上了北上列车的最后一排，到NGO公益组织谋求发展。刚好我们这个行业在那个时候还有某些竞争优势。基本上从2005年以后，香港人在这个行业里就没有这种优势了。我想我的选择，是在一定历史条件下产生的。当然有个人的因素，但也有历史的脉络。

机构治理区别不在于境内外，而在于发展阶段的不同

复恩：您对境内外公益机构的内部治理上有什么看法？您觉得主要内容应该是哪些？有哪些方面是被忽视的？

卢：公益机构在治理上的区别，重点不在于机构本身为境内的或境外的，而在于不同机构在起步与发展阶段的不同。这里可能有这样一个背景：其实大部分最初在中国的所谓境外机构，甚至我们说的非营利部门这种概念本身，都是来自美国、欧洲大陆的。英美的法律体系和大陆法系是完全不一样的。所以我们现在很多关于境外NGO的想象，其实都是对美国NGO的想象。美国的NGO也经历了一两百年的发展。很多过去十几年间在中国影响力比较大的境外 NGO,比如说洛克菲勒基金会、福特基金会,这些基金会在美国有百年历史,走过很多的弯路,经过了很多的沉淀,才走到了今天。所以它的内部治理架构比较成熟,相对于中国的草根 NGO,它们之间的治理架构、管理水平和实战经验的落差是非常可以理解的。目前我们很多的 NGO 概念、想法,都是移植来的,大家囫囵吞枣,未必经过很充分的消化,用鲁迅的话说,是“送来的”,并不是“拿来的”,所以往往外国的 NGO 怎么做我们就模仿它们去怎么做。

我其实对于境外、境内这种框架是很不认同的,这种理解是非常去历史化的。但有趣的是,我们在 20 世纪 90 年代,包括很多境外基金会去支持中国本地 NGO 发展的时候,其实他们也是有一套自认为的观念,觉得 NGO 应该是这样的,所以去支持他们发展。这也许是由于文化的盲点所造成的。例如,很多基金会要求草根 NGO 申请资助的时候必须符合某些条件,如要有理事会。但是,举个例子,一个草根环保组织在某城市可能只有 1 个全职人员,有十几二十个志愿者,一年的运作经费不到 20 万元,它成立一个理事会不见得很有必要,因为它还没有和社会大众建立好资源统合的平台,也不一定有需要、有意愿或有能力和政府打交道,它可能是在一种非常边缘的状态下挣扎。虽然一年 20 万元,做个项目就能养活整个组织,这样的 NGO,治理架构对它来讲真的重要吗?但是,现在不乏中国本地的基金会,鹦鹉学舌,不求甚解,只片面追求形式上追赶英美,人有我也要有。问题在于,我们有没有思考过为什么需要有治理架构?这些东西的作用到底在哪里?在现在这个阶段对 NGO 组织发展来说最重要的是什么?有很多东西我们要想清楚,不能想当然地认为人家是这样做的,所以我们也要这样做。

复恩:现在您还在做前进工作室吗?

卢:现在在世界自然基金会工作,太忙了,兼顾不过来了。

复恩:能不能回顾一下当时的一些情况?

卢:我是 2009 年离开“绿色和平”的,做了将近 11 年,建立了“绿色和平”的中国办公室,把我该做的都做完了。因为我们来得比较早,所以那 11 年,我们与很多年轻的环境保护工作者一起成长。在我们的工作平台上有很多“海归”回来做公益,也有很多人离开去做其他事情。现在在中国的公益行业里面有大量的是那个年代在“绿色和平”工作过的人。说起当时的情况，有两方面吧，一方面我觉得我待了很久，对工作非常熟悉，已经没有什么挑战性了，也已经贡献了我的一份力量；另一方面，我当时想，如果我前10年在我25岁到35岁这个年龄段，能够帮助一个国际公益组织在中国内地落户下来就很不错了。刚来的时候都不觉得我们能活下来。但是我们活下来了，而且作出了我自己觉得对中国的环保运动非常重要的贡献。我们重新定义了在中国对环保NGO组织来讲什么是"可能的"。比如说，2004年，"绿色和平"开始批评APP集团在云南非法砍伐森林。最终APP是完全同意并且履行了环保要求。在那个时候是没有环保NGO，甚至没有任何的社会组织会公开地去挑战一个企业的环保水平。在那个年代，也很少有NGO组织会定期地去发布它对社会问题的看法。现在这些大家都觉得是理所当然的了，但在那个年代不是这样的。那个年代的国内环保组织，大部分埋首苦干，艰苦地推动环境教育、社区参与，对议题的掌握深度和专业能力，还在发展当中。如果要从历史的发展脉络去看的话，在那10年里，在中国，"绿色和平"是拓宽了社会组织发展的空间，也示范了一种有独立思考的公益组织应该如何立足于民间、立足于公共利益、去参与公共事务的讨论。那时，我希望换一个位置，用我那10年学到的经验，去帮助推动中国社会组织的发展。

从"绿色和平"离开以后，我去了联合国环境规划署工作。我那时候做的是上海世博会的环境评价报告，作为上海市政府委托联合国环境规划署邀请的专家，来给上海市政府在世博会的准备过程中做环境保护工作的建议。我那时候经常去坐11路车（当时上海公交11路车配置了8辆超级电容新能源电车。——编者注），不知道你坐过没有？（复恩：我以前一直坐。）这是中国自主研发的，其他国家都没有的，算是我们自主开发的新能源技术。以前我们一直在"铁屋子"外面喊：我要参与！我要参与！但一直都不知道铁屋子里的人怎么想。上海市政府是中国执行力最强的地方政府。我当时想了解，环境问题这么严重，那么城市的决策者是怎么想、怎么回应这些问题的，它又遇到了哪些困难，是怎么解决的，为什么有些问题一直得不到解决，比如说垃圾问题。后来我明白了，你站在NGO组织的角度很容易找到问题。但站在城市决策者的角度，比如上海在2000年左右的时候，每天人均垃圾产生量是一点多公斤，这算很低了，欧盟平均接近2公斤。

(复恩:但他们人少,总量不多。)对,我们的人口密度高,当时上海的人口就有近2000万了,超过了荷兰。在上海人口这么密集的地方,怎么处理城市垃圾?垃圾大部分都是在老港填埋场填埋的,老港填埋场是当时亚洲最大的垃圾填埋场,但根据老港预计可用的年期很早就知道会提前填满。哪怕我们人均产生的垃圾已经相对少了,但上海有这么多人,所以每天大概要处理1000多吨的垃圾。站在NGO组织的角度可以很容易地说:那我们认为应该怎样去分类,去处理垃圾。上海市政府最初是用填埋场去解决垃圾问题,但很快发现就填满了。所以大概1999年、2000年的时候开始建焚化炉。但建了两个之后就建不下去了,因为当地的居民反对得很厉害。所以大约从2003年开始,上海开始用生活垃圾大型处理场。后来也建了好几个,也有一些很好的经验。上海在10年来就走完了欧美国家100年间在垃圾处理问题上的发展道路。地铁也是这样,上海用15年走了伦敦150年的发展历程。中国的发展道路完全不一样。换位思考嘛,以前在外面,所以现在很想走进这个"铁屋子"看看,这是很不一样的。我当时就想去了解政府是怎么看的。后来我又去了阿拉善SEE生态协会工作,去了解那些企业家们是怎么看的,去看看那些据说很关心环保的企业家,到底是因为好玩还是想做慈善,还是说作为一个企业真的想把自己的产业模式变得可持续,是否是真的在做环保。我觉得这两段经历对我来说都特别重要。如果我们很简单地去看,分为第一、第二、第三部门,由于发展阶段的不一样,往往在中国的第三部门工作的人对于第一和第二部门的了解是很片面,甚至是很肤浅的。可是,第三部门又自我期许,希望更有效地和第一、第二部门共同去推动环境的进步。所以,你是独木难支的,一定要和它们合作,要了解它们的想法和真实的情况。回到刚才的问题,那么我当时定义我后10年的工作就是换一个角度去帮助中国的环境保护NGO的发展。前进工作室作为一个专注为中国公益组织和公益工作者提供系统培训和共同学习的机构,是在这样的背景下催生的。

中国NGO组织还处于起步蜕变阶段

复恩:那么你在做这个NGO工作人员培训过程中,有没有人会主动向你提及"我们的内部治理结构有问题"?

卢:当然有啊,而且还不少。有一些社会组织目前的内部治理架构是不完善的。比如说,有一种常见的模式是,一个很有想法的人创立了一个NGO,再招募一群年轻人。由于能力、经验、视野乃至愿景本身的强大差距,大家都容易习惯这种"被主导"的模式,认为这好像是一种很有智慧的做法。它的内部慢慢地、无意识地形成了这种"一言堂"文化,并不是说他故意要"独裁",而是它是一个时代产物、历史阶段。这种状况下,理事会就成了一个"虚"的架构,基本上发挥不了什么重大的作用。其实很容易解释,因为这个组织还处于一个"第一代"阶段,也就是创始人阶段。简单来说,这个组织还不属于理事或理事会的,而是属于个人的,就像草创期的企业,还未上市,还是创业者的,而非社会股东通过股权来拥有的。大部分NGO环保组织的头面人物就是发起人。当年"自然之友"的总干事薛野,就曾一针见血地说过,"中国NGO组织发展过程当中一定要克服'家长制',这个是我们机构发展的玻璃天花板"。因为只有克服了"家长制",才能把一个NGO组织从个人的变成社会的。至少目前在中国的草根环保NGO组织,在我看来,鲜有内部治理架构完善,理事会在发挥它该发挥的作用。更常见的情况是,理事会和执行团队的定位不清,互相越界。回到我们要讨论的议题,中国的NGO现在面临的治理架构的问题可能需要用历史的眼光去看,我们很多组织还在一个起步蜕变的阶段,很多组织正在从最初几个人成立起来的组织转变为社会的团体,在这个过程中,理事会的完善,应该是与组织的社会化同步进行的。

复恩:曾经有一个环保公益领域的朋友打趣说,如果在一个地方有一个野生动物的餐馆,组织A的人就会去拉横幅抗议,组织B的人可能会和当地政府联络把这个店关掉,组织C的人可能就会直接把这家店买下来改造成别的店。不同的环保机构有不同的发展方向,您觉得这些不同是方略带来的还是发展过程当中发生的?

卢:你再去看,社会发展其实是生态的。社会组织其实也是处在一个生态系统中。在一个健康的生态系统中应该是有不同生态位的。用另外更社会化的比喻来说明,社会环境保护的民间组织就像一个球队一样,其实是在踢同一场比赛,有人是守球门的,守住底线的;有的呢,是前锋,是要进球的;中间可能还有枢纽型的,还有司职后腰的。环境保护其实是要有分工的,一个组织不可能大包大揽,所有的事情都去做,而分工是合作的前提,没有分工就没有合作可言。比如说,有的社会组织是做资助的,那就做好资助就好。我们的问题往往在于对于自己组织的定位,对于自己组织在生态系统、生态链中的生态位以及其他同伴的生态位没有充分了解,因而导致了很多冲突。其实在整个游戏里,大家是唇齿相依的。

复恩:刚才说的社会组织的生态位应该是我们常说的机构战略规划的一部分。事实上,战略规划是社会组织的灵魂。在关键的时候,往往是战略定位左右着社会组织的走向。

卢:是的。社会组织还是要遵从机构历史发展的客观规律,寻找到一个适合于自己的战略定位。刚才讲到我们不能去历史化,在一个特定的时间段里面,你就是应该做特定的事情。

复恩:从前社会的普遍态度是,做环保是一件很边缘化的事情;现在似乎整个社会都开始关注这个问题,关注环保乃至整个公益领域。对于这股"势",我们应该如何去看待?公益机构应该如何去借助这个"势"呢?

卢:这里有一个问题,就是许多社会组织其实缺少一种对历史发展趋势的尊重。从前我们总说做公益的人是"怀才不遇"。现在真的时机到了,我们有资金支持,有政策扶持,可是社会组织自己真的准备好了吗?很多都没有。如果从历史演变的角度看,我们应该要尊重一个循序发展的过程。做公益的人也应该去提醒自己,做好准备,去面对整个环境、社会发展的变化,而不是以"这是发展过程中一定会遇到的困难"来作为搪塞理由。社会组织是社会的,应该要把社会组织放到社会的动态脉络中去看它的发展。

吕朝:内部治理既要考虑不同组织类型又要考虑不同发展阶段

受访者:吕朝,恩派公益组织发展中心(NPI)主任(以下简称“吕”)

采访者:上海复恩社会组织法律研究与服务中心(以下简称“复恩”)

时　间:2015 年 4 月 8 日

地　点:上海

中国绝大多数社会组织的治理情况并不是很好

复恩:恩派理事会成员都可以在官网上查到,这些理事也有各自不同的社会身份,所从事的领域也各有不同。我想请您先谈谈,由这样的成员组成的理事会在作决策时是否能起到与其他机构理事会不一样的作用呢?能否给出一些视角独特的解读?

吕:其实我只是担任恩派的理事,并不清楚其他机构的理事会是怎样运作的。我先说说总体上关于内部治理这件事的认识,然后再谈谈恩派是怎么操作的吧。

我不认为恩派操作得很好,尤其是在治理这个问题上。

在中国,绝大多数社会组织的治理情况都不是很好,总体上发挥的作用有限。大致有三种情况:第一种是官办组织,就是由政府发起的社会组织,它比较明显的问题就是主管部门一家独大。比如说,有的组织的理事长、秘书长或法人代表是主管部门委派的,以前甚至有在社会组织章程里规定,政府委派的法人代表或者理事长是拥有一票否决权的。如果是这样的话,至少在最重大问题上,它的治理结构很难发挥作用。如果在最重大的问题上都不能起到作用,那小问题就更不用说了。第二种是非公募基金会,是由民间几位主要资助人发起的社会组织,这样的组织是出资人的一票否决制。这种情况倒不是中国独有的,因为大量的家族基金会、企业基金会、慈善家为主体的基金会，大部分都是出资人一票否决制。即使表面上不是一票否决，共同利益人和共同行动人也拥有这样的权利。比如说一个家族基金会，基本上还是家族人员一致行动，或者是听从大家长的。这种情况在中国的家族基金会、非公募基金会中比较突出。又比如说企业基金会，企业的董事都是这个基金会的理事。我所知道的南都基金会在非公募基金会中算是治理结构整体运行得不错的，但是南都基金会仍然保持着它的出资理事占多数票，至少在最重大的问题上要保持它的决策权。我认为这个也不是坏事。为什么说不是坏事呢？就是因为公益组织和企业组织相比，发展上有很多缺少主人翁态度。它不像企业，企业因为我投了钱，对这个企业都是很关心的，因为这个企业牵涉到我的切身利益。但公益组织比较大的问题就是，它不是按照股份来划分发言权的。那就意味着我可以对这个机构负责也可以不负责，我可以参与也可以不参与。很多组织尤其是早期组织，为了找到一些名人来给机构背书，并不在乎这个名人是否真正投入到这个机构里来，而只是借用他的名字，所以也不能指望他来关心这个组织。这就造成大多数公益组织的理事其实是不“理”事的。对于出资人来讲，非公募基金会是自己出的钱，所以他关心这个机构的发展，这对组织发展来说是好事。同时因为他关心，所以他希望保持对这个组织有一定的决策权，这个也是非常好的。我后来分析，一个组织治理“越民主越好”“越开放越好”不一定是对的。当然，这是我的看法而已。第三种是民非，就是操作性的NGO，它的问题在于创始人一家独大、一票否决。因为在民非早期发展过程当中，理事会成员都是创始人找的，他肯定不会找一个完全和他离心离德的人；同时又由于公益组织是一种轻资产，它的投资是很小的，所以这机构的发展壮大其实是靠以创始人为代表的团队的努力。从这个角度来讲，创始人或者创始团队，或者机构高管，是这个机构的主要决策者，这个也是合理的。按照现行的民非制度，机构创办的时候可能还没有高管或团队，需要找几个名人或者说资源提供者充实到理事会中来，所以，在民非早期的时候这个治理结构是发挥作用的。但是，发展到一定阶段就会发现，对于一个组织的发展，它的资源已经不是最要紧的了，更重要的是机构的发展模式，机构自身的良性发展。所以，能够给它提供资源的理事已经显得不那么重要了。这样的话，理事会和管理团队之间的矛盾就显现了。管理团队觉得这个机构发展起来主要是靠我们,有很大的需求希望进入到理事会,因为理事会毕竟是最高权力机构。但理事会的人可能会觉得你们忘恩负义,我还是要保有我的控制权,这样就容易发生矛盾。

总体上我觉得对于这三个问题,目前的公益组织处理得都不够好,要么在大多数情况下谁操作这个组织听谁的,理事会只是提些建议;要么就是理事会与执行团队之间发生激烈的矛盾冲突,机构发生动荡。发生动荡后有的组织比较顺利地找到接班人那还好,但有的找不到。这个行业本身人才就稀缺,有了人才你不赋予他很大的自主权他又不干,所以经常是理事会和秘书长争吵,最后秘书长不干了,这个机构也就发展不起来,连续几年都是处于这种反复徘徊中。

复恩:恩派在选择理事会成员时的思路是什么呢?

吕:恩派的情况其实和这些组织也是一样的。我们早期其实也是找那些比如说我的老师、我的朋友、能给恩派带来资源的人、能给恩派扩大知名度的人,我们也经历过这样一个过程。这个过程同样存在问题。例如,早期的时候我们的理事会是发挥很大作用的,给恩派的发展提供了很多的便利和资源。但是后来发展到一定阶段,尤其是近三四年的时候,发现理事会起到的作用在逐渐减小,而恩派又在不断扩张。我们现在有很多新的发起机构。发起了这么多的机构后,我们采取的架构就是有一个总的理事会,新发起的组织由总的理事会或者说恩派的母机构——"上海浦东非营利组织发展中心"来派遣理事。这种做法在现有的法律框架里既能够保证我们有独立的理事会,同时又能保证总部对发起机构的决策权。这样就形成了比较复杂的结构:总的理事会只是对重大的决策问题发挥作用。所谓重大,比如说秘书长、主任的任免,新机构的发起,薪酬,增补或减少理事,每年的财务预算、决算,战略规划等,总的理事会只讨论这个层面的问题。下面的工作基本就是由执行团队来负责。

复恩:每一个新发起组织都有属于自己的理事会吗?

吕:它有自己的理事会,但是是在总体的管理框架里。比如说,"北京论坛"的理事会是怎么组成的呢?是由总部即上海的恩派派遣几个理事,然后再在当地找一些专家,共同组成这个理事会。打个不恰当的比方,有点像一个企业发起的非公募基金会。恩派发起的一个新组织在恩派整体的发展战略中占有一定的位置,所以它的发展战略、资金来源、客户来源、核心产品这些要素其实在它成立之初都已经定好了,我们只不过需要有一个人比如总干事,来执行这个工作,有点像分公司的总经理。但是我们和企业不同的一点就在于,我们还是需要有外部理事,因为毕竟还要了解当地的一些情况。所以有点像非公募基金会,既能够保证恩派的工作完成度较高,同时又有一些外部意见,这是一个综合性的理事会。

复恩:恩派同孵化出的社会组织是什么关系呢?

吕:孵化组织和恩派自己发起的组织是不一样的。对于孵化的组织恩派是不会进入到它的理事会的。我们到现在为止已经孵化了将近400家组织,我没有兼任任何一家组织的理事,我也要求我的同事不去兼任它们的理事。也就是说,我们只是在他们创业的过程当中给予一点帮助,进行一些协助性工作,但不会对它的经营、战略指手画脚。我们会给予咨询,但不会参与它的决策。事实上我们也没有资格参与其中。当然,一般也不会让孵化组织参与到恩派的架构中。因为,我们做的工作是不同的。它们做的是专门领域里的工作,我们是支持性的平台,这还是有所区别的。当然,我们会征求他们的意见。所谓征求意见指的是,他们可以对我们的孵化工作提意见、提批评、给予帮助,但是他们也不会参与我们的决策。

复恩:那恩派的监事会在设置的时候又是什么思路呢?监事会成员好像没有公开。

吕:目前来看我们的监事会发挥的作用不是太明显。原来我们请的是会计师和律师来做监事,但后来我们发现,因为我们机构规模不大,所以监事顶多起的是建议的作用。最近两年我们在考虑邀请外部的会计师事务所、律师事务所的人来做监事。

关于这个我还想说的一点是,我们在看待治理结构时,还是要区分组织形式:它到底是公募基金会还是非公募基金会?抑或是一个民非、行业协会或社团?我认为,这几种组织对治理的要求是不一样的。比如说,公募基金会有一点像上市公司,它对治理的要求一定是最强的。因为它是公众资产,它管理的都是公众的钱,所以一定要有代表公众利益的人来监督理事会的执行。但是,非公募基金会按道理就是应该以出资人为主来负责任,其他人去监督什么呢?这个钱是他出的,你只能提些建议。当然你也可以说,只要捐出来就是公众资产了,但是实际上谁会对这个公众资产的使用效率最担心呢?还应该是那些出资人。所以,我不认为非公募基金会的治理要引入大量的外部力量,有一定的外部力量就可以了。这和公募基金会有着非常大的不同。行业协会的特点是为会员服务的,所以它的会员代表大会和会员代表大会选出来的理事会是非常主要的,因为它完全代表了会员的利益。除了为会员服务之外,还要为会员争利益。所以,行业协会的特点,是在一个比较小的圈子里的公开透明的参与度。它的参与度也是很高的,有一点像公募基金会。公募基金会是在更大的范围内,行业协会是在相对比较小的范围内。从目前的情况来看,民非的治理是最不成功的。或者说,民非这种组织形式在现有的这几种组织形式中是最不成熟的,你不知道它应该划到哪儿去。它既不像一个企业,又不像一个公募基金会,所以它的治理左也不是、右也不是。太开放,外部性太强,就没有效率;太封闭,大家又觉得公益组织应该引入外部的决策机制。所以,我觉得目前民非的治理是亟待改革的,包括它的免税资格。政府一直不给免税资格,那就意味着政府并不完全认同你公益组织的性质。抛开政治上的考虑,就从经济上考虑,政府不认同它是公益组织,认同这就是一个要赚钱的组织,那这些组织何以自处呢?

不同阶段对组织形式的认识会有所不同

复恩:几年前的恩派和现在的恩派一定是不同的,自己对自己的定位也不会一样。能不能和我们简单地说一下恩派几次比较重大的战略规划,以及演变到现在的过程?

吕:这个问题其实是和组织形式有关。这里我们需要谈到公益组织和企业的不同。企业基本上不太考虑组织形式。股份制有限公司和有限责任公司最大的区别是前者可以上市,但它不需要考虑机构的组织形式要有多大的变化,但公益组织不一样,首先就面临着三种组织形式:基金会、社团、民非。在发展过程中,你会发现,在不同的阶段对组织形式的认识又有所不同。

一开始我们希望注册为民非,因为当时的想法很简单:我们是一个操作型的公益组织。操作型的公益组织和资助型的公益组织最大的不同是:资助型的公益组织往往要成立一个基金会,而操作型的公益组织则成立为民非。但是后来发现不对,所谓资助型的组织没几个真在做资助的,都是在操作,现在在我国注册的非公募基金会有4000多家,这些组织大部分都是在做项目,实际和民非是一样的,真正直接做资助的屈指可数,连10个都不到。但是,做项目而成立一个非公募基金会,它就可以免税。只不过因为当时注册的时候我们没有200万元,他们有200万元,他们就注册成了非公募基金会。但他们干的活和我们是一样的。既然我们民非既不能免税又不能公募,那我们就想拿一个全牌照的组织形式。什么是全牌照呢?就是叫既能免税又能公募。免税还得是双免税,就是捐款人能免税,我们也可以免税;既可以免营业税,也可以免所得税。我们要把所有能有的优势都拿到。研究后发现只有公募基金会这种组织形式可以。于是,我们就发起成立了一个公募基金会,现在叫上海联劝公益基金会,当时叫上海公益事业发展基金会。那时认为我们发起这个基金会以后,所有待遇都能享受了。但后来发现又不对,因为公募基金会必须是独立的,它和你的发起单位之间不能有联系。否则,你的发起单位也好,公募基金会也好,公信力都会受到影响。所以,做了一段时间之后,我们又有意识地分割,将恩派和联劝分清楚,实现财务、执行团队、治理都分开。这整个过程就是由于政策的变化,开始时我们的理解不到位。

还有一个问题,我们发现公益组织是不能设立分支机构的,比如说一个上海的机构不能在北京设一个分支机构。而且跨区域经营本身也有一定的风险,当地的政府和当地的资源提供者也不见得认同这种跨区域的经营。所以现在我们就注册了十几家组织。这十几家组织又给我们带来了治理上的很大问题,如何既符合现有治理的规范,又能够把我们的管理一体化。因为派生出去并不是让它自生自灭,而是需要让它发展起来,既然它也叫恩派,我们就必须要对它进行管理。我们花了很长时间才建立了自己的一套管理机制,这个管理机制能够确保它既能够发展,又能够合规。这是我们在组织方面发展的过程。

复恩:能和我们详细讲讲这个管理机制吗?比如人事、财务方面从上到下的治理机制,权力是掌握在谁的手上,恩派这棵大树是如何生长的?

吕:我们前两天还在说这个事,可以这么来画一画。

最早我们是矩阵式的架构,基本上财务、行政、人事都由总部管理,所以总部在业务上是两个发展条件。一方面它不断地发展新的产品、新的业务,另一方面它在地域上不断地拓展,上海成功了,就复制一个,接着再复制一个,又复制一个……原则上它在不断地发展。我们的业务机会看起来是无限的,每一个交叉点上都有一个业务机会,就可以不断地发展。但这种发展到后来会发现一个问题:就是越发展对总部的要求就越高,总部管理的半径越来越长,所以对它管理的考验是越来越大的。管理本身就是成本。公益组织的一个特点是报价一般就是成本定价,没有利润就不能支撑不断增加的成本。这就意味着发展到一定阶段,很多公益组织包括我们在内,叫"规模不经济",规模越大越不经济,越有规模越要亏钱。后来我们曾经做过一个策划,做 5 个点是赚钱的,做 6 个点持平,做 7 个点以上就开始亏钱了。所以一度可以看到工作在蒸蒸日上,但是财务上越来越紧张。再加上发展起来以后会发现各种各样的管理成本增加了,包括培训成本、人员流动的成本、研发的成本、其他的核心管理成本都会增加。这个就是我们 2006 年到 2011 年大体的情况。

这种管理机制到了 2010 年的时候就出现了很大的问题。2010 年年底、2011 年年初的时候,我们的财务状况非常不好,出现了很大的亏损。要改变这个状况,我们当时就进行了梳理,改变了架构,变成了蜘蛛网形的架构。

在这个架构里,我们采取了一个措施叫缩小或者说降低财务核算单位。也就是说,这些组织都是独立核算的。我们当时的要求是,你不需要向总部交钱,但你不能让总部赔钱。因为原来那种架构,一个业务单位亏损,总部就要去输血了。到这时,我们就要求你实现自负盈亏,你自己也是业务单元,自己也去赚钱。这样的话,至少在我的财务上是持平的。

复恩:那这个时候人员是怎么安排的?比如说联劝要去招一个类似于总经理这样的一个职位,是总部派到联劝,还是联劝有权自己招人?

吕:这个还都是由总部来派。总体上,总部在重要的人事任免上是要管的,总部管的是秘书长的任命,人事、财务、行政是由总部协调指导的,总部协调指导的原因也不完全是说他们不想这么做,而完全是后来发现它们支撑不了这个成本。总部相当于是个服务中心,它的行政、人事、财务是为所有人服务的,相当于大家分摊它的成本。

复恩:也就是说,不管是矩阵式,还是蜘蛛网式,总部抓住主要的人事、财务权力始终没有变?

吕:对,主要的人事、财务权都没变。但是有的渐渐分出去了,比如联劝发展得比较成熟,秘书长比较强,它就分出去了,分出去之后它就逐渐地减少对总部的依赖,如原来它还购买总部的服务,后来它体量大了,就逐渐自己做了。又比如说像屋里厢(指由恩派发起、于2008年12月在上海浦东新区注册成立的"上海屋里厢社区服务中心")也逐渐地放射出去了。但是并不是所有的机构都这样,只是个别的机构。其他的机构,尤其他的品牌还是恩派的,是永远不能脱离的。这些机构所有的人事、行政、财务还是由总部管理。我们起了个概念叫"恩派大家庭"。也就是说,除了最核心的叫恩派的组织,外圈是由恩派发起的机构,再外一圈就是恩派合作伙伴。这样的话,首先把我们财务的问题解决了,从2011年到2014年这几年,我们逐渐从亏损到了盈余,而且盈余还不少。

这个就是我们架构的变化情况。这个架构一看就能看出它的问题,就是各自为战、重复建设、叠床架屋,互相之间大家做的业务都是类似的,所以互相之间反而没办法交流,内部竞争,却不形成拳头。这样就造成恩派有一种分崩离析的感觉。所以从2015年下半年到现在,我们又起了一个新的架构,解决了两件事,第一件事叫聚焦核心业务。目前我们分了20多个业务单元,业务单元太多。当然我们自己还是有发展轨迹的,但给外界看起来还是一个庞大的体系,似乎恩派几乎什么都做,所以首先要聚焦业务。我们发现有三件事是恩派很擅长的。第一个是社会创业,类似孵化器这些的;第二个是社区建设;第三个是公益咨询。这三件事既是这些业务中都有的,又是我们认为做得最强的,而且也是将来中国公益发展的方向,能解决中国公益发展的问题。所以就变成了这样一个架构,底下这个基座其实是我们的信息共享系统,我们每一个业务单元都要有一个共享的知识库。

复恩:那以什么单位来共享呢?

吕:以事业群。我们把这20多个单元分成3个事业群。那么就由20多个财务核算单位变成3个核算单位。从目前来看,还是起到一定作用的。与此同时,我们的权力进一步下放。比如说人事,总监以下的人员,总部都不再管了;财务审批权限也都下放到事业群的负责人。当然我们是希望他们互相之间实现互通互联。

复恩:它们之间的互相联系是什么呢?

吕:是信息流。我们因为建了一个比较庞大的 IT 系统,我们所有的文案、数据库都是在一个统一的 IT 系统中,虽然上传的时候都是不同的事业群,但是最后后台是整合到一起的。我们希望在 2016 年之后是这样的一个架构,这个我们比喻为土壤,土壤上还长出一棵大树,同时我们也希望长出一些小树。这个土壤是什么呢?就是这些资源、数据、知识、文化所形成的土壤。

复恩:这些小树是这三棵大树长出来的侧芽,还是直接从土壤中生长出来的?

吕:都有可能。这三棵大树里可能又分出一些新的来,也有可能和这树完全没关系,长出一些新的来。所以我们希望将来是一个强大的知识系统加小分队。

复恩:整个资源整合除了信息化工具之外,还有什么办法?线下还有什么途径来整合?

吕:我们有一个基本的想法,就是将来我们不再按照地域来设置单元,而是按照业务来设置单元,更多的是借鉴企业方式,业务为主、地区为辅。将来不太会去讲北京恩派、南京恩派或上海恩派,我们会说社创事业群、社建事业群、公益咨询事业群。我们更多的是谈业务,而不是谈地域。

复恩:恩派曾参与"民间组织问责国际会议",推动了《中国公益性非营利组织自律准则》的出台,其中第九章是关于信息公开的。您能不能谈谈恩派在公益组织信息公开方面的具体实践?

吕:恩派信息公开的底线是符合法律规定。公开化的程度,我们在组织内部做到无事不可说。但是考虑到整个社会目前对公益组织信息公开所能接受的程度,我们并不会做到完全的公开。相比之下,恩派并不是要做一个大家都知道的有名公益组织,踏实做好自己的事更重要。

潘江雪:引入商业化管理与治理推动机构成长

(作者为上海真爱梦想公益基金会理事长)

上海真爱梦想公益基金会(以下简称"真爱梦想")是一家由金融机构和上市公司的专业管理人员发起与运营的公益慈善基金会,2008 年在上海市民政局注册成立,2014 年 1 月正式转制为地方性公募基金会,并且连续四年蝉联《福布斯》发布的"中国慈善基金榜"榜首,被誉为中国最透明的基金会。

成立之初,我们就明确了"帮助自助之人""公益需要全方位引入商业化管理""倡导非牺牲的公益精神"的工作原则,通过"梦想中心"教育公益体系,系统地推动中国素质教育的发展。

"梦想中心"是为学校捐建的一间集图书、多媒体、投影仪及互联网的多媒体综合教室。承诺建设"梦想中心"的学校让学生每周都能在这里体验一节"梦想课程",配套对教师的培训体系"梦想教练计划"、激励体系"梦想银行"、评估和监管体系"梦想盒子",搭建起系统化的公益产品和服务,并实现了这些产品的标准化复制。从 2008 年开始,真爱梦想每年详细公开审计报告和财务数据,并从 2009 年开始每年公开举办年报发布会,成为国内首家按照上市公司标准公开发布年报的公益基金会。年报不仅详尽披露了基金会的财务数据和管理情况,更引用了全球最大的独立慈善评估机构 Charity Navigator 的指标系统对基金会的组织效率和组织能力进行了模拟的自我评估,裸报基金会工作。

截至 2014 年年底,真爱梦想已经建成 1648 间"梦想中心",梦想课程覆盖 180 余万名学生。2014 年当年,"梦想中心"共新增 429 间,年筹款额 7490 万元,年公益支出 5296 万元。而基金会的全职员工仅 54 人,人均效能约 127 万元。

经过七年的实践，真爱梦想已经逐渐摸索出了一套推动有序成长的内部治理方式与路径。

一、企业化治理结构

真爱梦想在7年里的这种高效运作方式和创新理念，源于创始人企业化的思维方式，进而搭建了企业化的治理结构——用企业化的眼光和工具，解决有限的资源面对无限需求的配置问题。

我们逐渐形成了一个分工明确、互相牵制、既追求效率又警醒风控的运营架构。其中，理事会是最高决策机构，相当于企业董事会，负责制订战略方向、管理制度、投资决策等，并确保落实。理事长和秘书长作为执行理事，代表理事会领导秘书处，执行日常管理决策；秘书处对理事会负责，秘书长、副秘书长、副理事长分别对理事长负责。监事会定期评估基金的运作风险和规范性。审计与合规委员会负责法务处理和审计。在日常执行层面，围绕"梦想中心"建设、课程开发、教师培训、其他后期维护等，真爱梦想形成了项目建设部、课程运营部、课程培训部、业务发展部、品牌与客户关系部等职能部门制的架构。2013年，基金会将现有的部门梳理为三条业务线，每条业务线下辖两个部门，设立一位总监，负责对两个部门进行业务协同。

为保证效率不打折扣，我们建立了一套分级授权机制，以保证流程的快速执行——理事会与管理层在充分讨论后，会对授权权限和期限进行书面明确。真爱梦想的议题，从管理层提交到理事会批准，最快可以一周内完成审批。

强化效率之余，为警醒风控，真爱梦想在理事会实行少数服从多数的议事规则，重大事项需2/3多数票通过。而在实操层面，一般是全票通过才会执行，只要有一票反对，议案就会待定。此外，秘书处作为执行层，拥有自由裁量权，即便理事会通过决议，秘书处也有权搁置。

在执行层面，真爱梦想实行分权管控制度。以梦想中心的选点为例，对校长的书面审核、电话访谈等评估环节分别由合作发展部、跨部门电审小组负责。电话评估后再由跨部门的5人风控小组投票，4票以上才能通过评估。如存在争议，再由多位总监组成的风险管理委员会投票，要保证3票通过，如有异议，理事长最终有一票否决权，但没有推荐权。

这种企业化的治理结构,是随着真爱梦想发展的需要,进行灵活的调整,一步步形成的。

我认为,公益行业要从价值理性走向管理理性,打动捐款人的不应仅是受助者的悲情和感激。唯有公开透明、专业高效的工作,才能取得捐赠人与公众的信任与持续支持。这跟金融机构的信托责任相同。通过建立分层次的信息披露制度,才能取得捐赠人的持续信任。

其次,人力资源和基金会持续发展是我们的核心问题之一。真爱梦想的公益项目并不向捐赠人提取行政经费,基金会内部设立了行政储备基金池,除了向捐赠人定向募集行政费用、小额非定向捐赠外,每年投资收益都会流回行政储备基金池,以支持当年基金会行政费用支出。行政储备基金池同时还承担了支持一时难以筹资项目的责任。此外,真爱梦想还设立了项目建设基金池、项目运营资金池和专项基金池,对资金进行分类管理。

2013 年年底,真爱梦想换届改选了理事会和监事会,引入品牌传播、人力资源和大数据方面的专家,以期强化对品牌、人力资源和大数据的管理。新加入的理事有资深媒体人方向明、大数据专家涂子沛,新加入的监事包括人力资源专家、怡安翰威特公司大中华区总裁刘渊,以及金融互联网专家、众安保险公司总经理陈劲,聘任原副秘书长胡斌为秘书长。相应地,理事会由 5 人增至 8 人,监事会由 1 人增为 3 人。2014 年 4 月,理事会新设人力资源与薪酬委员会、投资管理委员会、课程审核与教师发展委员会,分别聘任监事刘渊、吴冲,华师大课程与教学研究所所长崔允漷教授为主席。其中由刘渊监事担任主席的人力资源与薪酬委员会,主要为基金会的薪酬体系建立、人力资源管理提供决策建议。

同时,为减轻薪酬的合规压力,真爱梦想基金会将承担建设和选点业务的合作发展部、项目建设部剥离,设立民办非企业组织——上海真爱梦想公益发展中心。

2014 年 1 月,经上海市民政局审批,真爱梦想正式由非公募基金会转制为地方性公募基金会。组织属性的改变,意味着业务模式的改变。有了公募牌照后,我们开始借助众筹方式提升影响力,并成立了公募团队,专门开拓互联网营销方式。强化捐赠人的体验,实行双客户制度——捐赠人和受助人都是客户。未来我们会把捐赠方和学校真正连接起来,强化捐赠人的参与感和归属感,实现募款的持续性。在职能部门制的基础上,打造虚拟小组团队,变成类似矩阵式的组织架构,希望通过做小做强的方式扩大规模,以打通受助方和捐赠方,让各部门看到两端客户的需求。

此前,真爱梦想是集决策与执行于一体的治理结构,保证了基金会的高效运作和快速发展,但这高度依赖创始人超强的自律性、工作强度、献身精神和决策智慧,对于基金会的可持续发展却是不利的。因此,我们希望实现治理和管理分开,建立总监会决策的管理机制,即未来基金会执行层面的管理责任由执行理事和总监共同承担。

秘书处的日常管理将采取总监会决策制,对跨部门的事务进行投票,总体原则是让有想法、想做事的人,能提出议案并获得 6 个月内 2 次陈述的机会。投票机制是提议者 2 票、其他总监每人 1 票,表决采取 2/3 通过机制,执行理事长有一票否决权。

二、开源共创——合伙人制

资金规模和资金供给是任何一个社会组织都要考虑的问题。基金会创办人的感召力、基金会运作的公信力、基金会项目的吸引力,都是影响基金会筹款的主要因素。

最初,梦想中心的建设模式是“点对点”:选点以捐赠人指定区域为主,我们再找当地教育局推荐学校,然后直接跟校长合作。梦想中心主要由企业捐赠方单向捐赠,真爱梦想单向建设。在我们看来,当时的选点是“为了找学校而找学校”,“为了让教育局推荐而推荐”,教育局推荐的学校大多硬件较差,缺乏开设梦想课程的师资条件。而且,“点对点”模式过分依赖校长,如果校长不认同基金会的理念或出现工作调动,梦想课程就会被搁置。就政府而言,他们认为梦想中心是一次性的教育扶贫项目,并且怀疑捐赠背后存在商业目的。这种信任的缺乏使政府在对梦想课程的推广上只是协助者。单凭自身力量分散建设,使得梦想中心变成了孤点布局,无法形成规模效应,很多梦想中心形同摆设。

2001 年,国家基础教育改革方案明确学校在推行国家课程的同时,要开发校本课程。但由于资金和人力短缺,很多校本课程被语文课、数学课等国家课程替代。2011 年,甘肃会宁县的教育局局长在了解梦想课程后,认为可以填补校本课程的空缺,希望由教育局和真爱梦想1:1配资,教育局出资300万元,用3年时间,在全县新建60所梦想中心,采购梦想课程并纳入县教育纲要。这种模式使教育局由过去单方面的受助者,变成出资人和主导者。

我们发现,用这种"组织对组织"模式代替"点对点"模式,将事半功倍。教育局的深度介入不仅有助于选出优秀的校长,而且可以借助行政资源支持梦想课程的开展。选出优秀校长最有效率的方式,是选出教育局的局长,他们是县域内教育资源的分配者。政府资源是推动制度性建设的重要杠杆。2012年,真爱梦想开始撬动政府资源,从过去单向对个人建立的合作关系变为组织对组织的模式,代表捐赠方跟教育局合作,进行区域性的规模评估选点。然后,真爱梦想再反向推动企业来捐赠。

这样做的好处是,政府不仅愿意提供资金支持,还会设立专门的机制保证课程实施,比如将梦想课程作为红头文件纳入县教育的纲要、设立督导组扶植梦想课程的开展等。而学校由原来被动的受助方变为积极的申请方,真爱梦想的主动性也越来越强,由此,政府和学校成了我们的合伙人。

逐渐地,在甘肃省、陕西省、天津市等地建设"梦想中心",均得到当地教育部门的重视,出现了政府全资购买基金会服务或者政府与基金会1:1配资投入"梦想中心"项目。在教育局的配资模式之外,还出现了学校与真爱梦想联合出资,及学校全额出资,仅由真爱梦想提供后续服务的模式。2013年,在真爱梦想5982万元的总筹款额中,政府配资占比17%。政府已成为真爱梦想的重要捐赠方。

将受助者转变为合伙人,从独立提供公益产品转变为产品社群型,这种从客户思维到社群思维的转变,既体现在与政府的合作模式上,也体现在另一受助群体——老师身上。

2015年,真爱梦想将扩大这种由用户参与共创的模式,将政府、基金会、学校、老师的合伙模式,延展至志愿者、捐赠人、跨界机构等。比如开放梦想课程的设计环节,向老师、捐助人等进行能力众筹,共同设计课程,构建公益生态圈。

另外,真爱梦想坚持筹款模式的多元化,打破从项目执行费用中扣除行政费用的传统筹款模式,将项目执行费用与行政费用分开筹集,独立筹集行政费用。捐赠行政费用的捐赠人，都十分认同基金会的运作理念，并看好基金会的发展。基金会独立筹集的行政费用不会超过全年筹款总额的10%，符合《基金会管理条例》规定。

三、系统助力过程透明化

根据2014年福布斯“中国慈善基金榜”，以基金会基本信息、筹款信息、项目执行信息、年度财务信息、日常事项披露、披露的渠道/频次等为评分指标，真爱梦想“凭借标准流程化的项目建设、互联网化的项目运作、上市公司标准的年报”，连续四年名列榜首。我们认为，基金会的公开透明应该是公益组织的DNA，是公益组织公信力的基石。

通过官方网站、官方博客、官方微博及时披露项目进展、项目成本构成，公开进行物资招标采购信息，真实地向捐赠人和主管部门进行固定信息披露；通过年报、月报、季度报、工作简报等方式，公开基金会的财务数据和工作报告。例如，每季度报告公布主要的财务指标涉及筹款总额、投资收益、其他收入、支出总额、业务活动成本（包括梦想中心建设、梦想书屋、梦想中心运营、中央财政项目及其他）、行政管理费用、筹资费用、项目支出比例、行政费用比例。

2014年，以加强过程透明化为目的，我们启动了一个庞大的信息管理系统的开发——MIS系统。MIS系统重新梳理了基金会所有的业务流程，将他们逐一分解，对过程动作进行记录，每一笔钱都能找到对应的业务活动。往年的学校运营是资金池的概念，学校后期运营费用只能均摊，但在MIS中，我们能准确地看到每个学校发生的所有费用、每一笔捐款的去向。2015年，我们还将对官方网站、MIS系统做二次结合开发，逐渐实现捐赠款项的实时线上查询，更极致地进行过程透明化。

2015年，真爱梦想会更进一步，开始探索从精密的钟控模式到分布式的梦想小分队的网络模式，从执行与决策为一体的机制到开始授权建立总监决策机制的转变。这是非常令人兴奋的改变。

本书编者按：

在引入商业化管理模式方面，真爱梦想在NGO组织中无疑是走在前列的,因而不可避免地会与现有政策法规或者习惯做法产生一些差异。

例如,真爱梦想在处理秘书处与理事会关系时,既承认“理事会是最高决策机构”和秘书长首要职责是“主持开展日常工作,组织实施理事会决议”等一般原则,同时又授权“秘书处作为执行层,拥有自由裁量权,即便理事会通过决议,秘书处也有权搁置”,也即有权不服从,这一点非常特别。

又如,根据《基金会管理条例》,监事的职权主要是依照章程规定的程序检查基金会财务和会计资料,监督理事会遵守法律和章程的情况。真爱梦想新聘的监事分别担任了新设立的人力资源与薪酬委员会、投资管理委员会的主席,聘任名誉理事担任课程审核与教师发展委员会的主席。一旦人力资源等属于日常执行层面的工作出现了问题,如何让监事自己监督自己?这些委员会主席更像是理事应该履行的职责,与监事职责不相符合。

再如,真爱梦想将建立总监会决策的管理机制,即未来基金会执行层面的管理责任由执行理事和总监共同承担。这个“总监会”有点类似于“管理委员会”的架构,其功能应该是与理事会不一样的。如何处理好理事会与总监会的两种决策作用,是需要十分留意的。

徐家良：社会组织对于机构内部治理的认识要提升

受访者：徐家良，上海交通大学第三部门研究中心主任，上海交通大学国际与公共事务学院教授（以下简称"徐"）

采访者：上海复恩社会组织法律研究与服务中心（以下简称"复恩"）

时　间：2015 年 5 月 28 日

地　点：上海交通大学第三部门研究中心

复恩：徐老师好，我们首先来聊一聊您提出的"三圈互动"这个概念吧。要使得由政府、企业、社会组织这三个要素组成的互动圈运作起来，您认为它的内在驱动力是什么呢？

徐：传统上，政府、企业和社会组织的关系是三角形的，也就是说，它的重合部分有时是看不出来的。现在，如果用圈的概念来描述，就会很好地体现出他们独立与重合合作的关系。政府、企业和社会组织三个组织不重合的部分，是每个组织自己处理事务的部分，属于它独立行使的职能。三个组织之间重合的部分，是互相之间合作和作用的部分。我们看到的重合部分往往是静态的，但如果从动态的角度来看，这其中有无数个情况各异的三圈之间的重合，有的社会组织与政府重合的多，有的社会组织与企业重合的多。当然，重合的比例也会根据不同的历史时期，不同区域的状况而发生变化，有时起初重合度有 80%，后来演变成 70%，有的到 60%。比如说，许多机构，一些东西它自身是没有的，都是政府帮它做起来的，后来慢慢转型的时候就发现，原来它自己也能承担一部分。以前往往认为，社会组织就是政府的助手，弥补政府的不足，在这个问题上，没有圈之间的重合就没办法说明，也就是说，社会组织与政府和企业除了重合部分，其实也有不重合的部分，不重合的部分就是他自己所需要做的。从这个角度来看，一个圈里有

80%或者90%是重合的,有20%或者10%是不重合的,这样的话能很好地反映出这三者之间的关系。

现在要看它到底怎么动起来,这就要看需求这个东西。比如说,政府的需求是什么,拿购买服务来打比方:1995年上海开始购买社会组织公共服务,2000年以后发展得比较快,有一些事情需要社会组织来做,体现出它的专业性和社会化,效率比政府做要高,社会组织拿到资金以后把事情做起来,这就是由政府启动社会组织承接的。当然,政府有这个需求和能力,社会组织也有这个愿望。现在再说到企业这一块。企业的商业运行模式其实就是我们社会组织所缺乏的,这也是为什么社会企业的模式慢慢地为大家所接受的原因。有的社会组织光拿政府的钱,其实更重要的是,你一方面可以去拿钱,把财政资金节约下来,你另一方面也可以采取依靠市场的形式,得到消费者的认可。如果只拿政府和企业投入的钱,与老百姓的关联度和市场的运作基础就不太一样了。因此,社会组织需要有从市场获取资源的能力,这样的话就会好很多。仅仅依赖于政府和企业的捐赠,如果资金链断掉,后果可想而知。如果社会组织适当借鉴企业商业运营的模式,这对社会组织来说都能起到一个互补增进的作用。

复恩:对于社会企业在社会组织中的定位,您是怎么理解的呢?

徐:社会企业一般借助商业的运作方式实现社会目的。这个社会目的,既包括获取社会资源,又指解决就业问题和缩小贫富差距等。社会企业要在社会组织中占主流的地位是不可能的,社会组织不是盈利赚钱的主力,如果用企业圈与社会组织圈重合部分来理解的话,重合部分就是社会企业,在目前,这个重合的部分,不会很大,以后也大不了多少。社会组织的主要任务是提供专业化的服务,它所做的辅助性的工作,可以理解为一个是筹钱,一个是把钱花掉,去市场上获得收入其实是它附带的一个东西。当然,有的社会组织会说,我有能力做这个项目,但是大部分资金还是依靠政府购买、企业和社会的捐助。由政府来做一些事情,一方面是花费较高,老百姓也不满意,那么最后就通过社会组织来做。政府可以与社会组织及时保持沟通,做出的成果满意度高,而且服务也比较专业、花钱少,购买服务还可以减少社会组织的税收。本来应该是征税以后由政府来实现服务角色,现在由社会组织去提供服务,效果上跟政府的角色是一样的。政府有公共权力,但社会组织专业性程度更高，有能力在某些方面扮演第二政府的角色。由于社会组织运用商业模式，和企业进行公平竞争，面临来自企业的压力，这是它的弱项，强项是它提供社会化的专业服务，为弱势群体提供服务，得到政府和社会的支持。

复恩：您认为政府同社会组织之间维持怎样的一个关系比较理想？主管部门怎样避免对社会组织内部架构与项目运行产生不必要的干扰？

徐：过去我们常常认为，社会组织是政府的助手，完成政府交给的任务，去做政府没有办法去用自己的方式做到的事情，这样看来是一种依附关系，机构的所有东西都与政府有千丝万缕的联系。但是现在出现了一种新的现象，随着社会经济的发展，一些草根机构出现来满足社会的需要，当然同时政府也应该满足社会的需要。我提出一个赋权的想法：一方面，我们的社会组织走政府赋权之路，得到政府的资助，满足政府的需要，然后去满足社会的需要，当然，政府赋权包括法律授权；另一方面，政府没有办法做所有的事情，有一部分就是社会自己去做。社会当中的个体、家庭和企业做不了，就由社会组织通过社会团体、民办非企业单位和基金会的方式来做，社会团体通过会员大会（会员代表大会），民办非企业单位和基金会通过理事会作出决定。这样，社会组织就出现两条线：一条是官办的，或具有官方背景的，得到政府的授权或委托；另一条是得到社会的授权，是草根的。这两条线牵扯到它们之间的博弈。简单地说就是量的多少，原来所谓社会组织100%都是政府官办的，现在草根的可能就是10%了，过了一年以后就是20%、30%……这样的话，官办的就会慢慢地少下去了。我们发现，现在有些官办的社会组织就处于一种被动、没有活力、对社会需求反应比较慢的状况。草根社会组织的反应相对要快。渐渐地，形成了两个非常鲜明的对比，对比以后政府觉得受不了，官办社会组织需要改革：组织负责人要退出来，办公场所不能共用，账号要交出去，等等。对于原来是官办的社会组织来说，刚开始转型可能是比较艰难的。现在正在慢慢发生转变，政府开始与其保持距离，以便增加组织的活力，更好地满足社会需求。草根社会组织虽然能更好地满足社会的需求，但同时也需要社会的授权。草根组织与政府的联系是比较重要的。简单来说，目前，官办的社会组织活力不够；草根组织有足够的活力，但是与政府的联系不够紧密，对政府的影响较小。不论是官办的社会组织,还是草根的社会组织,他们主要的业务,一种是自主地为社会提供服务,另有一种就是接受政府的委托提供服务,就是公共购买服务。对于业务主管单位来说,需要把社会组织看牢,但是这样做有时候把这些社会组织看得太紧,活力都没了。

这里也可以讲一讲社会组织登记管理机关的问题。2002 年,上海成立了行业协会发展署,如果业务主管单位不接受,行业协会发展署这边就可以作为业务主管单位到登记管理机关进行登记,形成业务主管单位、行业协会发展署、登记管理机关三元格局。2004 年,深圳借鉴上海的做法,也开始进行改革,成立行业协会服务署,统一管理程序与模式,取消了业务主管单位,其职能由行业协会服务署来行使,形成行业协会服务署、登记管理机关二元格局。2005 年 12 月,广东省人大常委会通过《广东省行业协会条例》,规定行业协会直接到登记管理机构进行登记,业务主管单位调整为业务指导单位,不再进行审批。2013 年 3 月,《国务院机构改革与职能转变方案》规定,重点培育和优先发展行业协会商会、城乡社区服务、公益慈善类、科技类的社会组织,另外境外非政府组织类、宗教类和政治法律类三类社会组织还需要单批。所以,现在社会组织登记的原则就是大部分社会组织直接去登记管理机关登记,小部分仍需要业务主管单位审批和管理。对登记管理机关来说,登记的量可能会大一点,业务主管单位少一点,上海 80% 到 90% 都采取直接到登记管理机关登记,不到 20% 的社会组织仍需要由业务主管单位审批管理。

谈到政府部门与社会组织的关系,其中有代表性的是社会组织的章程问题。原先社会组织的章程是需要登记管理机关来核准的,我觉得这不合理。社会团体的章程由会员大会或会员代表大会通过,民办非企业单位和基金会的章程由理事会通过,就可以了,为什么仍要由登记管理机关来核准呢? 这是因为社会组织与政府有重合的部分。章程是社会组织内部的宪法,不能由其他的主体或法人来决定,但为什么原来需要核准,是因为它涉及部分的公共事务,政府需要看一下,有没有合法,有没有侵害公共利益。政府看一下,我觉得是合理的,但是否有必要进行核准,这就可以讨论。作为社会组织,你自己的章程需要由政府来核准,一方面说明社会组织没有独立性,另一方面你自己的事却不能做主。在这种情况下,社会组织不可能是一个主体,独立地开展社会服务较难。比较好的做法是,通过备案的方式,由政府看一下,就可以了。当然,如果社会组织的章程严重损害公共利益,政府还是保留着否决章程、要求修改相关条款的权力。

复恩:请您举几个上海社会组织内部治理方面做得比较好的例子?

徐:社会组织内部治理比较好的标准是什么,这很重要。社会组织内部治理结构由决策机构、执行机构和监督机制三个部分组成,任何社会组织都要具备这三个结构,如果不全,或实际效果不好,说明内部治理结构有问题。内部治理还包括治理机制,如决策治理机制、人事治理机制、财务治理机制和信息披露机制等。在上海,有许多优秀的社会组织。像社会团体方面,上海人才服务行业协会有每天晨会制度和一周工作安排制度,每天上班后,第一件事就是每个工作部门和每个工作人员都汇报前一天的工作和今天所做的事,使各个部门和每位工作人员互相之间信息沟通畅通。一周工作安排制度使各个部门做到心中有数,工作有条不紊。上海市生物医药行业协会进行绩效制度管理,对每一个工作人员的工作进行绩效考评,奖优罚劣。像基金会方面,上海真爱梦想公益基金会通过信息透明带动其他制度的高效率,获得捐赠人和公众的高度信任。

复恩:您有没有觉得利益比较多元化的社会组织,对于内部治理的诉求和要求也更高一些?

徐:一般来说是这样。主要是看社会组织的宗旨和使命是什么。要做好的话,就关系到机构怎么驱动,比如理事会,定下来明确方向后就去做,今年上半年、下半年的任务主要是什么,在过程中碰到什么困难,需要理事会出面去解决。不是说理事会成立了就完了,没事做。当然,每个项目都需要理事会充分地讨论和参与,最后会得出一个结果。如果一个行业协会,它的会员既有来自于大企业、小企业的,也有来自于国有企业、民营企业和外资企业的,在利益多元的情况下,行业协会理事会、常务理事会的决策相对来说较民主,所作出的决定也会听取各方面的意见。

复恩:您上次提过公益 3.0 时代,可以在这个范畴里跟我们讲一讲社会组织吗?

徐:我的想法是这样的,整个社会组织的发展有三个阶段:第一个阶段是大家出于慈善,出于爱心,捐钱捐物,去帮助需要帮助的人;第二个阶段是社会组织有很多需要并且可以做的事,它有专业的运行模式和独特的方式,这样的社会组织就与原先纯粹出于慈善不同了。它与企业不一样,有它的自主性,是自发自觉的,我感觉到我的使命是什么,定位是什么,这就是公益 2.0 了。但仅仅说公益 2.0 就是自主了,也不是,这其实做不到,专业是没有问题的,也涉及需要借助其他力量帮助,其他力量就是指政府、企业,实现资源的互动。所以公益 3.0,也就是第三个阶段,就是树立一种合作的理念。比如你作为一个机构法人,一个基金会法人,人格是独立的,但独立的同时也要合作。很多的例子告诉我们,社会组织其实离不开政府,也离不开企业,有个别、少量的没有与政府或企业打交道,这是非常少的,大部分社会组织或多或少还是需要与政府和企业沟通、互动。你体现你的组织优势的同时,也要把政府和企业的优势充分利用起来,这就是公益 3.0 时代。我觉得,这是互相借力,资源共享,然后共同促进。有的组织说要脱离政府,脱离企业,不要他们的捐助和制约,但是其实这是很难做到的。可以借助他们的力量做大做强,这样的社会组织发展前景是非常大的。现在社会组织大多还比较小,主要原因是资源少,有的连自己拥有产权的办公场所也没有。我 2006 年去香港考察时就看到,有些是由社会组织创办的学校。香港的这些机构有自己的资产,它扮演的角色就不一样了。所以我觉得,在公益 3.0 时代里,可以促使社会组织与政府、企业有更多的互动合作,而不仅仅只是强调它的独立性、自主性。有的东西是相对的,你可以说,政府对社会组织登记管理过程中施加了很大的影响力,但你也可以用各种方式反过来影响政府。一开始社会组织可能觉得不公平,但是几年以后,你的诉求、你的表达慢慢地也被政府听进去了。这样的话,政府就可能消除了对社会组织的一些误解。其实,现在社会组织与政府之间的个别矛盾好多是由一些偏见、不理解和信息交流不畅通造成的,社会组织的表达方式、发表诉求的渠道如果更畅通、更平和一些,政府也多听一听社会组织的想法,有些误解其实是可以消解的。对社会组织比较好的一个方式是,是否可以成立一个公共关系部门,专门处理与企业的关系、与政府的关系和与社会的关系。社会组织对外关系整合成一个专门部门,并得到一定的授权,在不超越理事会授予的权限内,去跟政府、企业接触,拓展社会组织的活动空间,树立好的公共形象,非常好地发挥社会组织的作用。

复恩:一些初创的社会组织,甚至有时没有稳定的办公场所,本身人员也比较少,运营有时也成问题。对于这样的组织谈内部治理的东西,说要建立一个多么完整的框架似乎是很奢侈的,您怎么看这个问题呢?

徐:对于这些在初创期的社会组织,首先要注意的就是做好自己的事情,做对社会有益的事情,建立建设自己的形象。内部治理这一块,可以充分整合自己的内部资源,人少并不是最致命的因素。社会组织的初创期也好,成长、成熟期也好,不是说钱多、人多就好,而是你要避免一些不必要的麻烦,学会优化和利用资源。你要反应快,满足社会的需要。有的理事,一周只需要一天、半天的工作时间,就可以撑起来一个理事会,监事会也是这样,那么他的机构架构其实也是完善的。机构比较大,它设立的部门可能全一点、人多一点。那么小的话呢,只要有秘书处和项目运作部门就可以,主要是做事,一点一点,一个项目一个项目做,就会发展起来。内部治理其实是如何优化资源配置,怎么把这个机构的优势和正能量释放出来。

无论是初创期或成熟期的社会组织,还是规模小的或大的社会组织,内部治理的要求应该是一样的。它们之间的区别,主要在于重点不同。如初创的社会团体,人数和业务较少,除重大事务由会员大会或会员代表大会、理事会来讨论决定外,大量的事务都由会长办公会和秘书处来处理。而成熟的社会团体,人数和业务较多,在理事会外,还可能设置常务理事会,秘书处和相关的业务部门具体执行。

复恩:在机构内部治理的这个范畴里,您还有什么想法和建议?

徐:我觉得比较重要的一点就是,社会组织对于机构内部治理的认识要提升。很多机构可能仅仅看到怎么去找资金、怎么做项目,但是没有一个完整、正确、系统的对内部治理的认识。如果是这样的话,内部管理做不好,你的整个团队就散掉了,包括一些专业人员的岗位设置,他有一定的专长,怎么设置,怎么管理,能让他发挥他的专业能力去做事。如果你的机制是不完善的、缺失的,来参加理事会的理事很容易就感受到机构的专业性不强,机构自治是不合理的。例如,社会组织的规章制度并不必要非常程序化,工作时间也可以有一定的弹性,几个部门定时进行工作通报,互相了解工作内容去沟通解决,很好地完成工作就可以了。事实上,现在有的社会组织已经这样做了。

整个治理机制可以分为三块:第一个是决策的产生过程,第二个是运行过程,第三个是监督过程。对于国内的社会组织来说,与政府、企业的关系非常重要,在运行过程中这些东西都是要考虑到的。所以,首先在观念上要提升、要科学。我前段时间去一个基金会做调查,他们反映就是没人干活,每个理事都很强,就是不出力,这就是内部治理的问题。社会组织的每个构件都应该发挥作用的,否则就是一个空架子。机构如果出现了问题,要及时找出根源,是团队相处的问题、资金问题、信任问题,还是薪酬低不能留住人才的问题,或者是其他什么问题。否则,要想做好社会组织是很难的。

杨鹏:浅谈 SEE 的《章程》及其公益实践的启示[1]

[作者为阿拉善生态协会(SEE)前秘书长]

一、SEE《章程》与《社会团体登记管理条例》的关系

中华人民共和国第一个社会团体管理办法是 1950 年 9 月 23 日颁布的《社会团体登记暂行办法》。1951 年 3 月 23 日公布了《社会团体登记暂行办法实施细则》,规定登记管理机关是政务院下属的内务部和地方各级政府,确立了政府"分级管理"的体制。

1989 年 10 月 25 日,国务院发布了《社会团体登记管理条例》,建立了社会团体管理的"双重管理",是指社会团体同时要接受两个行政管理机关的管理,一个是"登记管理机关",另一个是"业务主管机关"。

1998 年 10 月 25 日,国务院颁布《社会团体登记管理条例》(国务院令第 250 号),SEE 注册所依据的法律即是这一部《社会团体登记管理条例》。SEE 于 2004 年 3 月在阿拉善盟民政局注册,业务主管单位是阿拉善盟科技局,符合《社会团体登记管理条例》的相关规定。

中国企业家跨行业跨领域的社团组织中,较有影响力的有 SEE、企业家论坛、企业家俱乐部和欧美同学会 2005 年委员会商会。企业家论坛以亚布力滑雪场为基地,2001 年 1 月召开第一次年会,逐渐发展成中国企业家重要的思想交流论坛,现有理事 49 名,其中企业家 47 名。企业家论坛理事中

---

〔1〕 经作者授权,本文内容分别摘自其所著《为公益而共和:阿拉善 SEE 生态协会治理之路》(中信出版社 2012 年版)一书的第二章"成立:组织规范与民主选举"(该书第 44 ~ 45 页)和"结语:问题与启示"(该书第 382 ~ 388 页)。本文标题为编者所起。

有 21 名企业家同时也是 SEE 会员。从法律地位看,中国企业家论坛并没有注册为社会团体,而是注册为中国企业家论坛有限公司。企业家俱乐部于 2006 年 12 月 8 日成立,是中国企业家重要的俱乐部,主要活动内容有企业家互访、企业领袖年会、绿色公司年会等,现有理事 40 人,其中 14 人为 SEE 会员。从法律地位看,企业家俱乐部也没有注册为社会团体,而是在香港注册的企业家俱乐部有限公司。欧美同学会则是一个官方的老社团,2005 年委员会商会是欧美同学会内设的留学生背景的商人组织,主要着眼于企业家的学术思想交流,没有自己独立的法律地位。相比起这些企业家的团体,SEE 算是一个具有法律地位的非营利的企业家社会团体。

《社会团体登记管理条例》是一个十分简化的条例,共有 40 条。第一条规定中有"为了保障公民的结社自由"这样的句子,第二条规定中有"本条例所称社会团体,是指中国公民自愿组成,为实现会员共同意愿,按照其章程开展活动的非营利性社会组织"这样的表述,第十五条规定社会团体的章程应当包括"民主的组织管理制度、执行机构的产生程序"。我们可以将所引用的条款逐题归纳如下:结社自由、自愿组成、非营利性、民主的组织管理制度、依照章程展开活动。在这个意义上,SEE 完全是依照政府的正式规则成立的,其内在的组织管理制度也符合《社会团体登记管理条例》的要求。所不同的是,SEE 有意回避了社会团体运行的潜规则。这个潜规则表现在以下两个方面:一是传统的社会团体往往是政府部门的外延组织,由退休政府领导担任理事长,领导任命由政府部门决定。SEE 理事一律是缴纳会费的企业家,领导层的产生采取的是民主选举制。二是传统的社会团体的内部管理往往是集权制的,理事会和监事会形同虚设,理事长和秘书长就能决定社会团体里的事务。SEE 内部管理则是权力制衡的,理事会和监事会具有实质性的权力。SEE 筹备过程中,也有人提出请一位德高望重的退休老领导来担任名誉会长,为 SEE 提供一种政治保障,但这个提议被否决了。SEE 不设任何荣誉性的职务,也从来没有任何政府现任官员或退休官员在 SEE 任职。SEE 追求公开透明的规则,有意回避社会团体治理中所流行的潜规则。

二、SEE 公益实践的三个启示

SEE 的公益实践在许多方面对中国社会的转型与改革具有一些启示作用。SEE 的可贵之处,是内在的理想主义探索精神,这种精神使 SEE 有内在的动力和魅力。SEE 是理想主义的,也是脚踏实地地认真行动的。从低处说,会员们不愿意 SEE 给大家丢脸,从高处说,会员们希望 SEE 做得好,能实践他们在其他地方实践不了的社会梦想。他们相信这些实践对于企业家责任感的成长及中国未来的转型都具有重要的意义。

2004 年 6 月 5 日以来,SEE 遇到不少问题,解决了不少问题。虽然总是有不少困难,但正处于上升发展之中,内部管理日趋规范,社会影响力日趋扩大,社会声誉日趋提高。但是,也留下许多仍然没有解决的困难,留下了许多值得深思的问题,这些问题不仅仅是 SEE 的问题,也是中国社会的问题,是 SEE 前进中将不断遇到的问题,也是中国前进中要不断遇到的问题。社会问题总是不断重复出现,需要人们不断去重复解决,SEE 5 年的公益实践在以下几个方面给人启示:

1. 公共事务与公共理想的关系

要想把公共事务做好,就得有公共理想。人是个体,有个体需求要满足;人生活在集体中,有公共需求要满足;人性同时具有自利与公共两个部分。涉及公共事务,就不得不涉及公共理想。在现实生活中,有的人公共性强一些,有的人公共性弱一些,并非每个人都有公共理想。如果没有公共理想,就没办法把公共事务管理好。

什么是公共理想,就是对公共事务有一种期望并愿意为之努力。例如,当面对人与人不平等的现状时,如果只考虑个人利益,就只管去争取成为人上人。在不平等的社会中,人上人是可以享受特权的。为人与人平等的社会去努力,这就是公共理想。又例如,当面对环境污染现状时,如果只考虑个人利益,可以采取抗争维权或搬家到没污染的地方的办法,但从此为了环保去努力,哪怕这具体的环保与自己直接利益没有关系也去做,这就是公共理想。

在这个世界中,有公共理想并且公共理想强烈到去行动的人并不多,社会公益组织是这些人相对集中的地方。如果公益组织的领导人没有公共理想，没有强烈的改变世界的冲动，这个组织就是僵尸，最终只会剩下组织利益这点冲动。对民间公益组织来说，因为大家都谈理想和价值，有时并不感到思想价值的存在。公共理想和价值就像空气，平常大家并不太关心。唯有当这理想之空气消失的时候，大家才会强烈感到组织灵魂死亡的窒息。

一定的公共理想催生一定的制度，一定的制度需要一定的个人品德相配合，这是一个"公共理想—公共制度—公共品德"的关系。SEE 的制度设计起源于会员关系协调的需要及民主宪政的共和思想，这样的制度得以运行起来并逐渐塑造了 SEE 的风格，逐渐生成一些可以概括出来的伦理标准。我们可以将这种伦理标准称为共和伦理标准或者共和品德。

古代中国儒家强调"仁义礼智信"的道德人格标准，核心内容是"忠孝"，这是对于王权等级制度的人格适应模式。SEE 并非王权等级制度，所以 SEE 会员不会以表达"忠孝"品德为荣。但是，SEE 共和制度一样需要相应的道德人格标准支撑。这一道德人格标准是什么呢？SEE 并没有就此进行过专门讨论，也没有对此有过任何规定，但在具体事情中却不断呈现出了这些标准。例如，虽然企业家是最善于谋取私利的群体，不太关心别人的私生活和私德，但在 SEE，大家却对任何可能利用 SEE 谋取私利的行为十分敏感并且坚决抵制。大家普遍要求彻底做到公私分明和公私分离，强烈追求公共服务的纯洁性。

大家都是商人，肯定不会讲大公无私的传统道德，没有人会否定商业物质私利的正当性。但大家认为，商人物质私利是私人的事，会员聚在一起做公益，就要讲公共利益和公共责任，把个人物质私利拿开，做到公私分明，公私不掺杂。

大家在 SEE 选举和战略讨论时，都喜欢公开的竞争，没有传统道德所强调的"谦让"的风格。大家喜欢的是公开公正的竞争，对竞争规则设定中不平等的地方十分反感。例如，有人提出在选举中对老会员应设立一些优先条件，但遭到反对，理由是，是否投老会员的票，由选举人自己来决定，不能在制度上设定三六九等。公平竞争是大家认可的标准。

SEE 会员在表达意见时十分直率坦诚，直来直去。因为充满人人平等的精神，所以奉承式的讲话一定会被鄙视。因为每个人讲话时间有限，所以套话虚话会被鄙视。真实表达是基本共识。

SEE最大的权威是《章程》和《议事规则》,因为这是集体意见的产物,是会员共同意志的表达。无论是谁,无论个性脾气多么张扬,违背法定程序的言行会被阻止。大家最终都只好按规则程序行动,遵从法治成了习惯。

会员要求对SEE有全部的知情权,不能容忍领导层垄断和隐蔽组织信息,追求公开透明的公共事务。

SEE参与者带着各种习惯和品性。许多问题之所以变得复杂起来,是因为大家都是红旗下的蛋,有时特别容忍不了不同意见或反对派,有时还会情绪激动化而开始阴谋诡计。但这种"文革"式的阶级斗争方式最终没有占上风。

SEE习惯了看到各种不同观点的互动。开放竞争自由表达,就会有不同意见,意见相同的人为了壮大声势就自然会结党行动,这都是最正常不过的事,重要的是形成公平竞争的规则。对立面的存在是自然规律,不可能靠人为力量消除。SEE会员学会了容忍对立面,习惯于与反对派一起共事。

公私分明、平等参与、自主自愿、公平竞争、公开透明、真实坦然、服从表决、服从法治、承认和容忍对立面的存在,这些特点将逐渐融化为人格取向,我们可称之为"共和品德"。

中国古代就有法与德轻重关系的争论,法家重法而儒家重德。当前学术界也有制度与文化关系的讨论,一些人强调制度的重要性,认为文化由制度塑造,文化服务于制度。另一些人认为,文化是制度得以诞生的土壤也是制度得以运行的基础。从SEE实践中感到,学术界的这种非此即彼、此重彼轻的争论没有意义,因为对组织管理来说,法与德两者都十分重要,互相补充。SEE的制度并非凭空而来,它显然是在一定文化价值取向的基础上出现的;但同时SEE并非只靠文化价值取向在运行,它必须依靠相应的制度规范。SEE实践说明,共和制度创建与共和品德塑造是共生的关系,这会是一个缓慢生长的过程,社会转型必须两者并重。

2. 成文制度与案例规则的关系问题

SEE日常工作由执行理事会、监事会、章程委员会、秘书处各个不同组织环节按照职权分工进行管理。因为不是个人集权,所以职权分工、决策和执行程序中必须有严格的规章制度,不然SEE无法运行。但是,任何成文制度都是有缺陷的。新情况、新问题层出不穷,SEE不得不持续不断地把解决新问题的新规则补充到成文制度中来。SEE 制度生成的过程对我们理解社会制度生成的过程有许多启发意义。

SEE 最早的成文制度,是2004 年6 月4 日讨论并通过的 SEE《章程》和《选举办法》,这可算是 SEE 最早的“成文法”。这个“成文法”经过了专家起草和会员讨论修改通过的程序环节。2004 年6 月5 日到2009 年10 月28 日,SEE《章程》先后经过4 次修改。修改的主要原因,是遇到新问题有了新解决方法。以刘晓光协查案件为例,2007 年6 月17 日刘晓光被带走协查刘志华案,这对 SEE 是新情况,而 SEE《章程》对这种情况没有设定。执行理事和监事们开会讨论形成决定,要在《章程》中增加对类似情况的处理规则。2007 年 7 月 28 日的历史大会修改的第三版 SEE《章程》中,增加了这样的条款:

若会长因故不能履行会长职责,须指定一位副会长临时代替会长履行职责。若会长因故无法指定代行会长职务的副会长,由第一副会长替代会长职务至会长指定为止。

这个例子说明了制度生成演进的过程。组织首先得有一个“成文法”。“成文法”规定了基本的方向、原则和程序,确定了基本的权利和义务关系。在组织遇到新情况解决新问题的过程中,会形成一些案例规定,这些案例规定中重要的规则,再及时补到“成文法”中,以“成文法”为标志的制度文本是一个持续的生成过程。制度创建的过程中,制度创新的意识非常重要。同时,更重要的是要有专门服务于制度创新和完善的组织形态。SEE 为此成立了章程委员会,这是以《章程》修改为任务的组织。任何一个长期的任务,都要有相应的组织和人员安排,制度的创建和完善是一个长期任务,设立章程委员会非常必要。章程委员会不断把处理具体问题出现的重要规定纳入《章程》修改中,不断完善 SEE 基本制度。

法学界常围绕成文法和判例法的优劣进行讨论。成文法的立法者是立法家,他们写成系统的法律,判例法则是将法官对于具体案件的判决视为法律,这是法官的立法。SEE 是全新的公民组织,其组织规范在中国历史上没有先例可循,类似的规范更多是在西方非政府组织规范中,因此几乎没有中国自己的“判例法”可循。SEE 组织规范是以“成文法”形式开始的,但在 SEE 组织规范生成过程中,是不断把“判例”引入“成文法”、丰富“成文法”

的过程。

中国社会制度转型过程往往是没有多少“判例”可循的过程，是一个另辟道路的制度创新的过程，自然不得不以“成文法”为主导。但同时，如果不能及时有效地将“新判例”中体现出的规则及时转入“成文法”，“成文法”就容易成为不能适应新情况的僵死的东西。将现实中的案例规则不断及时转入成文制度，需要一个体制性的安排，类似 SEE 章程委员会这样机制的安排。

3. 组织效率与民主参与的问题

SEE 组织结构中，会长是重大决策的中心环节，秘书长是日常决策和执行的中心环节。由于执行理事、会长、副会长等皆非专职，他们有自己的公司要管理，他们在 SEE 只是义务兼职，不可能投入太多的时间和精力，所以秘书长就成了组织是否有效率的关键节点。SEE 秘书长上对会长和执行理事会、监事长和监事会、章程委员会成员、专门委员会，下要组织全体员工有效工作，中间还要应付会员、政府部门、媒体与业务合作伙伴，这就需要一个具有很强协调组织能力的人。SEE 5 年实践中，秘书长职务被秘书处员工戏称为“史上最恐怖的职务”。因为 SEE 在相当一段时间没有找到与秘书长职权划分的合理区间，SEE 秘书长难做有着制度层面的原因。

推动 SEE 企业家参与 SEE 工作，是企业家在公共事务管理中提高社会责任意识，这是 SEE 成立时的初衷之一。基于这种理想，SEE《章程》第六十九条和第七十条规定：

——SEE 设立财务、项目、人力资源、会员发展、国际合作等专门委员会，协助执行理事会指导、协调秘书处工作。

——SEE 6 名执行理事（除会长和两名副会长外）各自负责组建并分管一个专门委员会。

企业家会员除了可以参选执行理事会、监事会和章程委员会之外，还可以报名参加由执行理事负责的 6 个专门委员会。这些专门委员会的任务是“指导、协调秘书处工作”，这是一个没有清晰界定的描述，如何“指导协调”就看专门委员会成员的个性了。为了强调企业家参与，秘书处就不得不面对过多的“领导团体”。执行理事会、监事会、章程委员会及 6 个专门委员会加起来，就有 9 个“领导团体”，如果再加上一些强势企业家不以组织团体名义而是个人名义直接向秘书处提"工作建议",秘书长要想轻松就绝不可能了。

现实运行中,并非每个"专门委员会"都积极认真地参与工作,但专门委员会设置为任何企业家会员参与或者说干预秘书处工作提供了法定通道,大家都可以成为秘书长的指导者和监督者。因为这样的制度设置,就有了"一个人干活,许多人领导、指导和监督"的格局。从制度上看,这个格局迄今没有得到改变,也可以说 SEE 秘书长难做的状态没有得到制度性的改变。如果不从《章程》中取消专门委员会设置或明确专门委员会与秘书处的合理分工,企业家就仍然可能无序参与秘书处工作,SEE 秘书长就永远是一个"史上最恐怖的职业"。

2004 年 6 月 5 日到 2007 年 7 月 28 日 SEE 第一届领导班子期间,秘书长除了受到企业家会员自上而下参与方面的压力外,还受到部分强势员工要求"民主参与"秘书处决策的自下而上的压力。这些员工甚至要求参与到员工招聘及奖金薪酬发放的最终决策中来。更严重的是,秘书处外部的一些企业家会员与秘书处内部的一些员工结盟共同反对秘书长,内部反对派员工就更不听秘书长号令了。可想而知,秘书长日子非常不好过。

2007 年 7 月 28 日 SEE 完成第二届领导班子的换届选举,但第二届班子的秘书长到 2007 年 10 月 20 日才任命。2007 年 10 月 20 日到 2009 年 10 月 28 日,秘书长杨鹏针对上届班子存在的问题,在会长王石和监事长任志强的支持下,在秘书处内部强调"交流无禁区,决策讲程序",开除了不执行命令的员工,在秘书处内部建立了执行命令的制度。在秘书处外则抵制了一些企业家会员对秘书处内部人事及事务的干预,同时对企业家的业务参与,要求走执行理事会决议的路。强调执行只听"执行理事会的决议",监督只听"监事会的决议",制度完善只听"章程委员会的决定",对企业家会员在执行理事会、监事会、章程委员会这样的正式组织以外的意见,不视为决定,只视为建议。这个调整过程花了整整一年的时间,直到 2008 年 6 月以后,才有了秘书处相对自主顺畅的决策执行空间,顺畅地做了一年多的业务。王石、任志强等人为秘书处扛住了不少压力。当然,也可以想见,这种做法自然会积累下不小的矛盾。一些热心参与的企业家会员感到被排斥了,被开除的员工也满腹牢骚。第二届秘书处留下的遗憾,是没有把最终形成的秘书处自主执行的格局转化为法定的制度,而是建立在个人性格之上,这是不可持续的。

对 SEE 来说,在强化监事会及财务总监监督力度的同时,一定要给会长和秘书长足够的日常决策和执行权力。对上而言,秘书长最多只能对会长、监事长和章程委员会主任三个人负责,对下而言,秘书处员工只能对秘书长负责,这样才可能有基本的组织效率。不然,就只是热热闹闹不断扯皮但却做不了多少事。

SEE 的 5 年实践说明,基于对权力的不信任和约束权力的诉求,加上无比高涨的参与激情,民主转型下一定会有一个蔑视权威的无序参与的过程。这个过程会造成巨大的摩擦,组织协调成本巨大,使组织效率大打折扣。这种状态如果不能及时控制和调整,组织就可能陷入涣散状态,最终使大家对民主必然带来的"党争"失去信心。

至此,终于完成了 SEE 5 年实践的梳理。做事的人总是处于困难之中,总处于不断解决困难的努力中。这么多 SEE 会员围绕环保和民主治理的理想而努力,对中国社会的转型及可持续发展不会没有价值。

朱健刚:社会组织向职业化、专业性的转型就是制度化

受访者:朱健刚,中山大学社会学与人类学学院教授,中山大学中国公益慈善研究院执行院长(以下简称“朱”)

访谈者:上海复恩社会组织法律研究与服务中心(以下简称“复恩”)

时 间:2015 年 6 月 6 日

方 式:通过网络通话采访

复恩:我国的慈善机构正经历着向社会组织的转型,在这一转型过程中,能不能举一些例子讲一讲社会组织内部治理在这个过程中需要作出的改变。

朱:我认为这个问题应该这样理解,从原来一个志愿性的慈善机构到职业化、专业性的公益组织的转型过程中,内部治理是否需要发生改变?以前志愿组织以核心志愿者为主要组成,其余参与者很少,因而其治理并不需要具有较强合法性的程序,多数情况下是谁发起,谁就具有发言权,就能进行管理。原来在“热爱家园”(指上海市闸北区热爱家园青年社区志愿者协会——编者注)工作时,有句名言就是“谁做事,谁就具有发言权”。随着人越来越多,项目越来越多,大家开始想到,不仅要做这件事,还要把这件事做好,于是在做好的过程中,谁拥有管理权力,谁决定权力的归属,就变得非常重要了。在这样一个专业化过程里面,治理模式开始发生转变。原来只是一个同心圆式的治理模式,核心成员就是经常参与工作、参加会议的成员。他们拥有决策权,可以决定组织的发展,而外围成员主要是参与活动,还有一些仅是在一旁观看,当然也有一些在一旁议论。而到了专业化模式,需要建立一个理事会,或者是经过选举的或经过发起人一致同意的领导机构,并

由领导机构来决定行政、财务等权力分配;同时也需要建立监事——用来监督和制衡理事会的权力机构。这是我认为需要作出的最主要的改变——制度化。通过制度化转变,用章程的方式将治理模式固定为不会因人而异的制度。有很多转变相关的例子,例如"自然之友"(指北京环保公益组织"自然之友"——编者注)开始时理事会并不能充分发挥作用,而后逐渐变成现在很明确的理事会领导制度;"热爱家园"转变得比较早,可能是因为主体成员大多是律师,很早就转变到制度化治理结构;"麦田计划"(是一个民间助学公益组织——编者注),从莫凡这样一个领袖通过基金会的建设开始建立理事会;"壹基金"(指深圳壹基金公益基金会——编者注)也有这样一个转变的过程,创办人李连杰主动淡出,从而形成由董事会管理的治理结构。"阿拉善"(指阿拉善 SEE 生态协会——编者注)很特殊,并不是简单地由发起人组成,而是采取一种类似于上市公司的多元形式,尽管转型过程中曾经出现很多问题,现在基本上也已完成转型。

复恩:很多机构创办时就给自己定位于专业化社会组织。对于这些准备走专业化道路的社会组织,就其长远的战略目标规划,您有什么建议?

朱:专业化并没有特别的标准,组织规模也可大可小,所以组织的长远战略目标规划与专业化并不完全相关。只是要把制订长远战略目标规划当成一件专业的事情完成,这应当是一个正规且符合程序的过程,而不能直接拍板决定。虽然在事实上,可能你在灵机一动之后的决定和按照程序达成的战略目标规划是一致的,但是社会组织仍然需要战略规划,因为一个战略规划的制订过程会得到很多人的支持,也能够团结很多人。

复恩:您长期做公民社会的田野调查,近年来中国社会变化也使公民对自己与社会之间关系的定位发生了变化,能谈一谈实践中这样的例子吗?

朱:过去普通老百姓对社会问题并不关心,对社会事件表现得较为冷漠。由于中国人的家庭本位思想,人们更倾向于首先关心个人、家庭,将精力大多花在照顾家庭、思虑子女的成长上。同时,在目前的社会环境下,出于对个人利益和家庭利益的考虑,可能会尽量与社会问题保持距离,相较于参与社会活动,更愿意多参与经济活动。大概在 21 世纪初期,从 2003 年开始,尤其是到 2008 年汶川地震之后,社会突然"打开"了。人们通过慈善、公益、志愿者的方式可以更多地投入到社会互动之中,感受到参与社会对自身以及周围他人带来的一些改变。这是一个非常大的转变——从原来对社会冷漠、保持距离的状态,到现在充满热情、深度参与社会,这是一个非常有意思的过程。邓飞、柴静就是很好的例子,而这样的例子还很多。其实这倒也并不是邓飞、柴静这样的人原来就想要关心,而是因为:第一,中国的社会问题已经相当严重,很多问题已经直接涉及每个人的日常生活。以前大家都以为环境问题仅出现在云南、大西北,而现在每天的空气和水污染问题已经使大家都能深切感受到污染就在身边。第二,很多人都开始对自己的经济生活进行反思,并且逐步有人开始离开公司,去做自己想做的事,寻找更具有社会意义或者对自己更加健康、与自然更加友善的生活方式,这种转变的原因可能是他们在经济上已经不再有很大的挑战,或者开始追求别的事物,这是一个很大的转型。从 2008 年全球经济危机开始,就有很多人想转变,后来一些企业家开始带头参加,如王石、马云,他们将很多精力投入推动社会变化中,而这是具有示范作用的,从而带动了更多的人卷入社会问题之中。第三,人们已经拥有比以前更多的角色空间和投身公益的空间与渠道,这种情况在 2008 年汶川地震之后,可以更明显地发现,而且人们不但在参与,还创造出了更多新的方式。"真爱梦想"(指上海真爱梦想公益基金会——编者注)就是一个例子,其创始人原本从事金融投资行业,通过一次偶然的旅行,发现他们其实可以与社会发生互动关系,同时通过这种互动,能够实现他们在金融领域无法实现的东西。而且他们认为这对中国而言是非常关键的社会问题,他们甚至试图通过这种方式来改变整个中国。

复恩:您既是学者也是行动者,参与创办了不少知名的社会组织,并且仍然在兼任一些社会组织的职务。以您的实践来看,学术上对于社会组织的理解,尤其是在社会组织内部治理理念上的观点与现实的不同点在哪里?您认为怎样才能更合理地把这些新的学术理论或是方法逐步渗入到社会组织的实践中去?

朱:学术研究是多元化的,你很难说出学术理解与现实的不同点。因为学术思想必须贴近现实。我理解的学术上的思想,可以对现实中发生的问题进行解释,它们的观点并不对立,并且不一定就存在差异。把这个问题转化一下，实际上对于社会组织，可能也存在理想层面或者价值层面的理解。从逻辑上看，一个好的社会组织内部治理，人们当然地认为应当是相对民主、平等，且少数人发言权利受到尊重。但是，这与是否是学术界无关。无论是做学术还是做实务的人，当他们开始建立社会组织并试图吸引很多人来参与支持时，几乎都会强调上述的观点，甚至说其组织是透明、高效的，且价值观符合法治精神并为章程所规定的。当然在实际中，理论和实践可能是两回事。在社会组织的实际操作过程中，我们会发现，太民主就无法运行，在一定程度上不能实现某种民主、平等或者自由。这样就会导致面临两种选择：第一种选择认为理论、规则根本就是虚假和没有必要的，只要可以完成工作就足矣，而无须建立治理结构，有些问题经过民主讨论就很难操作。第二种选择认为这个过程确实存在很多问题，但我们愿意去实现这个目标，就算最后无法完成事情但至少享受了民主，甚至可以为此忍受民主过程中的痛苦。现实中人们会有不同的选择，那怎么让理论方法渗透到社会组织中去呢？我认为这很困难。事实上，实务工作者不太愿意听取专家的意见，他们认为理论高高在上却落不到地。其实，学术的主要目的并不是要让实务工作者接受其观点。我的实践是一个实验的过程，是想验证理论是否有效果，或者策略是否有作用，这只有通过自己的实践才能了解。如果将来社会组织都很透明开放，也许就不需要我去做了。我去做实务的原因是当时没有组织，没有样本，也没有人探讨，只能自己做，这也是对个人价值观的实现与追求。但这与我学者的身份是没有关系的。在我做研究、反思或者试图理解别人的时候，学者的视角是有助益的。我的目的并不是要把自己的理论渗透到例如"热爱家园"这样的社会组织中去，而是作为一个志愿者、行动者，我愿意去分享我的想法，但是我并不会要求一定按照我的方法进行。

复恩：您曾经参与创办了"热爱家园"，而这个组织恰恰是以内部治理闻名的，但该组织目前在运营方面却发生一些困难，新的职员和团队也未能顺利交接上，按照您的理解，这些困难与内部治理有关吗？是战略规划的制定或者执行出了问题吗？

朱：我认为"热爱家园"的问题不是一个简单的内部治理问题。如果没有好的内部治理结构，这个组织可能早就不复存在。"热爱家园"的问题主要还是在于做项目的能力问题。在目前的治理结构下,难以找到一个能够带领团队,愿意投入将事情做好的职业公益人。可能是因为待遇并不能吸引人,或者理事会根本没有想到要用很高的待遇去找到职业公益人。这是我的个人观点。

那么,这样的职业公益人去哪里找?我们能够找到可以做好交代工作的人,就像企业和政府中能够做好老板、领导所布置的工作的人一样,但是在一个民主的结构下,还能够把事情做好的人就很少。之前谈到的"阿拉善"的秘书长刘小钢(指原阿拉善SEE生态协会秘书长——编者注),她受过民主训练,也具有领导企业的能力,知道如何达成妥协和平衡,但像她这样的人很少。在我国社会里,能在民主的环境下保证效率并不多。这样的人才应该得到的待遇应该是比其在企业中更高,而且应当得到更多的支持,得到学习培训的机会。但是,对于这一点,大家都没有意识到,或者说没有足够地意识到,对于在民主结构下能做得很好的职业公益人的渴求,我们应当感到急切。如果我是"热爱家园"理事长,我应该首先找到发工资的资金,即使先维持在一年20万元或30万元的收入水平,也许就能够找到愿意来做的人。

很多组织都面临这个问题,但他们将其认作为治理问题,我持不同意见。民主需要有专业化的机制配合,也需要强大的职业公益人配合。职业公益人的作用并不在于其本身,而在于其会建立一个完整的专业团队。一旦拥有一个专业的执行团队,即使这个职业公益人离开组织,其团队留下的专业制度仍然可以非常好地运作。一个仅想要依托于民主但缺乏专业化机制的组织是很难做得很好的。

复恩:有一位资深NGO人对我们说,我国NGO发展还处于一个婴儿期,不能拿处于成熟期的NGO的标准去衡量它,我国的一些草根社会组织只有1个全职人员,有十几二十个志愿者,一年的运作经费不到20万元,要求它成立一个理事会是没有意义的。您是怎么看待这个问题的?处于初创期的社会组织,理事会对它们有意义吗?

朱:这种说法是有偏见的。第一,我国NGO组织的历史有很大的差异。有的组织可能已有30年的历史,我所知道的有从20世纪70年代末期就建立的组织,如民间办学校等,只是那时并不叫"NGO",等到20世纪90年代后期以后才开始作为 NGO 进行运作。像这样的一个组织，已经运行了这么多年，还将其称为"婴儿"的说法是不成熟的。第二，已经有很多很有企业经验的人来参与 NGO，他们有很多资金也很容易找到专业人才，说其处在"婴儿期"，也是不恰当的。如果现在的所谓组织就是这种仅有资源的组织，那么其是否成立理事会确实没有太大的关系，但是它并不代表我国现在的草根组织。我国只有极少数被挤压在行政边缘的机构，如某些劳工组织，根据其状况成立理事会是没有意义的，但这种情况其实是很少的。

那到什么时候可以成立理事会呢？这里面有没有什么客观的指标呢？第一，如果要注册成立正式机构，那就必须要成立理事会，这是我国法律的规定。第二，理事会要真正发挥作用。但其到底是否有作用并不取决于外界的评论，而是由其内部决定，而每个组织都有它内部的情况。

复恩：社会力量举办的社会团体似乎比民办非企业单位、基金会更重视内部治理，您怎么看这个问题，是不是利益多元化的社会团体对于内部治理的诉求的确是高过其他组织？

朱：不完全是这样。社会团体只是表面上更需要有这样的形式，如会员大会、理事会、常务理事会等。但其实有许多基金会同样会意识到内部治理的重要性，而且不一定会比社团差，因为很多社团的治理只是流于形式。筹募国际资金的人肯定希望将内部治理做好，这样向国际组织申请资金的时候更有力；有些基金会为了建立自己的公信力，也肯定要把理事会做好。

复恩：作为一名老师，您是否感受到现在一些年轻人对于公民与社会的关系、对于公益领域的困惑？

朱：当然会有很多困惑。但是我接触年轻人也不是很多，大多都是非常有兴趣投入并推动公民社会发展的年轻人，那么他们当然会有很多困惑，比如自己的职业发展、公益领域的前景、政府的态度、政府的敏感性，以及能否实现自己对人生幸福的追求，也包括物质追求能否实现等。但是比较而言，第一，有些困惑比以前少，如以前很多年轻人根本不知道这个领域是做什么的，也根本没有进入这个领域的选择，但现在很多人都将其作为一个职业方向来发展，可能会把社会组织、第三部门或者公益慈善作为其考虑选择的一个领域。第二，有些问题的答案也越来越清楚，因为这个领域开始专业化，成为一个行业,年轻人也会知道自己大概的工资水平、发展前景的利弊,这方面的困惑就变少了。但是,同时也会产生其他更多的困惑,如现在的制度到底是鼓励还是阻碍社会组织的发展,还有人产生如果自己没有足够的企业经验、社会经验就参与社会组织会不会做得不够好这样的困惑。

庄爱玲:在机构发展过程中不断完善和调试治理结构

受访者:庄爱玲,上海映绿公益事业发展中心董事长(以下简称“庄”)
采访者:上海复恩社会组织法律研究与服务中心(以下简称“复恩”)
时　间:2015年6月2日
地　点:通过电话采访

复恩:作为“映绿”的发起人,您为许多公益组织出谋划策过,也见证了它们的成长。您认为发展得较好的机构在内部治理上有没有什么共性的特点?或者说,发展遇到“瓶颈”的组织在内部治理上有没有什么相似的不足之处?

庄:治理的概念源自西方,中国文化中这个部分相对比较弱。很多依法登记的公益组织名义上都设有理事会,但理事会并未发挥切切实实的实际作用,是一个“名单上的理事会”。近年来,随着社会监督、政府监管和行业自律的不断加强,我国公益组织的治理有了很大的改善。

一个优秀的公益组织的治理结构一般具有以下特点:第一,它的理事会能够发挥治理作用,例如,理事会进行重大决策时,会议依据机构的章程而行,并会将理事会的决策落实到实际工作中。第二,理事会的构成总体上比较多元,理事会动用自己的资源为机构的发展作贡献。第三,理事会的构成、理事长的选举、理事的推举、机构负责人的任免等事项都会依据组织章程而定,理事会、监事会和管理团队之间的分工比较明确。第四,组织内部制定了非常明确的利益冲突回避原则,也就是说,将什么能做、什么不能做,都明确地写进章程或者理事会议事规则中。第五,有良好的参与意识和决策机制。理事会作重大决策时,有较为完善的议事机制。理事会会议不会一团和气,每个理事都被赋予了参与决策的权利,只要有理有据,每个人的观点都能得到较为充分的表达,并根据多数原则进行表决。一些治理不够规范的组织则具有这样一些共同特点,比如说,理事会会议"一言堂",一年一到两次的理事会会议都有困难。理事会治理失当,会直接影响组织的运作管理、资源筹集等。这些机构的理事往往责任和担当不足,仅仅将理事作为一种荣誉。

复恩:在"映绿"的发展过程中,在内部治理方面遇到的最大难题是什么?你们又是如何解决的?

庄:我们一开始在治理上就是严格按照章程来的。在"映绿"正式登记之前,我们的几位董事就从各地汇聚到上海,一起对章程草案进行讨论,选举董事长和总干事等。"映绿"成立了11年,曾几次修改章程,对组织的治理要求越来越高。这其中困难肯定是有的,每个阶段董事会发挥的作用都有所不同。组织成立的前几年内,董事会成员都是在国内公益行业影响较大的人士,分布在不同城市包括香港,每年集中起来开1~2次董事会都不容易。对于机构的日常运作,董事的参与度就更有限。作为董事长,我会和董事做比较多的沟通。董事会会议的目的主要是作重要的决策。第一年,"映绿"董事会会议是一年一次,到了第二、第三年就改为一年两次董事会。为了让董事更多地了解机构的工作及公益行业的发展,董事参与机构业务的方式之一就是参加"映绿"年度论坛。"映绿"每一年开两次董事会,一次在上半年举行,另一次一般放在年度公益论坛前一天举行,董事通过参加董事会和年度论坛分享经验,也有机会了解机构的工作,也算是一种参与。但是一年不论是开一次还是两次董事会,绝大多数董事都能保证一定的时间来参与会议作决策。我们现在已经进入第三阶段,前两届董事会属于治理型董事会及决策型董事会。随着年龄增长,一些老董事届满退休,第三届董事会也增加了新鲜的血液。一些专业型的董事有机会发挥他们的专业特长,参与评估、研究、项目等,他们的参与度可能会相对高一些。另外,我们还从2009年开始,实行总干事聘任制,即职业公益经理人。

从这个角度而言,无论是对"映绿"还是其他的公益组织,如何在机构的发展过程中不断地去完善和调试治理结构和它的内部机制是很重要的。"映绿"不断地改进和完善治理结构,希望它和机构发展的阶段相一致。机构治理有很多种模式,没办法把某一种治理模式生搬硬套到某一个机构。

机构治理也是一种文化。

最理想的治理模式当然是“双强”——强理事会/强管理团队，但是现实中比较常见的则是强理事会/弱管理团队，或弱理事会/强管理团队。双弱模式较少，否则机构无法成长。无论是哪种形式的公益组织，理事会的治理水平在某种程度上决定了组织的使命是否能够达成、定位是否准确清晰，业务水平的高低和团队能力的强弱密切相关。

复恩：您之前也提到“映绿”是支持型机构，那么“映绿”成立至今对于自己在公益生态中的功能定位或者着眼点是否发生过变化？

庄：我们的功能定位没有变，但是在业务方面一直在不断调试。从刚开始单个的培训做到分类培训、一站式培训；之后做能力建设与组织培育，帮助购买政府项目服务的公益组织，来提升它的整体项目运作能力。目前有两项核心业务：公益组织培育和评估研究。我们的原则是按照公益组织的实际需求量身定做服务项目。

复恩：您认为公益组织能否借鉴社会企业的运作模式，以商业化的手法获取一些利润继而又反哺一些于社会呢？

庄：当然可以，我在2005年就写过一篇文章，题目是《社会企业是非营利组织可持续发展的必由之路》。但是，我们要注意到社会企业其实是有两种：第一种本身是企业法人，但是以企业的方式解决社会问题，实现社会目标；第二种是公益组织，运用了商业的运作模式，但其他部分都是公益的，用以解决社会问题等。这两种最显著的不同在于是否能分红，如果注册的是企业/商业，是可以分红的；如果注册的是非营利法人身份，就不能分红。很多公益组织如果专业性很强，在未来可以通过提供专业服务来代替资助、换取费用。这不失为一个维持社会组织造血能力的好方法。

复恩：在社会组织公信力建设方面，您认为有没有什么可复制、可推广的经验？

庄：公信力建设有几个根本的东西：第一个是自律，对公益组织来说就是要按照章程、法律法规办事；第二个，按照公益组织本身的规律性来做，按照自己的使命和宗旨；第三个，公益组织要说到做到，言行一致加表现出色，只有这样公众才会相信你。还有很重要的一点，组织执行团队对使命有高度的认同并且能力很强。最后一点，要有很好的信息披露制度。公益组织不是说只默默地做事而不披露,必要的宣传是需要的。披露越多,公众知道的信息就越多,能够获得的支持也就越多。信任度加大,公众参与的可能性也就越大。

复恩:作为一名在实务和研究领域都十分有建树的公益组织领军人,您对目前我国公益组织内部治理方面有没有什么建议?

庄:我个人觉得治理应该从几个部分来讲。第一,无论社会、政府有没有进行监管,做了一个公益机构,都应该进行有效的治理,这是我们的本分,也是对自己、对社会负责。信息公开是最基本的。第二,通过培训、分享、参访等方式来提升理事的使命感。让理事明白,理事不仅仅是一个荣誉,更多的是一种责任,是一个承诺。组织的治理是组织文化建设很重要的一部分,如果治理层掌好了舵,大船的航行就比较平静。

谢昶娥:关于公益组织内部治理基本原则的探讨

(作者曾为上海静安区小希望之家青少年关爱服务中心理事)

近年来,随着国民经济的增长和国家对公益组织政策的逐渐放开,我国公益慈善事业获得了一定的发展。然而,发展的同时,公益组织自身存在的问题也日益凸显。以2014年为例,公益界出现了一些负面事件:周筱赟质疑由李亚鹏发起的嫣然天使基金存在黑幕;“四月网”发布微博质疑壹基金尚未拨付的芦山地震赈灾款被其贪污;施乐会收取高额置顶费遭到病垢;北京“瓷娃娃”引进的“冰桶挑战”模式遭受上海“渐冻人”协会质疑……这些负面事件从某一方面暴露出公益组织在内部治理上一些亟待解决的问题。

笔者通过近年来亲身参与公益组织实践的切身体会,结合对境内外公益组织内部治理的研究,尤其是对英国、新加坡、南非等国家和我国香港特别行政区关于公益组织内部治理最佳实践推荐的研究,针对我国目前公益组织在内部治理中存在的问题,试图提供一些自己的思考,供大家探讨。

一、Dóchas 对 NGO 内部治理的定义

什么是NGO内部治理?爱尔兰发展公益组织协会Dóchas在《爱尔兰发展公益组织治理规范》中对此的定义是:“非营利组织的管理层以有效和负责的方式,依据共同的价值观,决定组织的资源和行使权力的一个透明的决策过程(A transparent decision-making process in which the leadership of a nonprofit organization, in an effective and accountable way, directs resources and exercises power on the basis of shared values)。”即内部治理是一套决策程序,其最终目的是透明有效地行使管理机构的权力,决定机构的资源

利用。

治理主要依靠理事会来完成,但是,并非只有理事们承担这个责任,而是需要执行和管理人员,即秘书长或首席执行官、专职人员、志愿者以及其他各利益相关者(stakeholders)共同发挥作用。

内部治理并非只有一种模式、一套方案。事实上,由于公益组织的理事们是基于自愿原则参与到公益组织中来,而公益组织的设立背景、目的和使命、规模和形式等各不相同,内部治理很难用整齐划一的模式去要求公益组织采纳。但是,由于公益组织服务于社会或社区,并接受公众的捐赠,这从性质上使公益组织变成了一个必须对利益相关者负责和透明的组织。

内部治理的核心是对其利益相关者承担责任。根据英国以扶贫为主要目的的公益组织乐施会(Oxfam UK)的总结,从受众上分析,公益组织应当针对以下几种受众承担不同的责任:

对捐赠者——关于公益组织的诚实信用和捐款的有效使用;

对受益人——公益组织对需求的意识以及对资金的合理分配和使用;

对专职人员——关于待遇的公平合理和对员工的同理心;

对志愿者——关于他们的时间贡献、精力和技能;

对监管机构——关于法律合规、财务合规,对资源分配的合理及解决受益人需求;

对其他公益组织——关于合作的可能性;

对公众——关于税收优惠和财政上的特权。

通过对英国、美国、新加坡、南非等国家或我国香港特别行政区公益组织内部治理最佳实践推荐的研究,笔者发现,无论是政府、公益组织或公益组织协会推荐的基本原则,无一不是从 Oxfam UK 总结的上述各种责任出发。而在具体治理原则上,这些原则有共同之处,也有一些特别规定,以符合各国家或地区的实际情况。

二、目前我国 NGO 内部治理存在的问题

欲探讨符合我们的公益组织实际需要的内部治理原则,必须首先分析我们的内部治理存在的主要问题。尽管我国的公益组织数量并不少,但内部治理较好的凤毛麟角。总结目前公益组织中存在的问题,主要体现在以

下几个方面：

1. 普遍缺乏对管理的重视，管理问题较多。由于公益组织多为自发组织成立，是一个在共同的目标和使命的感召下自发组织开展活动的群体，绝大部分组织松散，缺乏必需的内部管理规定，机构创始人或发起人对管理问题兴趣也不大。

2. 理事会和执行团队分工不明。很多公益组织并不具备完整的治理结构，总结起来大概有三种情形：(1)理事会形同虚设，决策、执行权都掌握在执行团队；(2)理事会大小事务一并处理，没有执行团队；(3)理事会和执行团队合二为一，没有决策、执行应有的分工和相互监督。

3. 理事虚职化或理事个人利益与公益组织利益冲突。很多理事缺乏对担任理事一职权利义务的认识，把理事的头衔作为荣誉头衔，除了缴纳一定的理事费，或者参与理事会议，基本不"理事"；而有的发起人或创始人也把理事缴纳费用作为资金来源的方式，并不希望理事们真正履行职责。同时，有的理事履行职责时并不以公益组织的最终利益为唯一考量因素，而是掺杂很多对个人的利益或声名等因素的考虑，导致对公益组织的长远利益的损害。

4. 缺乏稳定的资金来源。大部分公益组织资金拮据，存在生存危机，特别缺乏足够的资金承担组织的行政费用。

5. 缺乏透明度。集中表现在缺乏健全的财务制度、信息公示制度等，导致公众认可度不高。很多公益组织没有专职或兼职的专业财务人员，账目混乱。在信息公示上，很多公益组织虽能做到在网上公示捐款数额、支出情况，以获取更多网友的支持，但披露信息的全面、完整及资金使用的合理性等都需要提高。

6. 专职人员队伍不稳定，很难留住人才。公益组织的公益性决定了劳动报酬的有限性，加上从事的公益活动面对的大部分是需要救助的弱势群体，参与救助人本身就必须具备强大的心理素质。如果组织缺乏核心凝聚力，缺乏对专职人员的关怀，专职人员往往流动频繁，无法留住好的人才。

7. 缺乏培训。大部分公益组织疲于完成项目，没有时间精力对志愿者或专职人员进行培训，而志愿者仅凭着热情行事，可能缺乏长期坚持的耐心。此外，包括理事和执行团队在内的管理层也仅凭着对发起人或负责人的信任或对组织的宗旨和使命的认同而行事,缺乏对组织的认识和对自身权利义务的了解。

当然,除了上述提及的问题外,不同的公益组织还有各种不同的具体问题,比如因为政策限制多,许多公益组织存在合规性问题等,在此不一一赘述。

香港的社会福利署曾在2002年广泛征求公益组织意见,制定了《公益组织理事会指南》。该指南在附件中将坏的治理归结为三类:(1)自我交易,即利用理事的身份获得个人利益;(2)篡夺机构,即为了个人利益而不顾及公益机构的利益;(3)不管理或不当管理,包括理事成员不能分配足够的时间在公益组织中或并未把该参与视作有责任也有风险的委任,或者做好好先生,不问困难问题,不要求足够的信息以便自己能提出好的建议。此三类问题在我国内地公益组织的理事会治理中同样普遍存在。

三、公益组织内部治理的基本原则

与对公司的内部治理有明确健全的法律规定不同,对公益组织的内部治理要求,我国目前还没有特别齐备的法律规定。尽管我国对三种形式的公益组织,即基金会、社会团体和民办非企业单位的设立、变更、年检等有明确规定,对基金会的信息公布也制定了明确的管理办法,但客观地说,公益组织的内部治理还基本处于自治状态,法律的明确规定少而模糊。例如,《社会团体登记管理条例》和《民办非企业单位登记管理暂行条例》均规定组织设立应当具备的条件之一是有“相应的组织机构”或“必要的组织机构”,但法律并未规定什么是“相应的组织机构”或“必要的组织机构”。对于接受捐赠和资助的情况,上述两部条例都提到需要向主管单位报告接受、使用捐赠、资助的情况,“并将有关情况以适当的方式向社会公布”,但是,何为“有关情况”,何为“适当方式”,法规均未界定。

有鉴于此,本文谈及的公益组织内部治理若干原则,更多的是从最佳实践的角度提出,并非一定是法律的强制性要求。

(一)原则一:理事会的领导力

对理事会而言,最重要的工作是组织的战略方向,而不是投入精力到日常的运营事务或具体事务的决策中。但是,如果公益组织规模较小,理事会很容易变成一个运营班子而非决策班子。

理事会代表了公益组织各利益相关者的利益,这些利益相关者包括发起人、捐赠人、受益人、公益组织雇员、政府管理机构、业务主管单位、向公益组织提供服务或产品的供货方等。作为一个集体决策机构,理事会的领导力表现在其通过集体决策保证公益组织专注于组织的使命,并拒绝任何个人或机构的特殊需求或要求。

理事会作为对公益组织的运营承担最终责任的内部机构,必须保证机构运行良好,资金足够支撑其正常运营,并且达到理事会设定的运营目标。理事会的领导力表现在理事会具备如下功能:(1)保证公益组织符合其设立时设定的理念、目标和组织的核心价值观;(2)设定和批准政策、计划、预算和决算,并监督执行;(3)保证公益组织财务状况良好,有偿付能力;(4)保证公益组织符合所有的相关法律法规以及监管机构的监管要求;(5)任命执行团队,评估执行团队的表现和业绩;(6)设立和维护授权制度以及内部控制制度;(7)对可能给公益组织或其财务造成重大风险的事项进行评估及批准。

理事会成员尽管在理事会中担任的职责不同,但是每位理事都对理事会的决定负责,并且每位理事有平等权利。同时,每位理事都仅能代表其个人,而不是公益组织或委任组织,无论该理事是如何被任命、选举或在理事会中担任任何职务。

(二)原则二:理事会的问责性

理事会的责任表现在其通过集体决策保证组织运行良好,遵守法律法规,履行其应承担的义务,并保持资金状况良好,不会出现资不抵债的状况。

理事会的最基本工作之一就是保证公益组织有充足的资源能完成自己的使命。从其对不同利益相关者的责任来看,福特基金会的 Lisa Jordan 认为,公益组织通常被要求回答三个方面的问题:效率问题、组织的可信赖性问题和合法性问题。

CIVICUS 的 Kumi Naidoo 从问责的三个层次来分析,认为问责通常包含以下三个方面:向上负责,即向发起人、募捐人负责以及遵守相关法律法规的规定;向下问责,即向其服务、救助的人群负责;平行负责,即向公益组织的同行负责。如果不能负责,则容易导致重复和资源的浪费。

对在我国运作的公益组织而言，笔者认为，理事会问责性至少包含以下含义：

理事会必须保证公益组织合规，即至少应当遵守以下几类法律法规：(1)关于组织机构设立和变更的法律规定：《社会团体登记管理条例》《基金会管理条例》《民办非企业单位登记管理暂行条例》；(2)关于捐赠、资金募集的法律规定：《公益事业捐赠法》；(3)关于劳动关系的法律规定：《劳动法》和《劳动合同法》；(4)关于信息公开和年检的相关规定；(5)关于个人信息保护的相关规定；(6)关于财务管理的相关规定：《民间非营利组织会计制度》；(7)关于与其项目开展相关的某些具体规定，如与儿童保护相关的法律、与健康和卫生相关的法律、与环境相关的法律等。

除了符合法律法规的规定，理事会还负有建立风险控制制度、财务制度、报告制度以及定期内部审计制度并监督有效性的责任。

鉴于财务制度和报告制度在其他原则中也有涉及，下文主要讨论风险控制和内部审计制度。

1. 关于风险控制的责任

作为决策机构，理事会的决定对于风险的控制有关键作用。理事会应当审慎地审查可能开展的活动，从公益组织的服务对象、受益人、志愿者、专职人员以及财产、组织的公信力等各方面进行分析，避免参与任何可能给上述列举的人员或财产带来风险的行动。

例如，由于目前我国对公益组织的限制还是较多，除非是公募基金会，其他公益组织都没有面向公众募捐的资质。而公募基金会也按照全国性或地方性区分，不能跨区域募捐。地方性公募基金会要求的原始基金不低于400万元，全国性公募基金会要求的原始基金不低于800万元。公益组织如果没有公募资质，应当通过与有公募资质的基金会以合作的方式募集资金，而不应当直接面向公众募集，否则会给公益组织带来合规的风险，其法律责任包括没收违法所得、处以违法所得5倍以下罚款，最严重的后果是撤销登记。

当然，有的公益组织的主要业务决定了有些风险无法消除，但是公益组织必须采取相应的措施，预防或尽量减少风险发生的可能性。

2. 关于内部审计制度

对于具有一定规模的公益组织,应当设立内部审计委员会。委员会应当至少由三名理事组成,对于规模较小的,可以考虑由两名理事组成。其中至少应当有一名理事具有相关的财务背景,以便于开展工作。

内部审计委员会的责任包括:(1)审查财务报表以及其他关于组织财务状况的报告,保证其完整性、真实性;(2)审查组织的内部财务控制及内部风险控制制度;(3)向理事会推荐外部审计事务所;(4)监督外部审计人员的独立性和客观性。

无论规模大小,公益组织都应当有内部审计部门负责上述工作,确保公益组织财务和内部风险控制处于良好状态。由于在信息时代信息传播迅速,公益组织必须随时准备应对公众对资金或财务的质疑。有内部审计部门的存在,可以确保信息提供的及时和准确。

(三)原则三:理事会的职责

理事会的职责可以从以下三方面讨论:理事会的职责、理事的职责和理事长的职责。问责性原则主要从责任出发,从大的原则问题讨论理事会的作用,而理事会的职责则是从具体的事项出发,讨论理事会及其理事应当履行的职责。

1. 理事会的职责

对于公益组织决策机构即理事会的职责,我国法律并未作明确规定,而是在民政部门的章程示范文本中作了约定。

以民政部发布的《基金会章程示范文本》为例,以下为理事会的职责:(1)修改章程;(2)选举、罢免理事长、副理事长、秘书长;(3)决定重大业务活动计划,包括资金的募集、管理和使用计划;(4)年度收支预算及决算审定;(5)制定内部管理制度;(6)决定设立办事机构、分支机构、代表机构;(7)决定由秘书长提名的副秘书长和各机构主要负责人的聘任;(8)听取、审议秘书长的工作报告,检查秘书长的工作;(9)决定基金会的分立、合并或终止;(10)决定其他重大事项。

为保证理事会能有效运行,《基金会管理条例》还规定,基金会的理事会每年应当至少召开两次,基金会理事会应当有2/3的理事参加方可举行。民办非企业单位的理事会章程示范文本规定,民办非企业单位理事会应当有 1/2 的理事参加方可举行。基金会和民办非企业单位的章程均规定,一般表决事项经 1/2 参加会议的理事赞成即为通过,重大事项需经 2/3 参加会议的理事赞成方为通过。《基金会管理条例》规定,章程的修改,选举或罢免理事长、副理事长、秘书长,章程规定的重大募捐、投资活动,基金会的分立、合并,属于重大事项的,需 2/3 参加会议的理事赞成方为通过。

理事会会议应当制作会议记录,并由出席的理事审阅和签名。

2. 理事的职责

我国的法律法规并未明确规定公益组织理事的职责。借鉴爱尔兰发展公益组织协会在其最佳实践推荐中对理事职责的阐述,笔者认为我国的公益组织理事们必须履行以下职责:(1)了解并支持公益组织的使命;(2)认同公益组织的价值观和核心目标;(3)给予足够的时间和精力以履行理事的职责;(4)为理事会提供详细的、无偏见的指导意见;(5)忠实履行受托人的责任和法定的职责;(6)正直行事,避免任何个人的利益冲突;(7)支持执行团队的工作;(8)参加资源发展工作,即资金筹集;(9)遵守内部治理的各项原则。

笔者认为,对理事而言最大的挑战来自两个方面,一是上述第(3)项所指的需要足够的时间和精力履行职责,二是第(5)项所指的忠实履行受托人的责任和法定的职责。

由于理事们都是兼职参与到公益组织中,而在自己供职的机构中往往是管理层人员,本职工作已经很繁忙。足够的时间和精力并非只意味着保证参加一年至少两次的理事会,更意味着要长期密切关注公益组织的运行,充分了解公益组织所开展的项目,发现问题要及时向理事会反馈和向执行人员提出建议和意见。

而忠实履行受托人义务和法定职责更是要求理事要有独立的判断能力,发现公益组织有任何违反监管规定或有准备开展任何可能给机构带来巨大风险的项目时,敢于发表不同观点,而不是选择沉默或逃避矛盾,以维持理事会的表面和谐。事实上,大部分公益组织开展的活动都是较为新颖的,法律规定大多不健全,怎样能在现行法律框架下有效合法运行机构,达到组织设定的宗旨,需要大家群策群力。

一个附带的话题是理事的技能和专长。公益机构创始人或发起人在选择或推举理事时,应当根据公益组织的业务范围考虑具有不同背景和专业技能的人员参与到理事会中来。以救助受虐待、被忽视儿童为宗旨的小希望之家为例,我们的理事有企业家、资深媒体人、资深经理、心理学专家、法律专家,这样可以充分利用理事的个人技能和资源,为公益组织服务。对于规模较小的公益组织,没有充分的资金聘请到外部专业人士的服务,如法律服务、心理咨询服务等,如果理事中有这些专业人士,既可以享受到专业服务,又可以节省开支,一举两得。

3. 理事长的职责

理事长是公益组织的核心人物。在很多草根公益组织中,理事长是发起人,也是公益组织的灵魂人物,理事长个人的性格、行事风格往往决定了公益组织内部治理的状况。

理事长的职责在我国的法律法规中同样未作规定。笔者认为,理事长应当主要承担以下职责:(1)保证理事会成员收到准确及时的信息,特别是关于公益组织的运营状况,以便理事会成员作出正确的决定,理事长应当有效监督机构的运行,并不遗余力地促进机构的成功运作;(2)理事长应当保证和利益相关者进行有效的沟通,促使理事会成员和主要的捐赠方达成理解上的一致;(3)理事长应当管理理事会,以保证理事会给予理事充分的时间讨论复杂的事项,如有必要可以事先召集非正式会议以便为理事会上的正式讨论作准备;(4)理事长还有一项职责,那就是鼓励所有的理事会成员积极参与理事会活动,与公益组织保持良好的互动。

4. 理事的个人连带责任

公益组织的理事并非花瓶和摆设,如履行职责不当,理事按照法律规定应当承担个人连带责任。

《基金会管理条例》规定,基金会理事、监事以及专职工作人员私分、侵占、挪用基金会财产的,应当退还非法占用的财产,构成犯罪的,依法追究刑事责任。

该条例同时规定,理事会违反条例规定和章程规定,决策不当,致使基金会遭受损失的,参与决策的理事应当承担相应的赔偿责任。以上规定同样适用于其他两类公益组织,即民办非企业单位和社会团体。

因此,如果理事认为某项决议不妥当,违反了条例和章程规定,应当在决议过程中提出反对意见,并要求在理事会会议纪要中记录在案,以避免事后个人承担连带的赔偿责任。

(四)原则四:理事会的授权

理事会作为决策机构,必须从日常经营管理中脱身而出,以保证决策和执行团队的脱离并监督执行团队的运作。对于所有的公益组织而言,授权都是必不可少的,尤其是规模较小的公益组织,要大量依赖理事个人、执行团队或其他专职人员以及志愿者等完成具体项目的运作。

理事会和执行团队的关系,如同公司治理结构中董事会与管理层的委托代理关系,执行团队是受理事会委托对公益组织的日常运行负责的机构。如前文所述,很多公益组织面临着决策机构和执行团队不分或执行团队缺失的问题。对理事会而言,应当设立一个得力的执行班子,给予执行团队足够的授权,让其充分发挥能力,对公益组织的日常运营进行管理。

秘书长,或首席执行官,无论如何称呼,作为执行团队负责人,应当由理事会任命或解聘,应当与之签订正式劳动合同。应当有一套完整措施以便日常监督、评估执行团队的工作,也应当有措施保证执行团队在公益组织的发展。执行团队的工资报酬应当由理事会决定。

记载授权的文件通常可以是理事会会议纪要、专职员工的工作职责描述,或者是单独的授权文件。对于授权,应当要做到书面、清楚和有可操作性。授权他人处理具体事项,也应当有具体的授权事项。这样做的目的是可以约束项目具体运作人按照授权范围行事,避免超越授权范围给公益组织带来负面影响。

借鉴公司治理中董事会和总经理职权设立的经验,公益组织也可以考虑设置开支权限,执行团队对于一定限额以内的开支可以自行决定,超过该限额,则必须取得理事会的同意。

对于很多公益组织而言,缺乏有NGO管理经验的高级执行人才是执行层面存在的普遍问题。由于资金有限,加上一般而言公益组织参照基金会管理法规,工作人员工资福利和行政开支不得超过当年总支出的10%,很难有足够的财力请到专职、专业执行人才。如果在专职的秘书长未到位的情况下,兼职的执行团队也应当予以任命,以便开展日常工作。理事长兼任执行团队负责人的做法在小规模的公益机构中并不少见,但这样的运作缺少了决策与执行的分权和制衡,最容易导致内部治理混乱,公益组织应当尽量避免这类安排。如果基于规模、人手问题,理事担任了某些执行职责,也应当尽量区分决策职能和执行职能。如果对该理事承担执行职能的事项进行表决时,该理事不应当行使表决权。

此外,执行团队中的外联部、志愿者部、财务部、法务部等相关职能部门也有必要设立。执行团队应当对这些部门的运作承担最终责任,并向理事会负责。

(五)原则五:信息公开

本文开篇提到了近年来公益圈内的一些负面事件,上述事件无一不是因为媒体报道而引发公众的广泛关注。新媒体,尤其是社交媒体的兴起,让信息的传播和发酵更为迅速,公众对公益事业的参与也前所未有地高涨。好的内部治理可以让公益组织在互联网时代获得更广泛的认可,筹措资金更加容易;但与此同时,不好的内部治理可以让某些公益组织一夜之间沦为负面消息的靶子,最终可能永远无法恢复名誉,重新获得公众认可。

1. 信息公开的范围

一些公益组织如基金会的大部分运营资金来自公众捐款,公众对这些募捐活动的信息和开展公益资助项目的信息有权要求公开。我国《基金会信息公布办法》明确规定了组织募捐活动的信息、开展公益资助项目的信息以及年度报告属于必须强制公示的信息。

同时,该办法明确规定,基金会公布的信息资料应当真实、准确、完整,不得有虚假记载、误导性陈述或者重大遗漏。信息公布义务人应当保证捐赠人和社会公众能够快捷、方便地查阅或者复制公布的信息资料。信息公布活动的情况应如实反映在年度工作报告中,接受登记管理机关监督检查。对于已经公布的信息,应当制作信息公布档案,妥善保管。

如果公益组织不履行信息公布义务或者公布虚假信息的,由登记管理机关责令改正,并依据《基金会管理条例》第四十二条规定,给予警告、责令停止活动的行政处罚,情节严重的,可能面临被撤销登记的严重后果。

2. 信息公开的注意事项

公益组织应当建立健全信息公布的内部管理制度,并指定专人负责处理信息公布活动的有关事务。

信息公布最忌讳为追求时效而忽略信息的准确性、完整性。《基金会信息公布办法》规定,信息一经公布,信息公布人不得任意修改,确需修改的,应当严格履行内部管理制度的程序在修改后重新公布,并说明理由,声明原信息作废。

我们常会发现有的公益组织公布了不完整、不准确的信息,导致公众质疑,而公益组织未作任何解释就撤销该信息,从而给公众留下了更多疑问,也容易造成该机构不谨慎的形象。

对于公益组织在公共媒体上的负面信息,《基金会信息公布办法》要求基金会应当公开说明或澄清。尽管该办法未明确规定对媒体危机的处理要及时,但好的通行做法是及时、全面地作出说明或澄清,减少负面消息可能给公益组织造成的影响。

目前公益组织公布信息的方式很多,除了传统的报刊、广播、电视以外,互联网作为新媒体更是发挥着与公众沟通的重要的作用。微博、微信、QQ群等,都可成为信息公布的主要载体。

公益组织应当有意识地与媒体进行良性互动,如有可能,也可聘请媒体行业人士出任理事,可以利用自身资源争取到媒体对公益组织的支持,这对筹措资金和危机公关都十分重要。

(六)原则六:理事会和理事的正直

一个机构的信誉和机构里每一个人自身是否遵循较高的道德水准密切相关。为保证公益组织的纯洁性,理事会成员应当遵守最高的准则,必须杜绝个人利益和公益组织利益的冲突。

利益冲突是指个人或组织涉及不同方面的相关利益时,向自己或与自己相关人士作出偏袒或优待的不当行为。利益既包含财产利益,也包含非财产利益。

利益冲突的事项可以是:委任与自己有亲属或朋友关系的人担任公益组织的理事或专职人员,从与自己有利害关系的第三方获得服务或产品等。

如果理事的个人利益和公益组织的利益存在冲突,应当要求理事尽早进行披露。如果在理事会会议中有利益冲突的情形出现,涉及的理事应当无权就涉及该利益冲突的事项进行投票表决。如果根据情况,其他理事认为该理事应当在理事会会议中回避,该理事也应当尊重这样的要求。如果某理事长期具有利益冲突的情形,应当劝其从理事会中辞职。

制定明确的礼物接受政策也是保证理事和执行团队纯洁性的一个重要举措。尽管我国没有反贿赂的统一法律,关于贿赂的相关规定散见于《刑法》《反不正当竞争法》和其他相关司法解释中,在政府大力反腐倡廉的今天,公益组织理事、高管以及专职人员的廉洁应当成为内部治理必不可少的内容。

我国的公益组织应当向西方公益机构看齐,严格遵守关于礼物和招待费用的规定。理事会应当作出规定,明确多少金额以上的礼品或招待将被认为不妥当,并要求超出该金额的均应当向理事会报告。对于金额较大的礼品,理事、高管、专职人员或志愿者在收到后应当交给公益组织,并记入档案。

四、结语:几点建议

从境外慈善机构总资产占 GDP 的比例来看,我们的公益慈善事业发展还非常落后。2014 年 12 月,国务院印发了《关于促进慈善事业健康发展的指导意见》。公益组织必须加紧操练内功,完善内部治理。当然,我国公益组织面临的问题只依靠公益组织自身的力量是无法全部解决的,故针对内部治理中存在的情况和前文提出的各项最佳实践的原则,笔者还有以下几点建议:

(1)国家应当尽快完善公益慈善相关立法,为公益组织的健康运作提供法律保障。

(2)监管部门应当有效推动公益组织内部治理的开展,如对评级较高的公益组织,给予更多的税收优惠和财政支持。

(3)政府应当鼓励公益组织设立纯民间的联合会或协会,制定行业规范指引,指导公益组织完善内部治理。

(4)监管部门和以公益组织为服务对象的公益机构,如复恩社会组织法律研究与服务中心等,可以开展更多的专题培训,对公益组织的理事、执行团队负责人等进行内部治理、信息公开、财务制度建设等相关的培训。

2015 年 3 月 26 日

附录

社会组织内部治理相关政策法规汇编

一、相关法律、行政法规

中华人民共和国民法总则(节录)

(2017年3月15日第十二届全国人民代表大会第五次会议通过)

第三章　法　　人

第三节　非营利法人

第八十七条　为公益目的或者其他非营利目的成立,不向出资人、设立人或者会员分配所取得利润的法人,为非营利法人。

非营利法人包括事业单位、社会团体、基金会、社会服务机构等。

第八十八条　具备法人条件,为适应经济社会发展需要,提供公益服务设立的事业单位,经依法登记成立,取得事业单位法人资格;依法不需要办理法人登记的,从成立之日起,具有事业单位法人资格。

第八十九条　事业单位法人设理事会的,除法律另有规定外,理事会为其决策机构。事业单位法人的法定代表人依照法律、行政法规或者法人章程的规定产生。

第九十条　具备法人条件,基于会员共同意愿,为公益目的或者会员共同利益等非营利目的设立的社会团体,经依法登记成立,取得社会团体法人资格;依法不需要办理法人登记的,从成立之日起,具有社会团体法人资格。

第九十一条　设立社会团体法人应当依法制定法人章程。

社会团体法人应当设会员大会或者会员代表大会等权力机构。

社会团体法人应当设理事会等执行机构。理事长或者会长等负责人按照法人章程的规定担任法定代表人。

第九十二条　具备法人条件,为公益目的以捐助财产设立的基金会、社会服务机构等，经依法登记成立，取得捐助法人资格。

依法设立的宗教活动场所，具备法人条件的，可以申请法人登记，取得捐助法人资格。法律、行政法规对宗教活动场所有规定的，依照其规定。

第九十三条 设立捐助法人应当依法制定法人章程。

捐助法人应当设理事会、民主管理组织等决策机构，并设执行机构。理事长等负责人按照法人章程的规定担任法定代表人。

捐助法人应当设监事会等监督机构。

第九十四条 捐助人有权向捐助法人查询捐助财产的使用、管理情况，并提出意见和建议，捐助法人应当及时、如实答复。

捐助法人的决策机构、执行机构或者法定代表人作出决定的程序违反法律、行政法规、法人章程，或者决定内容违反法人章程的，捐助人等利害关系人或者主管机关可以请求人民法院撤销该决定，但是捐助法人依据该决定与善意相对人形成的民事法律关系不受影响。

第九十五条 为公益目的成立的非营利法人终止时，不得向出资人、设立人或者会员分配剩余财产。剩余财产应当按照法人章程的规定或者权力机构的决议用于公益目的；无法按照法人章程的规定或者权力机构的决议处理的，由主管机关主持转给宗旨相同或者相近的法人，并向社会公告。

中华人民共和国慈善法

（2016年3月16日第十二届全国人民代表大会
第四次会议通过）

目　　录

第一章　总　　则

第一条　为了发展慈善事业，弘扬慈善文化，规范慈善活动，保护慈善组织、捐赠人、志愿者、受益人等慈善活动参与者的合法权益，促进社会进步，共享发展成果，制定本法。

第二条　自然人、法人和其他组织开展慈善活动以及与慈善有关的活动,适用本法。其他法律有特别规定的,依照其规定。

第三条 本法所称慈善活动,是指自然人、法人和其他组织以捐赠财产或者提供服务等方式,自愿开展的下列公益活动:

(一)扶贫、济困;

(二)扶老、救孤、恤病、助残、优抚;

(三)救助自然灾害、事故灾难和公共卫生事件等突发事件造成的损害;

(四)促进教育、科学、文化、卫生、体育等事业的发展;

(五)防治污染和其他公害,保护和改善生态环境;

(六)符合本法规定的其他公益活动。

第四条 开展慈善活动,应当遵循合法、自愿、诚信、非营利的原则,不得违背社会公德,不得危害国家安全、损害社会公共利益和他人合法权益。

第五条 国家鼓励和支持自然人、法人和其他组织践行社会主义核心价值观,弘扬中华民族传统美德,依法开展慈善活动。

第六条 国务院民政部门主管全国慈善工作,县级以上地方各级人民政府民政部门主管本行政区域内的慈善工作;县级以上人民政府有关部门依照本法和其他有关法律法规,在各自的职责范围内做好相关工作。

第七条 每年9月5日为“中华慈善日”。

第二章　慈 善 组 织

第八条 本法所称慈善组织,是指依法成立、符合本法规定,以面向社会开展慈善活动为宗旨的非营利性组织。

慈善组织可以采取基金会、社会团体、社会服务机构等组织形式。

第九条 慈善组织应当符合下列条件:

(一)以开展慈善活动为宗旨;

(二)不以营利为目的;

(三)有自己的名称和住所;

(四)有组织章程;

(五)有必要的财产;

(六)有符合条件的组织机构和负责人;

（七）法律、行政法规规定的其他条件。

第十条 设立慈善组织，应当向县级以上人民政府民政部门申请登记，民政部门应当自受理申请之日起三十日内作出决定。符合本法规定条件的，准予登记并向社会公告；不符合本法规定条件的，不予登记并书面说明理由。

本法公布前已经设立的基金会、社会团体、社会服务机构等非营利性组织，可以向其登记的民政部门申请认定为慈善组织，民政部门应当自受理申请之日起二十日内作出决定。符合慈善组织条件的，予以认定并向社会公告；不符合慈善组织条件的，不予认定并书面说明理由。

有特殊情况需要延长登记或者认定期限的，报经国务院民政部门批准，可以适当延长，但延长的期限不得超过六十日。

第十一条 慈善组织的章程，应当符合法律法规的规定，并载明下列事项：

（一）名称和住所；

（二）组织形式；

（三）宗旨和活动范围；

（四）财产来源及构成；

（五）决策、执行机构的组成及职责；

（六）内部监督机制；

（七）财产管理使用制度；

（八）项目管理制度；

（九）终止情形及终止后的清算办法；

（十）其他重要事项。

第十二条 慈善组织应当根据法律法规以及章程的规定，建立健全内部治理结构，明确决策、执行、监督等方面的职责权限，开展慈善活动。

慈善组织应当执行国家统一的会计制度，依法进行会计核算，建立健全会计监督制度，并接受政府有关部门的监督管理。

第十三条 慈善组织应当每年向其登记的民政部门报送年度工作报告和财务会计报告。报告应当包括年度开展募捐和接受捐赠情况、慈善财产的管理使用情况、慈善项目实施情况以及慈善组织工作人员的工资福利情况。

第十四条 慈善组织的发起人、主要捐赠人以及管理人员，不得利用其关联关系损害慈善组织、受益人的利益和社会公共利益。

慈善组织的发起人、主要捐赠人以及管理人员与慈善组织发生交易行为的，不得参与慈善组织有关该交易行为的决策，有关交易情况应当向社会公开。

第十五条 慈善组织不得从事、资助危害国家安全和社会公共利益的活动，不得接受附加违反法律法规和违背社会公德条件的捐赠，不得对受益人附加违反法律法规和违背社会公德的条件。

第十六条 有下列情形之一的，不得担任慈善组织的负责人：

（一）无民事行为能力或者限制民事行为能力的；

（二）因故意犯罪被判处刑罚，自刑罚执行完毕之日起未逾五年的；

（三）在被吊销登记证书或者被取缔的组织担任负责人，自该组织被吊销登记证书或者被取缔之日起未逾五年的；

（四）法律、行政法规规定的其他情形。

第十七条 慈善组织有下列情形之一的，应当终止：

（一）出现章程规定的终止情形的；

（二）因分立、合并需要终止的；

（三）连续二年未从事慈善活动的；

（四）依法被撤销登记或者吊销登记证书的；

（五）法律、行政法规规定应当终止的其他情形。

第十八条 慈善组织终止，应当进行清算。

慈善组织的决策机构应当在本法第十七条规定的终止情形出现之日起三十日内成立清算组进行清算，并向社会公告。不成立清算组或者清算组不履行职责的，民政部门可以申请人民法院指定有关人员组成清算组进行清算。

慈善组织清算后的剩余财产，应当按照慈善组织章程的规定转给宗旨相同或者相近的慈善组织；章程未规定的，由民政部门主持转给宗旨相同或者相近的慈善组织，并向社会公告。

慈善组织清算结束后，应当向其登记的民政部门办理注销登记，并由民政部门向社会公告。

第十九条 慈善组织依法成立行业组织。

慈善行业组织应当反映行业诉求,推动行业交流,提高慈善行业公信力,促进慈善事业发展。

第二十条 慈善组织的组织形式、登记管理的具体办法由国务院制定。

第三章 慈善募捐

第二十一条 本法所称慈善募捐,是指慈善组织基于慈善宗旨募集财产的活动。

慈善募捐,包括面向社会公众的公开募捐和面向特定对象的定向募捐。

第二十二条 慈善组织开展公开募捐,应当取得公开募捐资格。依法登记满二年的慈善组织,可以向其登记的民政部门申请公开募捐资格。民政部门应当自受理申请之日起二十日内作出决定。慈善组织符合内部治理结构健全、运作规范的条件的,发给公开募捐资格证书;不符合条件的,不发给公开募捐资格证书并书面说明理由。

法律、行政法规规定自登记之日起可以公开募捐的基金会和社会团体,由民政部门直接发给公开募捐资格证书。

第二十三条 开展公开募捐,可以采取下列方式:

(一)在公共场所设置募捐箱;

(二)举办面向社会公众的义演、义赛、义卖、义展、义拍、慈善晚会等;

(三)通过广播、电视、报刊、互联网等媒体发布募捐信息;

(四)其他公开募捐方式。

慈善组织采取前款第一项、第二项规定的方式开展公开募捐的,应当在其登记的民政部门管辖区域内进行,确有必要在其登记的民政部门管辖区域外进行的,应当报其开展募捐活动所在地的县级以上人民政府民政部门备案。捐赠人的捐赠行为不受地域限制。

慈善组织通过互联网开展公开募捐的,应当在国务院民政部门统一或者指定的慈善信息平台发布募捐信息,并可以同时在其网站发布募捐信息。

第二十四条 开展公开募捐,应当制定募捐方案。募捐方案包括募捐目的、起止时间和地域、活动负责人姓名和办公地址、接受捐赠方式、银行账户、受益人、募得款物用途、募捐成本、剩余财产的处理等。

募捐方案应当在开展募捐活动前报慈善组织登记的民政部门备案。

第二十五条 开展公开募捐,应当在募捐活动现场或者募捐活动载体的显著位置,公布募捐组织名称、公开募捐资格证书、募捐方案、联系方式、募捐信息查询方法等。

第二十六条 不具有公开募捐资格的组织或者个人基于慈善目的,可以与具有公开募捐资格的慈善组织合作,由该慈善组织开展公开募捐并管理募得款物。

第二十七条 广播、电视、报刊以及网络服务提供者、电信运营商,应当对利用其平台开展公开募捐的慈善组织的登记证书、公开募捐资格证书进行验证。

第二十八条 慈善组织自登记之日起可以开展定向募捐。

慈善组织开展定向募捐,应当在发起人、理事会成员和会员等特定对象的范围内进行,并向募捐对象说明募捐目的、募得款物用途等事项。

第二十九条 开展定向募捐,不得采取或者变相采取本法第二十三条规定的方式。

第三十条 发生重大自然灾害、事故灾难和公共卫生事件等突发事件,需要迅速开展救助时,有关人民政府应当建立协调机制,提供需求信息,及时有序引导开展募捐和救助活动。

第三十一条 开展募捐活动,应当尊重和维护募捐对象的合法权益,保障募捐对象的知情权,不得通过虚构事实等方式欺骗、诱导募捐对象实施捐赠。

第三十二条 开展募捐活动,不得摊派或者变相摊派,不得妨碍公共秩序、企业生产经营和居民生活。

第三十三条 禁止任何组织或者个人假借慈善名义或者假冒慈善组织开展募捐活动,骗取财产。

第四章 慈善捐赠

第三十四条 本法所称慈善捐赠,是指自然人、法人和其他组织基于慈善目的,自愿、无偿赠与财产的活动。

第三十五条 捐赠人可以通过慈善组织捐赠,也可以直接向受益人捐赠。

第三十六条 捐赠人捐赠的财产应当是其有权处分的合法财产。捐赠财产包括货币、实物、房屋、有价证券、股权、知识产权等有形和无形财产。

捐赠人捐赠的实物应当具有使用价值,符合安全、卫生、环保等标准。

捐赠人捐赠本企业产品的,应当依法承担产品质量责任和义务。

第三十七条 自然人、法人和其他组织开展演出、比赛、销售、拍卖等经营性活动,承诺将全部或者部分所得用于慈善目的的,应当在举办活动前与慈善组织或者其他接受捐赠的人签订捐赠协议,活动结束后按照捐赠协议履行捐赠义务,并将捐赠情况向社会公开。

第三十八条 慈善组织接受捐赠,应当向捐赠人开具由财政部门统一监(印)制的捐赠票据。捐赠票据应当载明捐赠人、捐赠财产的种类及数量、慈善组织名称和经办人姓名、票据日期等。捐赠人匿名或者放弃接受捐赠票据的,慈善组织应当做好相关记录。

第三十九条 慈善组织接受捐赠,捐赠人要求签订书面捐赠协议的,慈善组织应当与捐赠人签订书面捐赠协议。

书面捐赠协议包括捐赠人和慈善组织名称,捐赠财产的种类、数量、质量、用途、交付时间等内容。

第四十条 捐赠人与慈善组织约定捐赠财产的用途和受益人时,不得指定捐赠人的利害关系人作为受益人。

任何组织和个人不得利用慈善捐赠违反法律规定宣传烟草制品,不得利用慈善捐赠以任何方式宣传法律禁止宣传的产品和事项。

第四十一条 捐赠人应当按照捐赠协议履行捐赠义务。捐赠人违反捐赠协议逾期未交付捐赠财产,有下列情形之一的,慈善组织或者其他接受捐赠的人可以要求交付;捐赠人拒不交付的,慈善组织和其他接受捐赠的人可以依法向人民法院申请支付令或者提起诉讼:

(一)捐赠人通过广播、电视、报刊、互联网等媒体公开承诺捐赠的;

(二)捐赠财产用于本法第三条第一项至第三项规定的慈善活动,并签订书面捐赠协议的。

捐赠人公开承诺捐赠或者签订书面捐赠协议后经济状况显著恶化,严重影响其生产经营或者家庭生活的，经向公开承诺捐赠地或者书面捐赠协议签订地的民政部门报告并向社会公开说明情况后，可以不再履行捐赠义务。

第四十二条 捐赠人有权查询、复制其捐赠财产管理使用的有关资料，慈善组织应当及时主动向捐赠人反馈有关情况。

慈善组织违反捐赠协议约定的用途，滥用捐赠财产的，捐赠人有权要求其改正；拒不改正的，捐赠人可以向民政部门投诉、举报或者向人民法院提起诉讼。

第四十三条 国有企业实施慈善捐赠应当遵守有关国有资产管理的规定，履行批准和备案程序。

第五章 慈 善 信 托

第四十四条 本法所称慈善信托属于公益信托，是指委托人基于慈善目的，依法将其财产委托给受托人，由受托人按照委托人意愿以受托人名义进行管理和处分，开展慈善活动的行为。

第四十五条 设立慈善信托、确定受托人和监察人，应当采取书面形式。受托人应当在慈善信托文件签订之日起七日内，将相关文件向受托人所在地县级以上人民政府民政部门备案。

未按照前款规定将相关文件报民政部门备案的，不享受税收优惠。

第四十六条 慈善信托的受托人，可以由委托人确定其信赖的慈善组织或者信托公司担任。

第四十七条 慈善信托的受托人违反信托义务或者难以履行职责的，委托人可以变更受托人。变更后的受托人应当自变更之日起七日内，将变更情况报原备案的民政部门重新备案。

第四十八条 慈善信托的受托人管理和处分信托财产，应当按照信托目的，恪尽职守，履行诚信、谨慎管理的义务。

慈善信托的受托人应当根据信托文件和委托人的要求，及时向委托人报告信托事务处理情况、信托财产管理使用情况。慈善信托的受托人应当每年至少一次将信托事务处理情况及财务状况向其备案的民政部门报告，并向社会公开。

第四十九条 慈善信托的委托人根据需要,可以确定信托监察人。

信托监察人对受托人的行为进行监督,依法维护委托人和受益人的权益。信托监察人发现受托人违反信托义务或者难以履行职责的,应当向委托人报告,并有权以自己的名义向人民法院提起诉讼。

第五十条 慈善信托的设立、信托财产的管理、信托当事人、信托的终止和清算等事项,本章未规定的,适用本法其他有关规定;本法未规定的,适用《中华人民共和国信托法》的有关规定。

第六章 慈善财产

第五十一条 慈善组织的财产包括:

(一)发起人捐赠、资助的创始财产;

(二)募集的财产;

(三)其他合法财产。

第五十二条 慈善组织的财产应当根据章程和捐赠协议的规定全部用于慈善目的,不得在发起人、捐赠人以及慈善组织成员中分配。

任何组织和个人不得私分、挪用、截留或者侵占慈善财产。

第五十三条 慈善组织对募集的财产,应当登记造册,严格管理,专款专用。

捐赠人捐赠的实物不易储存、运输或者难以直接用于慈善目的的,慈善组织可以依法拍卖或者变卖,所得收入扣除必要费用后,应当全部用于慈善目的。

第五十四条 慈善组织为实现财产保值、增值进行投资的,应当遵循合法、安全、有效的原则,投资取得的收益应当全部用于慈善目的。慈善组织的重大投资方案应当经决策机构组成人员三分之二以上同意。政府资助的财产和捐赠协议约定不得投资的财产,不得用于投资。慈善组织的负责人和工作人员不得在慈善组织投资的企业兼职或者领取报酬。

前款规定事项的具体办法,由国务院民政部门制定。

第五十五条 慈善组织开展慈善活动,应当依照法律法规和章程的规定,按照募捐方案或者捐赠协议使用捐赠财产。慈善组织确需变更募捐方案规定的捐赠财产用途的,应当报民政部门备案;确需变更捐赠协议约定的捐赠财产用途的，应当征得捐赠人同意。

第五十六条 慈善组织应当合理设计慈善项目，优化实施流程，降低运行成本，提高慈善财产使用效益。

慈善组织应当建立项目管理制度，对项目实施情况进行跟踪监督。

第五十七条 慈善项目终止后捐赠财产有剩余的，按照募捐方案或者捐赠协议处理；募捐方案未规定或者捐赠协议未约定的，慈善组织应当将剩余财产用于目的相同或者相近的其他慈善项目，并向社会公开。

第五十八条 慈善组织确定慈善受益人，应当坚持公开、公平、公正的原则，不得指定慈善组织管理人员的利害关系人作为受益人。

第五十九条 慈善组织根据需要可以与受益人签订协议，明确双方权利义务，约定慈善财产的用途、数额和使用方式等内容。

受益人应当珍惜慈善资助，按照协议使用慈善财产。受益人未按照协议使用慈善财产或者有其他严重违反协议情形的，慈善组织有权要求其改正；受益人拒不改正的，慈善组织有权解除协议并要求受益人返还财产。

第六十条 慈善组织应当积极开展慈善活动，充分、高效运用慈善财产，并遵循管理费用最必要原则，厉行节约，减少不必要的开支。慈善组织中具有公开募捐资格的基金会开展慈善活动的年度支出，不得低于上一年总收入的百分之七十或者前三年收入平均数额的百分之七十；年度管理费用不得超过当年总支出的百分之十，特殊情况下，年度管理费用难以符合前述规定的，应当报告其登记的民政部门并向社会公开说明情况。

具有公开募捐资格的基金会以外的慈善组织开展慈善活动的年度支出和管理费用的标准，由国务院民政部门会同国务院财政、税务等部门依照前款规定的原则制定。

捐赠协议对单项捐赠财产的慈善活动支出和管理费用有约定的，按照其约定。

第七章　慈 善 服 务

第六十一条 本法所称慈善服务，是指慈善组织和其他组织以及个人基于慈善目的，向社会或者他人提供的志愿无偿服务以及其他非营利服务。

慈善组织开展慈善服务，可以自己提供或者招募志愿者提供，也可以委托有服务专长的其他组织提供。

第六十二条 开展慈善服务，应当尊重受益人、志愿者的人格尊严，不得侵害受益人、志愿者的隐私。

第六十三条 开展医疗康复、教育培训等慈善服务，需要专门技能的，应当执行国家或者行业组织制定的标准和规程。

慈善组织招募志愿者参与慈善服务，需要专门技能的，应当对志愿者开展相关培训。

第六十四条 慈善组织招募志愿者参与慈善服务，应当公示与慈善服务有关的全部信息，告知服务过程中可能发生的风险。

慈善组织根据需要可以与志愿者签订协议，明确双方权利义务，约定服务的内容、方式和时间等。

第六十五条 慈善组织应当对志愿者实名登记，记录志愿者的服务时间、内容、评价等信息。根据志愿者的要求，慈善组织应当无偿、如实出具志愿服务记录证明。

第六十六条 慈善组织安排志愿者参与慈善服务，应当与志愿者的年龄、文化程度、技能和身体状况相适应。

第六十七条 志愿者接受慈善组织安排参与慈善服务的，应当服从管理，接受必要的培训。

第六十八条 慈善组织应当为志愿者参与慈善服务提供必要条件，保障志愿者的合法权益。

慈善组织安排志愿者参与可能发生人身危险的慈善服务前，应当为志愿者购买相应的人身意外伤害保险。

第八章 信 息 公 开

第六十九条 县级以上人民政府建立健全慈善信息统计和发布制度。

县级以上人民政府民政部门应当在统一的信息平台，及时向社会公开慈善信息，并免费提供慈善信息发布服务。

慈善组织和慈善信托的受托人应当在前款规定的平台发布慈善信息，并对信息的真实性负责。

第七十条 县级以上人民政府民政部门和其他有关部门应当及时向社

会公开下列慈善信息：

（一）慈善组织登记事项；

（二）慈善信托备案事项；

（三）具有公开募捐资格的慈善组织名单；

（四）具有出具公益性捐赠税前扣除票据资格的慈善组织名单；

（五）对慈善活动的税收优惠、资助补贴等促进措施；

（六）向慈善组织购买服务的信息；

（七）对慈善组织、慈善信托开展检查、评估的结果；

（八）对慈善组织和其他组织以及个人的表彰、处罚结果；

（九）法律法规规定应当公开的其他信息。

第七十一条 慈善组织、慈善信托的受托人应当依法履行信息公开义务。信息公开应当真实、完整、及时。

第七十二条 慈善组织应当向社会公开组织章程和决策、执行、监督机构成员信息以及国务院民政部门要求公开的其他信息。上述信息有重大变更的，慈善组织应当及时向社会公开。

慈善组织应当每年向社会公开其年度工作报告和财务会计报告。具有公开募捐资格的慈善组织的财务会计报告须经审计。

第七十三条 具有公开募捐资格的慈善组织应当定期向社会公开其募捐情况和慈善项目实施情况。

公开募捐周期超过六个月的，至少每三个月公开一次募捐情况，公开募捐活动结束后三个月内应当全面公开募捐情况。

慈善项目实施周期超过六个月的，至少每三个月公开一次项目实施情况，项目结束后三个月内应当全面公开项目实施情况和募得款物使用情况。

第七十四条 慈善组织开展定向募捐的，应当及时向捐赠人告知募捐情况、募得款物的管理使用情况。

第七十五条 慈善组织、慈善信托的受托人应当向受益人告知其资助标准、工作流程和工作规范等信息。

第七十六条 涉及国家秘密、商业秘密、个人隐私的信息以及捐赠人、慈善信托的委托人不同意公开的姓名、名称、住所、通讯方式等信息，不得公开。

第九章　促进措施

第七十七条　县级以上人民政府应当根据经济社会发展情况，制定促进慈善事业发展的政策和措施。

县级以上人民政府有关部门应当在各自职责范围内，向慈善组织、慈善信托受托人等提供慈善需求信息，为慈善活动提供指导和帮助。

第七十八条　县级以上人民政府民政部门应当建立与其他部门之间的慈善信息共享机制。

第七十九条　慈善组织及其取得的收入依法享受税收优惠。

第八十条　自然人、法人和其他组织捐赠财产用于慈善活动的，依法享受税收优惠。企业慈善捐赠支出超过法律规定的准予在计算企业所得税应纳税所得额时当年扣除的部分，允许结转以后三年内在计算应纳税所得额时扣除。

境外捐赠用于慈善活动的物资，依法减征或者免征进口关税和进口环节增值税。

第八十一条　受益人接受慈善捐赠，依法享受税收优惠。

第八十二条　慈善组织、捐赠人、受益人依法享受税收优惠的，有关部门应当及时办理相关手续。

第八十三条　捐赠人向慈善组织捐赠实物、有价证券、股权和知识产权的，依法免征权利转让的相关行政事业性费用。

第八十四条　国家对开展扶贫济困的慈善活动，实行特殊的优惠政策。

第八十五条　慈善组织开展本法第三条第一项、第二项规定的慈善活动需要慈善服务设施用地的，可以依法申请使用国有划拨土地或者农村集体建设用地。慈善服务设施用地非经法定程序不得改变用途。

第八十六条　国家为慈善事业提供金融政策支持，鼓励金融机构为慈善组织、慈善信托提供融资和结算等金融服务。

第八十七条　各级人民政府及其有关部门可以依法通过购买服务等方式，支持符合条件的慈善组织向社会提供服务，并依照有关政府采购的法律法规向社会公开相关情况。

第八十八条　国家采取措施弘扬慈善文化，培育公民慈善意识。

学校等教育机构应当将慈善文化纳入教育教学内容。国家鼓励高等学校培养慈善专业人才,支持高等学校和科研机构开展慈善理论研究。

广播、电视、报刊、互联网等媒体应当积极开展慈善公益宣传活动,普及慈善知识,传播慈善文化。

第八十九条 国家鼓励企业事业单位和其他组织为开展慈善活动提供场所和其他便利条件。

第九十条 经受益人同意,捐赠人对其捐赠的慈善项目可以冠名纪念,法律法规规定需要批准的,从其规定。

第九十一条 国家建立慈善表彰制度,对在慈善事业发展中做出突出贡献的自然人、法人和其他组织,由县级以上人民政府或者有关部门予以表彰。

第十章 监督管理

第九十二条 县级以上人民政府民政部门应当依法履行职责,对慈善活动进行监督检查,对慈善行业组织进行指导。

第九十三条 县级以上人民政府民政部门对涉嫌违反本法规定的慈善组织,有权采取下列措施:

(一)对慈善组织的住所和慈善活动发生地进行现场检查;

(二)要求慈善组织作出说明,查阅、复制有关资料;

(三)向与慈善活动有关的单位和个人调查与监督管理有关的情况;

(四)经本级人民政府批准,可以查询慈善组织的金融账户;

(五)法律、行政法规规定的其他措施。

第九十四条 县级以上人民政府民政部门对慈善组织、有关单位和个人进行检查或者调查时,检查人员或者调查人员不得少于二人,并应当出示合法证件和检查、调查通知书。

第九十五条 县级以上人民政府民政部门应当建立慈善组织及其负责人信用记录制度,并向社会公布。

民政部门应当建立慈善组织评估制度,鼓励和支持第三方机构对慈善组织进行评估,并向社会公布评估结果。

第九十六条 慈善行业组织应当建立健全行业规范,加强行业自律。

第九十七条 任何单位和个人发现慈善组织、慈善信托有违法行为的，可以向民政部门、其他有关部门或者慈善行业组织投诉、举报。民政部门、其他有关部门或者慈善行业组织接到投诉、举报后，应当及时调查处理。

国家鼓励公众、媒体对慈善活动进行监督，对假借慈善名义或者假冒慈善组织骗取财产以及慈善组织、慈善信托的违法违规行为予以曝光，发挥舆论和社会监督作用。

第十一章 法律责任

第九十八条 慈善组织有下列情形之一的，由民政部门责令限期改正；逾期不改正的，吊销登记证书并予以公告：

（一）未按照慈善宗旨开展活动的；

（二）私分、挪用、截留或者侵占慈善财产的；

（三）接受附加违反法律法规或者违背社会公德条件的捐赠，或者对受益人附加违反法律法规或者违背社会公德的条件的。

第九十九条 慈善组织有下列情形之一的，由民政部门予以警告、责令限期改正；逾期不改正的，责令限期停止活动并进行整改：

（一）违反本法第十四条规定造成慈善财产损失的；

（二）将不得用于投资的财产用于投资的；

（三）擅自改变捐赠财产用途的；

（四）开展慈善活动的年度支出或者管理费用的标准违反本法第六十条规定的；

（五）未依法履行信息公开义务的；

（六）未依法报送年度工作报告、财务会计报告或者报备募捐方案的；

（七）泄露捐赠人、志愿者、受益人个人隐私以及捐赠人、慈善信托的委托人不同意公开的姓名、名称、住所、通讯方式等信息的。

慈善组织违反本法规定泄露国家秘密、商业秘密的，依照有关法律的规定予以处罚。

慈善组织有前两款规定的情形，经依法处理后一年内再出现前款规定的情形，或者有其他情节严重情形的，由民政部门吊销登记证书并予以公告。

第一百条 慈善组织有本法第九十八条、第九十九条规定的情形,有违法所得的,由民政部门予以没收;对直接负责的主管人员和其他直接责任人员处二万元以上二十万元以下罚款。

第一百零一条 开展募捐活动有下列情形之一的,由民政部门予以警告、责令停止募捐活动;对违法募集的财产,责令退还捐赠人;难以退还的,由民政部门予以收缴,转给其他慈善组织用于慈善目的;对有关组织或者个人处二万元以上二十万元以下罚款:

(一)不具有公开募捐资格的组织或者个人开展公开募捐的;

(二)通过虚构事实等方式欺骗、诱导募捐对象实施捐赠的;

(三)向单位或者个人摊派或者变相摊派的;

(四)妨碍公共秩序、企业生产经营或者居民生活的。

广播、电视、报刊以及网络服务提供者、电信运营商未履行本法第二十七条规定的验证义务的,由其主管部门予以警告,责令限期改正;逾期不改正的,予以通报批评。

第一百零二条 慈善组织不依法向捐赠人开具捐赠票据、不依法向志愿者出具志愿服务记录证明或者不及时主动向捐赠人反馈有关情况的,由民政部门予以警告,责令限期改正;逾期不改正的,责令限期停止活动。

第一百零三条 慈善组织弄虚作假骗取税收优惠的,由税务机关依法查处;情节严重的,由民政部门吊销登记证书并予以公告。

第一百零四条 慈善组织从事、资助危害国家安全或者社会公共利益活动的,由有关机关依法查处,由民政部门吊销登记证书并予以公告。

第一百零五条 慈善信托的受托人有下列情形之一的,由民政部门予以警告,责令限期改正;有违法所得的,由民政部门予以没收;对直接负责的主管人员和其他直接责任人员处二万元以上二十万元以下罚款:

(一)将信托财产及其收益用于非慈善目的的;

(二)未按照规定将信托事务处理情况及财务状况向民政部门报告或者向社会公开的。

第一百零六条 慈善服务过程中,因慈善组织或者志愿者过错造成受益人、第三人损害的,慈善组织依法承担赔偿责任;损害是由志愿者故意或者重大过失造成的,慈善组织可以向其追偿。

志愿者在参与慈善服务过程中,因慈善组织过错受到损害的,慈善组织依法承担赔偿责任;损害是由不可抗力造成的,慈善组织应当给予适当补偿。

第一百零七条 自然人、法人或者其他组织假借慈善名义或者假冒慈善组织骗取财产的,由公安机关依法查处。

第一百零八条 县级以上人民政府民政部门和其他有关部门及其工作人员有下列情形之一的,由上级机关或者监察机关责令改正;依法应当给予处分的,由任免机关或者监察机关对直接负责的主管人员和其他直接责任人员给予处分:

(一)未依法履行信息公开义务的;

(二)摊派或者变相摊派捐赠任务,强行指定志愿者、慈善组织提供服务的;

(三)未依法履行监督管理职责的;

(四)违法实施行政强制措施和行政处罚的;

(五)私分、挪用、截留或者侵占慈善财产的;

(六)其他滥用职权、玩忽职守、徇私舞弊的行为。

第一百零九条 违反本法规定,构成违反治安管理行为的,由公安机关依法给予治安管理处罚;构成犯罪的,依法追究刑事责任。

第十二章　附　　则

第一百一十条 城乡社区组织、单位可以在本社区、单位内部开展群众性互助互济活动。

第一百一十一条 慈善组织以外的其他组织可以开展力所能及的慈善活动。

第一百一十二条 本法自 2016 年 9 月 1 日起施行。

基金会管理条例

（2004 年 2 月 11 日国务院第 39 次常务会议通过　2004 年 3 月 8 日国务院令第 400 号公布　自 2004 年 6 月 1 日起施行）

第一章　总　　则

第一条　为了规范基金会的组织和活动，维护基金会、捐赠人和受益人的合法权益，促进社会力量参与公益事业，制定本条例。

第二条　本条例所称基金会，是指利用自然人、法人或者其他组织捐赠的财产，以从事公益事业为目的，按照本条例的规定成立的非营利性法人。

第三条　基金会分为面向公众募捐的基金会（以下简称公募基金会）和不得面向公众募捐的基金会（以下简称非公募基金会）。公募基金会按照募捐的地域范围，分为全国性公募基金会和地方性公募基金会。

第四条　基金会必须遵守宪法、法律、法规、规章和国家政策，不得危害国家安全、统一和民族团结，不得违背社会公德。

第五条　基金会依照章程从事公益活动，应当遵循公开、透明的原则。

第六条　国务院民政部门和省、自治区、直辖市人民政府民政部门是基金会的登记管理机关。

国务院民政部门负责下列基金会、基金会代表机构的登记管理工作：

（一）全国性公募基金会；

（二）拟由非内地居民担任法定代表人的基金会；

（三）原始基金超过 2000 万元，发起人向国务院民政部门提出设立申请的非公募基金会；

（四）境外基金会在中国内地设立的代表机构。

省、自治区、直辖市人民政府民政部门负责本行政区域内地方性公募基金会和不属于前款规定情况的非公募基金会的登记管理工作。

第七条 国务院有关部门或者国务院授权的组织，是国务院民政部门登记的基金会、境外基金会代表机构的业务主管单位。

省、自治区、直辖市人民政府有关部门或者省、自治区、直辖市人民政府授权的组织，是省、自治区、直辖市人民政府民政部门登记的基金会的业务主管单位。

第二章 设立、变更和注销

第八条 设立基金会，应当具备下列条件：

(一)为特定的公益目的而设立；

(二)全国性公募基金会的原始基金不低于800万元人民币，地方性公募基金会的原始基金不低于400万元人民币，非公募基金会的原始基金不低于200万元人民币；原始基金必须为到账货币资金；

(三)有规范的名称、章程、组织机构以及与其开展活动相适应的专职工作人员；

(四)有固定的住所；

(五)能够独立承担民事责任。

第九条 申请设立基金会，申请人应当向登记管理机关提交下列文件：

(一)申请书；

(二)章程草案；

(三)验资证明和住所证明；

(四)理事名单、身份证明以及拟任理事长、副理事长、秘书长简历；

(五)业务主管单位同意设立的文件。

第十条 基金会章程必须明确基金会的公益性质，不得规定使特定自然人、法人或者其他组织受益的内容。

基金会章程应当载明下列事项：

(一)名称及住所；

(二)设立宗旨和公益活动的业务范围；

(三)原始基金数额；

(四)理事会的组成、职权和议事规则，理事的资格、产生程序和任期；

（五）法定代表人的职责；

（六）监事的职责、资格、产生程序和任期；

（七）财务会计报告的编制、审定制度；

（八）财产的管理、使用制度；

（九）基金会的终止条件、程序和终止后财产的处理。

第十一条 登记管理机关应当自收到本条例第九条所列全部有效文件之日起60日内，作出准予或者不予登记的决定。准予登记的，发给《基金会法人登记证书》；不予登记的，应当书面说明理由。

基金会设立登记的事项包括：名称、住所、类型、宗旨、公益活动的业务范围、原始基金数额和法定代表人。

第十二条 基金会拟设立分支机构、代表机构的，应当向原登记管理机关提出登记申请，并提交拟设机构的名称、住所和负责人等情况的文件。

登记管理机关应当自收到前款所列全部有效文件之日起60日内作出准予或者不予登记的决定。准予登记的，发给《基金会分支（代表）机构登记证书》；不予登记的，应当书面说明理由。

基金会分支机构、基金会代表机构设立登记的事项包括：名称、住所、公益活动的业务范围和负责人。

基金会分支机构、基金会代表机构依据基金会的授权开展活动，不具有法人资格。

第十三条 境外基金会在中国内地设立代表机构，应当经有关业务主管单位同意后，向登记管理机关提交下列文件：

（一）申请书；

（二）基金会在境外依法登记成立的证明和基金会章程；

（三）拟设代表机构负责人身份证明及简历；

（四）住所证明；

（五）业务主管单位同意在中国内地设立代表机构的文件。

登记管理机关应当自收到前款所列全部有效文件之日起60日内，作出准予或者不予登记的决定。准予登记的，发给《境外基金会代表机构登记证书》；不予登记的，应当书面说明理由。

境外基金会代表机构设立登记的事项包括：名称、住所、公益活动的业务范围和负责人。

境外基金会代表机构应当从事符合中国公益事业性质的公益活动。境外基金会对其在中国内地代表机构的民事行为,依照中国法律承担民事责任。

第十四条 基金会、境外基金会代表机构依照本条例登记后,应当依法办理税务登记。

基金会、境外基金会代表机构,凭登记证书依法申请组织机构代码、刻制印章、开立银行账户。

基金会、境外基金会代表机构应当将组织机构代码、印章式样、银行账号以及税务登记证件复印件报登记管理机关备案。

第十五条 基金会、基金会分支机构、基金会代表机构和境外基金会代表机构的登记事项需要变更的,应当向登记管理机关申请变更登记。

基金会修改章程,应当征得其业务主管单位的同意,并报登记管理机关核准。

第十六条 基金会、境外基金会代表机构有下列情形之一的,应当向登记管理机关申请注销登记:

(一)按照章程规定终止的;

(二)无法按照章程规定的宗旨继续从事公益活动的;

(三)由于其他原因终止的。

第十七条 基金会撤销其分支机构、代表机构的,应当向登记管理机关办理分支机构、代表机构的注销登记。

基金会注销的,其分支机构、代表机构同时注销。

第十八条 基金会在办理注销登记前,应当在登记管理机关、业务主管单位的指导下成立清算组织,完成清算工作。

基金会应当自清算结束之日起 15 日内向登记管理机关办理注销登记;在清算期间不得开展清算以外的活动。

第十九条 基金会、基金会分支机构、基金会代表机构以及境外基金会代表机构的设立、变更、注销登记,由登记管理机关向社会公告。

第三章 组织机构

第二十条 基金会设理事会，理事为 5 人至 25 人，理事任期由章程规定，但每届任期不得超过 5 年。理事任期届满，连选可以连任。

用私人财产设立的非公募基金会，相互间有近亲属关系的基金会理事，总数不得超过理事总人数的三分之一；其他基金会，具有近亲属关系的不得同时在理事会任职。

在基金会领取报酬的理事不得超过理事总人数的三分之一。

理事会设理事长、副理事长和秘书长，从理事中选举产生，理事长是基金会的法定代表人。

第二十一条 理事会是基金会的决策机构，依法行使章程规定的职权。

理事会每年至少召开 2 次会议。理事会会议须有三分之二以上理事出席方能召开；理事会决议须经出席理事过半数通过方为有效。

下列重要事项的决议，须经出席理事表决，三分之二以上通过方为有效：

（一）章程的修改；

（二）选举或者罢免理事长、副理事长、秘书长；

（三）章程规定的重大募捐、投资活动；

（四）基金会的分立、合并。

理事会会议应当制作会议记录，并由出席理事审阅、签名。

第二十二条 基金会设监事。监事任期与理事任期相同。理事、理事的近亲属和基金会财会人员不得兼任监事。

监事依照章程规定的程序检查基金会财务和会计资料，监督理事会遵守法律和章程的情况。

监事列席理事会会议，有权向理事会提出质询和建议，并应当向登记管理机关、业务主管单位以及税务、会计主管部门反映情况。

第二十三条 基金会理事长、副理事长和秘书长不得由现职国家工作人员兼任。基金会的法定代表人，不得同时担任其他组织的法定代表人。公募基金会和原始基金来自中国内地的非公募基金会的法定代表人，应当由内地居民担任。

因犯罪被判处管制、拘役或者有期徒刑，刑期执行完毕之日起未逾5年的，因犯罪被判处剥夺政治权利正在执行期间或者曾经被判处剥夺政治权利的，以及曾在因违法被撤销登记的基金会担任理事长、副理事长或者秘书长，且对该基金会的违法行为负有个人责任，自该基金会被撤销之日起未逾5年的，不得担任基金会的理事长、副理事长或者秘书长。

基金会理事遇有个人利益与基金会利益关联时，不得参与相关事宜的决策；基金会理事、监事及其近亲属不得与其所在的基金会有任何交易行为。

监事和未在基金会担任专职工作的理事不得从基金会获取报酬。

第二十四条 担任基金会理事长、副理事长或者秘书长的香港居民、澳门居民、台湾居民、外国人以及境外基金会代表机构的负责人，每年在中国内地居留时间不得少于3个月。

第四章 财产的管理和使用

第二十五条 基金会组织募捐、接受捐赠，应当符合章程规定的宗旨和公益活动的业务范围。境外基金会代表机构不得在中国境内组织募捐、接受捐赠。

公募基金会组织募捐，应当向社会公布募得资金后拟开展的公益活动和资金的详细使用计划。

第二十六条 基金会及其捐赠人、受益人依照法律、行政法规的规定享受税收优惠。

第二十七条 基金会的财产及其他收入受法律保护，任何单位和个人不得私分、侵占、挪用。

基金会应当根据章程规定的宗旨和公益活动的业务范围使用其财产；捐赠协议明确了具体使用方式的捐赠，根据捐赠协议的约定使用。

接受捐赠的物资无法用于符合其宗旨的用途时，基金会可以依法拍卖或者变卖，所得收入用于捐赠目的。

第二十八条 基金会应当按照合法、安全、有效的原则实现基金的保值、增值。

第二十九条 公募基金会每年用于从事章程规定的公益事业支出，不得低于上一年总收入的70%;非公募基金会每年用于从事章程规定的公益事业支出,不得低于上一年基金余额的8%。

基金会工作人员工资福利和行政办公支出不得超过当年总支出的10%。

第三十条 基金会开展公益资助项目,应当向社会公布所开展的公益资助项目种类以及申请、评审程序。

第三十一条 基金会可以与受助人签订协议,约定资助方式、资助数额以及资金用途和使用方式。

基金会有权对资助的使用情况进行监督。受助人未按协议约定使用资助或者有其他违反协议情形的,基金会有权解除资助协议。

第三十二条 基金会应当执行国家统一的会计制度,依法进行会计核算、建立健全内部会计监督制度。

第三十三条 基金会注销后的剩余财产应当按照章程的规定用于公益目的;无法按照章程规定处理的,由登记管理机关组织捐赠给与该基金会性质、宗旨相同的社会公益组织,并向社会公告。

第五章 监督管理

第三十四条 基金会登记管理机关履行下列监督管理职责:

(一)对基金会、境外基金会代表机构实施年度检查;

(二)对基金会、境外基金会代表机构依照本条例及其章程开展活动的情况进行日常监督管理;

(三)对基金会、境外基金会代表机构违反本条例的行为依法进行处罚。

第三十五条 基金会业务主管单位履行下列监督管理职责:

(一)指导、监督基金会、境外基金会代表机构依据法律和章程开展公益活动;

(二)负责基金会、境外基金会代表机构年度检查的初审;

(三)配合登记管理机关、其他执法部门查处基金会、境外基金会代表机构的违法行为。

第三十六条 基金会、境外基金会代表机构应当于每年3月31日前向登记管理机关报送上一年度工作报告，接受年度检查。年度工作报告在报送登记管理机关前应当经业务主管单位审查同意。

年度工作报告应当包括：财务会计报告、注册会计师审计报告，开展募捐、接受捐赠、提供资助等活动的情况以及人员和机构的变动情况等。

第三十七条 基金会应当接受税务、会计主管部门依法实施的税务监督和会计监督。

基金会在换届和更换法定代表人之前，应当进行财务审计。

第三十八条 基金会、境外基金会代表机构应当在通过登记管理机关的年度检查后，将年度工作报告在登记管理机关指定的媒体上公布，接受社会公众的查询、监督。

第三十九条 捐赠人有权向基金会查询捐赠财产的使用、管理情况，并提出意见和建议。对于捐赠人的查询，基金会应当及时如实答复。

基金会违反捐赠协议使用捐赠财产的，捐赠人有权要求基金会遵守捐赠协议或者向人民法院申请撤销捐赠行为、解除捐赠协议。

第六章 法律责任

第四十条 未经登记或者被撤销登记后以基金会、基金会分支机构、基金会代表机构或者境外基金会代表机构名义开展活动的，由登记管理机关予以取缔，没收非法财产并向社会公告。

第四十一条 基金会、基金会分支机构、基金会代表机构或者境外基金会代表机构有下列情形之一的，登记管理机关应当撤销登记：

（一）在申请登记时弄虚作假骗取登记的，或者自取得登记证书之日起12个月内未按章程规定开展活动的；

（二）符合注销条件，不按照本条例的规定办理注销登记仍继续开展活动的。

第四十二条 基金会、基金会分支机构、基金会代表机构或者境外基金会代表机构有下列情形之一的，由登记管理机关给予警告、责令停止活动；情节严重的，可以撤销登记：

（一）未按照章程规定的宗旨和公益活动的业务范围进行活动的；

（二）在填制会计凭证、登记会计账簿、编制财务会计报告中弄虚作假的；

（三）不按照规定办理变更登记的；

（四）未按照本条例的规定完成公益事业支出额度的；

（五）未按照本条例的规定接受年度检查，或者年度检查不合格的；

（六）不履行信息公布义务或者公布虚假信息的。

基金会、境外基金会代表机构有前款所列行为的，登记管理机关应当提请税务机关责令补交违法行为存续期间所享受的税收减免。

第四十三条 基金会理事会违反本条例和章程规定决策不当，致使基金会遭受财产损失的，参与决策的理事应当承担相应的赔偿责任。

基金会理事、监事以及专职工作人员私分、侵占、挪用基金会财产的，应当退还非法占用的财产；构成犯罪的，依法追究刑事责任。

第四十四条 基金会、境外基金会代表机构被责令停止活动的，由登记管理机关封存其登记证书、印章和财务凭证。

第四十五条 登记管理机关、业务主管单位工作人员滥用职权、玩忽职守、徇私舞弊，构成犯罪的，依法追究刑事责任；尚不构成犯罪的，依法给予行政处分或者纪律处分。

第七章 附　　则

第四十六条 本条例所称境外基金会，是指在外国以及中华人民共和国香港特别行政区、澳门特别行政区和台湾地区合法成立的基金会。

第四十七条 基金会设立申请书、基金会年度工作报告的格式以及基金会章程范本，由国务院民政部门制订。

第四十八条 本条例自2004年6月1日起施行，1988年9月27日国务院发布的《基金会管理办法》同时废止。

本条例施行前已经设立的基金会、境外基金会代表机构，应当自本条例施行之日起6个月内，按照本条例的规定申请换发登记证书。

社会团体登记管理条例

（1998年9月25日国务院第8次常务会议通过
1998年10月25日国务院令第250号公布施行
根据2016年2月6日《国务院关于修改部分行政法规的决定》修订）

第一章　总　　则

第一条　为了保障公民的结社自由，维护社会团体的合法权益，加强对社会团体的登记管理，促进社会主义物质文明、精神文明建设，制定本条例。

第二条　例所称社会团体，是指中国公民自愿组成，为实现会员共同意愿，按照其章程开展活动的非营利性社会组织。

国家机关以外的组织可以作为单位会员加入社会团体。

第三条　社会团体，应当经其业务主管单位审查同意，并依照本条例的规定进行登记。

社会团体应当具备法人条件。

下列团体不属于本条例规定登记的范围：

（一）参加中国人民政治协商会议的人民团体；

（二）由国务院机构编制管理机关核定，并经国务院批准免于登记的团体；

（三）机关、团体、企业事业单位内部经本单位批准成立、在本单位内部活动的团体。

第四条　社会团体必须遵守宪法、法律、法规和国家政策，不得反对宪法确定的基本原则，不得危害国家的统一、安全和民族的团结，不得损害国家利益、社会公共利益以及其他组织和公民的合法权益，不得违背社会道德风尚。

社会团体不得从事营利性经营活动。

第五条 国家保护社会团体依照法律、法规及其章程开展活动，任何组织和个人不得非法干涉。

第六条 国务院民政部门和县级以上地方各级人民政府民政部门是本级人民政府的社会团体登记管理机关（以下简称登记管理机关）。

国务院有关部门和县级以上地方各级人民政府有关部门、国务院或者县级以上地方各级人民政府授权的组织，是有关行业、学科或者业务范围内社会团体的业务主管单位（以下简称业务主管单位）。

法律、行政法规对社会团体的监督管理另有规定的，依照有关法律、行政法规的规定执行。

第二章 管 辖

第七条 全国性的社会团体，由国务院的登记管理机关负责登记管理；地方性的社会团体，由所在地人民政府的登记管理机关负责登记管理；跨行政区域的社会团体，由所跨行政区域的共同上一级人民政府的登记管理机关负责登记管理。

第八条 登记管理机关、业务主管单位与其管辖的社会团体的住所不在一地的，可以委托社会团体住所地的登记管理机关、业务主管单位负责委托范围内的监督管理工作。

第三章 成立登记

第九条 申请成立社会团体，应当经其业务主管单位审查同意，由发起人向登记管理机关申请登记。

筹备期间不得开展筹备以外的活动。

第十条 成立社会团体，应当具备下列条件：

（一）有50个以上的个人会员或者30个以上的单位会员；个人会员、单位会员混合组成的，会员总数不得少于50个；

（二）有规范的名称和相应的组织机构；

（三）有固定的住所；

（四）有与其业务活动相适应的专职工作人员；

（五）有合法的资产和经费来源，全国性的社会团体有 10 万元以上活动资金，地方性的社会团体和跨行政区域的社会团体有 3 万元以上活动资金；

（六）有独立承担民事责任的能力。

社会团体的名称应当符合法律、法规的规定，不得违背社会道德风尚。社会团体的名称应当与其业务范围、成员分布、活动地域相一致，准确反映其特征。全国性的社会团体的名称冠以“中国”、“全国”、“中华”等字样的，应当按照国家有关规定经过批准，地方性的社会团体的名称不得冠以“中国”、“全国”、“中华”等字样。

第十一条 申请登记社会团体，发起人应当向登记管理机关提交下列文件：

（一）登记申请书；

（二）业务主管单位的批准文件；

（三）验资报告、场所使用权证明；

（四）发起人和拟任负责人的基本情况、身份证明；

（五）章程草案。

第十二条 登记管理机关应当自收到本条例第十一条所列全部有效文件之日起 60 日内，作出准予或者不予登记的决定。准予登记的，发给《社会团体法人登记证书》；不予登记的，应当向发起人说明理由。

社会团体登记事项包括：名称、住所、宗旨、业务范围、活动地域、法定代表人、活动资金和业务主管单位。

社会团体的法定代表人，不得同时担任其他社会团体的法定代表人。

第十三条 有下列情形之一的，登记管理机关不予登记：

（一）有根据证明申请筹备的社会团体的宗旨、业务范围不符合本条例第四条的规定的；

（二）在同一行政区域内已有业务范围相同或者相似的社会团体，没有必要成立的；

（三）发起人、拟任负责人正在或者曾经受到剥夺政治权利的刑事处罚，或者不具有完全民事行为能力的；

（四）在申请登记时弄虚作假的；

（五）有法律、行政法规禁止的其他情形的。

第十四条 社会团体的章程应当包括下列事项：

（一）名称、住所；

（二）宗旨、业务范围和活动地域；

（三）会员资格及其权利、义务；

（四）民主的组织管理制度，执行机构的产生程序；

（五）负责人的条件和产生、罢免的程序；

（六）资产管理和使用的原则；

（七）章程的修改程序；

（八）终止程序和终止后资产的处理；

（九）应当由章程规定的其他事项。

第十五条 依照法律规定，自批准成立之日起即具有法人资格的社会团体，应当自批准成立之日起60日内向登记管理机关提交批准文件，申领《社会团体法人登记证书》。登记管理机关自收到文件之日起30日内发给《社会团体法人登记证书》。

第十六条 社会团体凭《社会团体法人登记证书》申请刻制印章，开立银行帐户。社会团体应当将印章式样和银行帐号报登记管理机关备案。

第十七条 社会团体的分支机构、代表机构是社会团体的组成部分，不具有法人资格，应当按照其所属于的社会团体的章程所规定的宗旨和业务范围，在该社会团体授权的范围内开展活动、发展会员。社会团体的分支机构不得再设立分支机构。

社会团体不得设立地域性的分支机构。

第四章 变更登记、注销登记

第十八条 社会团体的登记事项需要变更的，应当自业务主管单位审查同意之日起30日内，向登记管理机关申请变更登记。

社会团体修改章程，应当自业务主管单位审查同意之日起30日内，报登记管理机关核准。

第十九条 社会团体有下列情形之一的，应当在业务主管单位审查同意后，向登记管理机关申请注销登记：

（一）完成社会团体章程规定的宗旨的；

（二）自行解散的；

（三）分立、合并的；

（四）由于其他原因终止的。

第二十条 社会团体在办理注销登记前，应当在业务主管单位及其他有关机关的指导下，成立清算组织，完成清算工作。清算期间，社会团体不得开展清算以外的活动。

第二十一条 社会团体应当自清算结束之日起15日内向登记管理机关办理注销登记。办理注销登记，应当提交法定代表人签署的注销登记申请书、业务主管单位的审查文件和清算报告书。

登记管理机关准予注销登记的，发给注销证明文件，收缴该社会团体的登记证书、印章和财务凭证。

第二十二条 社会团体处分注销后的剩余财产，按照国家有关规定办理。

第二十三条 社会团体成立、注销或者变更名称、住所、法定代表人，由登记管理机关予以公告。

第五章 监督管理

第二十四条 登记管理机关履行下列监督管理职责：

（一）负责社会团体的成立、变更、注销的登记；

（二）对社会团体实施年度检查；

（三）对社会团体违反本条例的问题进行监督检查，对社会团体违反本条例的行为给予行政处罚。

第二十五条 业务主管单位履行下列监督管理职责：

（一）负责社会团体成立登记、变更登记、注销登记前的审查；

（二）监督、指导社会团体遵守宪法、法律、法规和国家政策，依据其章程开展活动；

（三）负责社会团体年度检查的初审；

（四）协助登记管理机关和其他有关部门查处社会团体的违法行为；

（五）会同有关机关指导社会团体的清算事宜。

业务主管单位履行前款规定的职责，不得向社会团体收取费用。

第二十六条 社会团体的资产来源必须合法，任何单位和个人不得侵占、私分或者挪用社会团体的资产。

社会团体的经费，以及开展章程规定的活动按照国家有关规定所取得的合法收入，必须用于章程规定的业务活动，不得在会员中分配。

社会团体接受捐赠、资助，必须符合章程规定的宗旨和业务范围，必须根据与捐赠人、资助人约定的期限、方式和合法用途使用。社会团体应当向业务主管单位报告接受、使用捐赠、资助的有关情况，并应当将有关情况以适当方式向社会公布。

社会团体专职工作人员的工资和保险福利待遇，参照国家对事业单位的有关规定执行。

第二十七条 社会团体必须执行国家规定的财务管理制度，接受财政部门的监督；资产来源属于国家拨款或者社会捐赠、资助的，还应当接受审计机关的监督。

社会团体在换届或者更换法定代表人之前，登记管理机关、业务主管单位应当组织对其进行财务审计。

第二十八条 社会团体应当于每年 3 月 31 日前向业务主管单位报送上一年度的工作报告，经业务主管单位初审同意后，于 5 月 31 日前报送登记管理机关，接受年度检查。工作报告的内容包括：本社会团体遵守法律法规和国家政策的情况、依照本条例履行登记手续的情况、按照章程开展活动的情况、人员和机构变动的情况以及财务管理的情况。

对于依照本条例第十七条的规定发给《社会团体法人登记证书》的社会团体，登记管理机关对其应当简化年度检查的内容。

第六章 罚　　则

第二十九条 社会团体在申请登记时弄虚作假，骗取登记的，或者自取得《社会团体法人登记证书》之日起 1 年未开展活动的，由登记管理机关予以撤销登记。

第三十条 社会团体有下列情形之一的，由登记管理机关给予警告，责令改正，可以限期停止活动，并可以责令撤换直接负责的主管人员；情节严重的，予以撤销登记；构成犯罪的，依法追究刑事责任：

（一）涂改、出租、出借《社会团体法人登记证书》，或者出租、出借社会团体印章的；

（二）超出章程规定的宗旨和业务范围进行活动的；

（三）拒不接受或者不按照规定接受监督检查的；

（四）不按照规定办理变更登记的；

（五）违反规定设立分支机构、代表机构，或者对分支机构、代表机构疏于管理，造成严重后果的；

（六）从事营利性的经营活动的；

（七）侵占、私分、挪用社会团体资产或者所接受的捐赠、资助的；

（八）违反国家有关规定收取费用、筹集资金或者接受、使用捐赠、资助的。

前款规定的行为有违法经营额或者违法所得的，予以没收，可以并处违法经营额1倍以上3倍以下或者违法所得3倍以上5倍以下的罚款。

第三十一条 社会团体的活动违反其他法律、法规的，由有关国家机关依法处理；有关国家机关认为应当撤销登记的，由登记管理机关撤销登记。

第三十二条 筹备期间开展筹备以外的活动，或者未经登记，擅自以社会团体名义进行活动，以及被撤销登记的社会团体继续以社会团体名义进行活动的，由登记管理机关予以取缔，没收非法财产；构成犯罪的，依法追究刑事责任；尚不构成犯罪的，依法给予治安管理处罚。

第三十三条 社会团体被责令限期停止活动的，由登记管理机关封存《社会团体法人登记证书》、印章和财务凭证。

社会团体被撤销登记的，由登记管理机关收缴《社会团体法人登记证书》和印章。

第三十四条 登记管理机关、业务主管单位的工作人员滥用职权、徇私舞弊、玩忽职守构成犯罪的，依法追究刑事责任；尚不构成犯罪的，依法给予行政处分。

第七章 附　　则

第三十五条 《社会团体法人登记证书》的式样由国务院民政部门

制定。

对社会团体进行年度检查不得收取费用。

第三十六条 本条例施行前已经成立的社会团体,应当自本条例施行之日起1年内依照本条例有关规定申请重新登记。

第三十七条 本条例自发布之日起施行。1989年10月25日国务院发布的《社会团体登记管理条例》同时废止。

民办非企业单位登记管理暂行条例

（1998年9月25日国务院第8次常务会议通过
1998年10月25日国务院令第251号公布施行）

第一章　总　　则

第一条　为了规范民办非企业单位的登记管理，保障民办非企业单位的合法权益，促进社会主义物质文明、精神文明建设，制定本条例。

第二条　本条例所称民办非企业单位，是指企业事业单位、社会团体和其他社会力量以及公民个人利用非国有资产举办的，从事非营利性社会服务活动的社会组织。

第三条　成立民办非企业单位，应当经其业务主管单位审查同意，并依照本条例的规定登记。

第四条　民办非企业单位应当遵守宪法、法律、法规和国家政策，不得反对宪法确定的基本原则，不得危害国家的统一、安全和民族的团结，不得损害国家利益、社会公共利益以及其他社会组织和公民的合法权益，不得违背社会道德风尚。

民办非企业单位不得从事营利性经营活动。

第五条　国务院民政部门和县级以上地方各级人民政府民政部门是本级人民政府的民办非企业单位登记管理机关（以下简称登记管理机关）。

国务院有关部门和县级以上地方各级人民政府的有关部门、国务院或者县级以上地方各级人民政府授权的组织，是有关行业、业务范围内民办非企业单位的业务主管单位（以下简称业务主管单位）。

法律、行政法规对民办非企业单位的监督管理另有规定的，依照有关法律、行政法规的规定执行。

第二章　管　　辖

第六条　登记管理机关负责同级业务主管单位审查同意的民办非企业单位的登记管理。

第七条　登记管理机关、业务主管单位与其管辖的民办非企业单位的住所不在一地的,可以委托民办非企业单位住所地的登记管理机关、业务主管单位负责委托范围内的监督管理工作。

第三章　登　　记

第八条　申请登记民办非企业单位,应当具备下列条件:

(一)经业务主管单位审查同意;

(二)有规范的名称、必要的组织机构;

(三)有与其业务活动相适应的从业人员;

(四)有与其业务活动相适应的合法财产;

(五)有必要的场所。

民办非企业单位的名称应当符合国务院民政部门的规定,不得冠以"中国"、"全国"、"中华"等字样。

第九条　申请民办非企业单位登记,举办者应当向登记管理机关提交下列文件:

(一)登记申请书;

(二)业务主管单位的批准文件;

(三)场所使用权证明;

(四)验资报告;

(五)拟任负责人的基本情况、身份证明;

(六)章程草案。

第十条　民办非企业单位的章程应当包括下列事项:

(一)名称、住所;

(二)宗旨和业务范围;

(三)组织管理制度;

(四)法定代表人或者负责人的产生、罢免的程序;

（五）资产管理和使用的原则；

（六）章程的修改程序；

（七）终止程序和终止后资产的处理；

（八）需要由章程规定的其他事项。

第十一条 登记管理机关应当自收到成立登记申请的全部有效文件之日起60日内作出准予登记或者不予登记的决定。

有下列情形之一的，登记管理机关不予登记，并向申请人说明理由：

（一）有根据证明申请登记的民办非企业单位的宗旨、业务范围不符合本条例第四条规定的；

（二）在申请成立时弄虚作假的；

（三）在同一行政区域内已有业务范围相同或者相似的民办非企业单位，没有必要成立的；

（四）拟任负责人正在或者曾经受到剥夺政治权利的刑事处罚，或者不具有完全民事行为能力的；

（五）有法律、行政法规禁止的其他情形的。

第十二条 准予登记的民办非企业单位，由登记管理机关登记民办非企业单位的名称、住所、宗旨和业务范围、法定代表人或者负责人、开办资金、业务主管单位，并根据其依法承担民事责任的不同方式，分别发给《民办非企业单位（法人）登记证书》、《民办非企业单位（合伙）登记证书》、《民办非企业单位（个体）登记证书》。

依照法律、其他行政法规规定，经有关主管部门依法审核或者登记，已经取得相应的执业许可证书的民办非企业单位，登记管理机关应当简化登记手续，凭有关主管部门出具的执业许可证明文件，发给相应的民办非企业单位登记证书。

第十三条 民办非企业单位不得设立分支机构。

第十四条 民办非企业单位凭登记证书申请刻制印章，开立银行账户。民办非企业单位应当将印章式样、银行账号报登记管理机关备案。

第十五条 民办非企业单位的登记事项需要变更的，应当自业务主管单位审查同意之日起30日内，向登记管理机关申请变更登记。

民办非企业单位修改章程，应当自业务主管单位审查同意之日起30日内,报登记管理机关核准。

第十六条 民办非企业单位自行解散的,分立、合并的,或者由于其他原因需要注销登记的,应当向登记管理机关办理注销登记。

民办非企业单位在办理注销登记前,应当在业务主管单位和其他有关机关的指导下,成立清算组织,完成清算工作。清算期间,民办非企业单位不得开展清算以外的活动。

第十七条 民办非企业单位法定代表人或者负责人应当自完成清算之日起 15 日内,向登记管理机关办理注销登记。办理注销登记,须提交注销登记申请书、业务主管单位的审查文件和清算报告。

登记管理机关准予注销登记的,发给注销证明文件,收缴登记证书、印章和财务凭证。

第十八条 民办非企业单位成立、注销以及变更名称、住所、法定代表人或者负责人,由登记管理机关予以公告。

第四章 监督管理

第十九条 登记管理机关履行下列监督管理职责:

(一)负责民办非企业单位的成立、变更、注销登记;

(二)对民办非企业单位实施年度检查;

(三)对民办非企业单位违反本条例的问题进行监督检查,对民办非企业单位违反本条例的行为给予行政处罚。

第二十条 业务主管单位履行下列监督管理职责:

(一)负责民办非企业单位成立、变更、注销登记前的审查;

(二)监督、指导民办非企业单位遵守宪法、法律、法规和国家政策,按照章程开展活动;

(三)负责民办非企业单位年度检查的初审;

(四)协助登记管理机关和其他有关部门查处民办非企业单位的违法行为;

(五)会同有关机关指导民办非企业单位的清算事宜。

业务主管单位履行前款规定的职责,不得向民办非企业单位收取费用。

第二十一条 民办非企业单位的资产来源必须合法,任何单位和个人不得侵占、私分或者挪用民办非企业单位的资产。

民办非企业单位开展章程规定的活动，按照国家有关规定取得的合法收入，必须用于章程规定的业务活动。

民办非企业单位接受捐赠、资助，必须符合章程规定的宗旨和业务范围，必须根据与捐赠人、资助人约定的期限、方式和合法用途使用。民办非企业单位应当向业务主管单位报告接受、使用捐赠、资助的有关情况，并应当将有关情况以适当方式向社会公布。

第二十二条 民办非企业单位必须执行国家规定的财务管理制度，接受财政部门的监督；资产来源属于国家资助或者社会捐赠、资助的，还应当接受审计机关的监督。

民办非企业单位变更法定代表人或者负责人，登记管理机关、业务主管单位应当组织对其进行财务审计。

第二十三条 民办非企业单位应当于每年3月31日前向业务主管单位报送上一年度的工作报告，经业务主管单位初审同意后，于5月31日前报送登记管理机关，接受年度检查。工作报告内容包括：本民办非企业单位遵守法律法规和国家政策的情况、依照本条例履行登记手续的情况、按照章程开展活动的情况、人员和机构变动的情况以及财务管理的情况。

对于依照本条例第十二条第二款的规定发给登记证书的民办非企业单位，登记管理机关对其应当简化年度检查的内容。

第五章 罚 则

第二十四条 民办非企业单位在申请登记时弄虚作假，骗取登记的，或者业务主管单位撤销批准的，由登记管理机关予以撤销登记。

第二十五条 民办非企业单位有下列情形之一的，由登记管理机关予以警告，责令改正，可以限期停止活动；情节严重的，予以撤销登记；构成犯罪的，依法追究刑事责任：

（一）涂改、出租、出借民办非企业单位登记证书，或者出租、出借民办非企业单位印章的；

（二）超出其章程规定的宗旨和业务范围进行活动的；

（三）拒不接受或者不按照规定接受监督检查的；

（四）不按照规定办理变更登记的；

（五）设立分支机构的；

（六）从事营利性的经营活动的；

（七）侵占、私分、挪用民办非企业单位的资产或者所接受的捐赠、资助的；

（八）违反国家有关规定收取费用、筹集资金或者接受使用捐赠、资助的。

前款规定的行为有违法经营额或者违法所得的，予以没收，可以并处违法经营额1倍以上3倍以下或者违法所得3倍以上5倍以下的罚款。

第二十六条 民办非企业单位的活动违反其他法律、法规的，由有关国家机关依法处理；有关国家机关认为应当撤销登记的，由登记管理机关撤销登记。

第二十七条 未经登记，擅自以民办非企业单位名义进行活动的，或者被撤销登记的民办非企业单位继续以民办非企业单位名义进行活动的，由登记管理机关予以取缔，没收非法财产；构成犯罪的，依法追究刑事责任；尚不构成犯罪的，依法给予治安管理处罚。

第二十八条 民办非企业单位被限期停止活动的，由登记管理机关封存其登记证书、印章和财务凭证。

民办非企业单位被撤销登记的，由登记管理机关收缴登记证书和印章。

第二十九条 登记管理机关、业务主管单位的工作人员滥用职权、徇私舞弊、玩忽职守构成犯罪的，依法追究刑事责任；尚不构成犯罪的，依法给予行政处分。

第六章 附 则

第三十条 民办非企业单位登记证书的式样由国务院民政部门制定。

对民办非企业单位进行年度检查不得收取费用。

第三十一条 本条例施行前已经成立的民办非企业单位，应当自本条例实施之日起1年内依照本条例有关规定申请登记。

第三十二条 本条例自发布之日起施行。

二、中央相关文件

中共中央办公厅、国务院办公厅
关于改革社会组织管理制度
促进社会组织健康有序发展的意见

（2016 年 8 月 21 日）

为深入贯彻党的十八大和十八届二中、三中、四中、五中全会精神，进一步加强社会组织建设，激发社会组织活力，现就改革社会组织管理制度、促进社会组织健康有序发展提出以下意见。

一、重要性和紧迫性

以社会团体、基金会和社会服务机构为主体组成的社会组织，是我国社会主义现代化建设的重要力量。党中央、国务院历来高度重视社会组织工作，改革开放以来，在各级党委和政府的重视和支持下，我国社会组织不断发展，在促进经济发展、繁荣社会事业、创新社会治理、扩大对外交往等方面发挥了积极作用。同时也要看到，目前社会组织工作中还存在法规制度建设滞后、管理体制不健全、支持引导力度不够、社会组织自身建设不足等问题，从总体上看社会组织发挥作用还不够充分，一些社会组织违法违规现象时有发生。当前，我国正处于全面建成小康社会决胜阶段，改革社会组织管理制度、促进社会组织健康有序发展，有利于厘清政府、市场、社会关系，完善社会主义市场经济体制；有利于改进公共服务供给方式，加强和创新社会治理；有利于激发社会活力，巩固和扩大党的执政基础。各地区各部门要站在战略和全局高度，充分认识做好这项工作的重要性和紧迫性，将其作为一项重要基础性工作来抓，主动适应新形势新任务要求，全面落实相关政策措施，扎扎实实做好各项工作。

二、指导思想、基本原则和总体目标

（一）指导思想。以邓小平理论、“三个代表”重要思想、科学发展观为指导，深入贯彻习近平总书记系列重要讲话精神，按照“四个全面”战略布局要求，贯彻落实创新、协调、绿色、开放、共享发展理念，一手抓积极引导发展，一手抓严格依法管理，充分发挥社会组织服务国家、服务社会、服务群众、服务行业的作用，努力走出一条具有中国特色的社会组织发展之路。

（二）基本原则

——坚持党的领导。按照党中央明确的党组织在社会组织中的功能定位，发挥党组织的政治核心作用，加强社会组织党的建设，注重加强对社会组织的政治引领和示范带动，支持群团组织充分发挥作用，增强联系服务群众的合力，确保社会组织发展的正确政治方向。

——坚持改革创新。改革社会组织管理制度，正确处理政府、市场、社会三者关系，改革制约社会组织发展的体制机制，激发社会组织内在活力和发展动力，促进社会组织真正成为提供服务、反映诉求、规范行为、促进和谐的重要力量。

——坚持放管并重。处理好“放”和“管”的关系，既要简政放权，优化服务，积极培育扶持，又要加强事中事后监管，促进社会组织健康有序发展。

——坚持积极稳妥推进。统筹兼顾，分类指导，抓好试点，确保改革工作平稳过渡、有序推进。

（三）总体目标。到2020年，统一登记、各司其职、协调配合、分级负责、依法监管的中国特色社会组织管理体制建立健全，社会组织法规政策更加完善，综合监管更加有效，党组织作用发挥更加明显，发展环境更加优化；政社分开、权责明确、依法自治的社会组织制度基本建立，结构合理、功能完善、竞争有序、诚信自律、充满活力的社会组织发展格局基本形成。

三、大力培育发展社区社会组织

（一）降低准入门槛。对在城乡社区开展为民服务、养老照护、公益慈善、促进和谐、文体娱乐和农村生产技术服务等活动的社区社会组织，采取降低准入门槛的办法，支持鼓励发展。对符合登记条件的社区社会组织，优化服务，加快审核办理程序，并简化登记程序。对达不到登记条件的社区社会组织，按照不同规模、业务范围、成员构成和服务对象，由街道办事处（乡镇政府)实施管理,加强分类指导和业务指导。鼓励在街道(乡镇)成立社区社会组织联合会,发挥管理服务协调作用。

(二)积极扶持发展。鼓励依托街道(乡镇)综合服务中心和城乡社区服务站等设施,建立社区社会组织综合服务平台,为社区社会组织提供组织运作、活动场地、活动经费、人才队伍等方面支持。采取政府购买服务、设立项目资金、补贴活动经费等措施,加大对社区社会组织扶持力度,重点培育为老年人、妇女、儿童、残疾人、失业人员、农民工、服刑人员未成年子女、困难家庭、严重精神障碍患者、有不良行为青少年、社区矫正人员等特定群体服务的社区社会组织。有条件的地方可探索建立社区社会组织孵化机制,设立孵化培育资金,建设孵化基地。鼓励社会力量支持社区社会组织发展。

(三)增强服务功能。发挥社区社会组织在创新基层社会治理中的积极作用,推动建立多元主体参与的社区治理格局。鼓励社区社会组织开展邻里互助、居民融入、纠纷调解、平安创建等社区活动,组织社区居民参与社区公共事务和公益事业,促进社区和谐稳定。支持社区社会组织承接社区公共服务和基层政府委托事项,开展社区志愿服务。建立社区社会组织与社区建设、社会工作联动机制,促进资源共享、优势互补,把社区社会组织建设成为增强社区自治和服务功能、吸纳社会工作人才的重要载体。

四、完善扶持社会组织发展政策措施

(一)支持社会组织提供公共服务。结合政府职能转变和行政审批改革,将政府部门不宜行使、适合市场和社会提供的事务性管理工作及公共服务,通过竞争性方式交由社会组织承担。逐步扩大政府向社会组织购买服务的范围和规模,对民生保障、社会治理、行业管理等公共服务项目,同等条件下优先向社会组织购买。

(二)完善财政税收支持政策。中央财政继续安排专项资金,有条件的地方可参照安排专项资金,支持社会组织参与社会服务,加强社会组织能力建设,有计划有重点地扶持一批品牌性社会组织。落实国家对社会组织各项税收优惠政策,符合条件的社会组织按照有关法律法规享受相关税收优惠政策。财政、税务部门要结合综合监管体制建设,研究完善社会组织税收政策体系和票据管理制度,改进和落实公益慈善事业捐赠税收优惠制度。鼓励银行业金融机构加大对符合条件社会组织的金融支持力度。

（三）完善人才政策。把社会组织人才工作纳入国家人才工作体系，对社会组织的专业技术人员执行与相关行业相同的职业资格、注册考核、职称评定政策，对符合条件的社会组织专门人才给予相关补贴，将社会组织人才纳入国家专业技术人才知识更新工程。建立社会组织负责人培训制度，引导其自觉践行社会主义核心价值观，增强社会责任意识和诚信意识。积极向国际组织推荐具备国际视野的社会组织人才。有关部门和群团组织要将社会组织及其从业人员纳入有关表彰奖励推荐范围。民政部、人力资源社会保障部要会同有关部门研究制定加强社会组织人才工作的意见。

（四）发挥社会组织积极作用。进一步发挥社会组织在促进经济发展、管理社会事务、提供公共服务中的作用。支持社会组织尤其是行业协会商会在服务企业发展、规范市场秩序、开展行业自律、制定团体标准、维护会员权益、调解贸易纠纷等方面发挥作用，使之成为推动经济发展的重要力量。支持社会组织在创新社会治理、化解社会矛盾、维护社会秩序、促进社会和谐等方面发挥作用，使之成为社会建设的重要主体。支持社会组织在发展公益慈善事业、繁荣科学文化、扩大就业渠道等方面发挥作用，满足人民群众多样化需求。

五、依法做好社会组织登记审查

（一）稳妥推进直接登记。重点培育、优先发展行业协会商会类、科技类、公益慈善类、城乡社区服务类社会组织。成立行业协会商会，按照《行业协会商会与行政机关脱钩总体方案》的精神，直接向民政部门依法申请登记。在自然科学和工程技术领域内从事学术研究和交流活动的科技类社会组织，以及提供扶贫、济困、扶老、救孤、恤病、助残、救灾、助医、助学服务的公益慈善类社会组织，直接向民政部门依法申请登记。为满足城乡社区居民生活需求，在社区内活动的城乡社区服务类社会组织，直接向县级民政部门依法申请登记。民政部门审查直接登记申请时，要广泛听取意见，根据需要征求有关部门意见或组织专家进行评估。国务院法制办要抓紧推动修订《社会团体登记管理条例》等行政法规。民政部要会同有关部门尽快制定直接登记的社会组织分类标准和具体办法。

（二）完善业务主管单位前置审查。对直接登记范围之外的其他社会组织，继续实行登记管理机关和业务主管单位双重负责的管理体制。业务主管单位要健全工作程序,完善审查标准,切实加强对社会组织名称、宗旨、业务范围、发起人和拟任负责人的把关,支持符合条件的社会组织依法成立。

(三)严格民政部门登记审查。民政部门要会同行业管理部门及相关党建工作机构,加强对社会组织发起人、拟任负责人资格审查。对跨领域、跨行业以及业务宽泛、不易界定的社会组织,按照明确、清晰、聚焦主业的原则,加强名称审核、业务范围审定,听取利益相关方和管理部门意见。严禁社会组织之间建立垂直领导或变相垂直领导关系,严禁社会组织设立地域性分支机构。对全国性社会团体,要从成立的必要性、发起人的代表性、会员的广泛性等方面认真加以审核,业务范围相似的,要充分进行论证。活动地域跨省(自治区、直辖市)的社会组织比照全国性社会组织从严审批。

(四)强化社会组织发起人责任。国务院法制办会同民政部推动将社会组织发起人的资格、人数、行为、责任等事项纳入有关行政法规予以规范。发起人应当对社会组织登记材料的合法性、真实性、准确性、有效性、完整性负责,对社会组织登记之前的活动负责,主要发起人应当担任首届负责人。建立发起人不良行为记录档案。发起人不得以拟成立社会组织名义开展与发起无关的活动,禁止向非特定对象发布筹备和筹款信息。党政领导干部未经批准不得发起成立社会组织。经批准担任发起人但不履行责任的,批准机关要严肃问责。

六、严格管理和监督

(一)加强对社会组织负责人的管理。民政部门会同有关部门建立社会组织负责人任职、约谈、警告、责令撤换、从业禁止等管理制度,落实法定代表人离任审计制度。建立负责人不良行为记录档案,强化社会组织负责人过错责任追究,对严重违法违规的,责令撤换并依法依规追究责任。推行社会组织负责人任职前公示制度、法定代表人述职制度。

(二)加强对社会组织资金的监管。建立民政部门牵头,财政、税务、审计、金融、公安等部门参加的资金监管机制,共享执法信息,加强风险评估、预警。民政、财政部门要推动社会组织建立健全内控管理机制,严格执行国家有关财务会计制度和票据管理使用制度,推行社会组织财务信息公开和注册会计师审计制度。财政部门要加强对社会组织财政、财务、会计等政策执行情况的监督检查,发现问题依法处罚并及时通报民政部门。税务部门要推动社会组织依法进行税务登记,对于没有在税务机关登记的社会组织,要在本意见下发后半年内完成登记手续;加强对社会组织非营利性的监督,严格核查非营利组织享受税收优惠政策的条件,落实非营利性收入免税申报和经营性收入依法纳税制度;加强对社会组织的税务检查,对违法违规开展营利性经营活动的,依法取消税收优惠资格,通报有关部门依法处罚社会组织和主要责任人。审计机关要对社会组织的财务收支情况、国有资产管理使用情况进行审计监督。金融管理部门要加强对社会组织账户的监管、对资金往来特别是大额现金支付的监测,防范和打击洗钱和恐怖融资等违法犯罪活动。中国人民银行要会同民政部加快研究将社会组织纳入反洗钱监管体系。

(三)加强对社会组织活动的管理。各级政府及有关部门要按照职能分工加强对社会组织内部治理、业务活动、对外交往的管理。民政部门要通过检查、评估等手段依法监督社会组织负责人、资金、活动、信息公开、章程履行等情况,建立社会组织“异常名录”和“黑名单”,加强与有关部门的协调联动,将社会组织的实际表现情况与社会组织享受税收优惠、承接政府转移职能和购买服务等挂钩。民政部门要会同有关部门建立联合执法制度,严厉查处违法违规行为,依法取缔未经登记的各类非法社会组织。对被依法取缔后仍以非法社会组织名义活动的,公安机关要依法处理。行业管理部门要将社会组织纳入行业管理,加强业务指导和行业监管,引导社会组织健康发展,配合登记管理机关做好本领域社会组织的登记审查,协助登记管理机关和相关部门做好对本领域社会组织非法活动和非法社会组织的查处。外交、公安、物价、人力资源社会保障等部门对社会组织涉及本领域的事项事务履行监管职责,依法查处违法违规行为并及时向民政部门通报。实行双重管理的社会组织的业务主管单位,要对所主管社会组织的思想政治工作、党的建设、财务和人事管理、研讨活动、对外交往、接收境外捐赠资助、按章程开展活动等事项切实负起管理责任,每年组织专项监督抽查,协助有关部门查处社会组织违法违规行为,督促指导内部管理混乱的社会组织进行整改,组织指导社会组织清算工作。

(四)规范管理直接登记的社会组织。直接登记的行业协会商会类、科技类、公益慈善类、城乡社区服务类社会组织的综合监管以及党建、外事、人力资源服务等事项,参照《行业协会商会与行政机关脱钩总体方案》及配套政策执行,落实"谁主管谁负责"的原则,切实加强事中事后监管。对已经成立的科技类、公益慈善类、城乡社区服务类社会组织,本着审慎推进、稳步过渡的原则,通过试点逐步按照对直接登记社会组织的管理方式进行管理。民政部要会同有关部门制定全国性社会组织试点方案,具体负责组织实施。地方社会组织试点工作,在各省(自治区、直辖市)党委和政府统一领导下,由民政部门具体负责组织实施,试点方案要根据当地情况研究制定。具备条件的地方可探索一业多会。已开展试点工作的地区要根据本意见精神进一步完善试点工作。

(五)加强社会监督。鼓励支持新闻媒体、社会公众对社会组织进行监督。民政部要会同有关部门制定实施各类社会组织信息公开办法,探索建立社会组织年度报告制度,规范公开内容、机制和方式,提高透明度;探索建立专业化、社会化的第三方监督机制,建立健全社会组织第三方评估机制,确保评估信息公开、程序公平、结果公正;建立对社会组织违法违规行为及非法社会组织投诉举报受理和奖励机制,依法向社会公告行政处罚和取缔情况。

(六)健全社会组织退出机制。对严重违反国家有关法律法规的社会组织,要依法吊销其登记证书;对弄虚作假骗取登记的社会组织,依法撤销登记;对未经许可擅自以社会组织名义开展活动的非法社会组织,依法予以取缔。完善社会组织清算、注销制度,确保社会组织资产不被侵占、私分或者挪用。

七、规范社会组织涉外活动

引导社会组织有序开展对外交流,参加非政府间国际组织,参与国际标准和规则制定,发挥社会组织在对外经济、文化、科技、体育、环保等交流中的辅助配合作用,在民间对外交往中的重要平台作用。完善相应登记管理制度,积极参与新建国际性社会组织,支持成立国际性社会组织,服务构建开放型经济新体制。确因工作需要在境外设立分支(代表)机构的,必须经业务主管单位或者负责其外事管理的单位批准。党政领导干部如确需以个人身份加入境外专业、学术组织或兼任该组织有关职务的,按干部管理权限和有关规定报批。

八、加强社会组织自身建设

（一）健全社会组织法人治理结构。针对不同类型社会组织特点制定章程示范文本。社会组织要依照法规政策和章程建立健全法人治理结构和运行机制以及党组织参与社会组织重大问题决策等制度安排，完善会员大会（会员代表大会）、理事会、监事会制度，落实民主选举、民主决策和民主管理，健全内部监督机制，成为权责明确、运转协调、制衡有效的法人主体，独立承担法律责任。推动社会组织建立健全内部纠纷解决机制，推行社会组织人民调解制度，引导当事人通过司法途径依法解决纠纷。

（二）充分发挥党组织的战斗堡垒作用和党员的先锋模范作用。社会组织党组织要紧紧围绕党章赋予党的基层组织的基本任务开展工作，团结凝聚群众，保证社会组织正确政治方向；对社会组织重要事项决策、重要业务活动、大额经费开支、接收大额捐赠、开展涉外活动等提出意见，加强对社会组织分支机构党建工作的指导，对具备条件的分支机构，督促其及时建立党组织。对住所地不在北京以及设立分支机构的全国性、跨区域社会组织，除按有关规定由中央直属机关工委、中央国家机关工委、国务院国资委党委加强党的领导外，住所地及分支机构所在地党委应当按照"条块结合"的要求，加强对有关社会组织及其分支机构党组织的日常指导和监管服务。社会组织党组织书记一般从社会组织内部产生，提倡党员社会组织负责人担任党组织书记。规模较大、成员较多或没有合适党组织书记人选的社会组织，上级党组织可按规定选派党组织书记。积极开展党员先锋岗、党员责任区、党员公开承诺等活动。注重在社会组织负责人、管理层和业务骨干中培养和发展党员。坚持党建带群建，推动有条件的社会组织建立工会、共青团、妇联等群团组织。支持工会代表职工对社会组织贯彻执行有关法律法规和政策实施监督。

（三）加强社会组织诚信自律建设。推动社会组织建立诚信承诺制度，建立行业性诚信激励和惩戒机制。支持社会组织建立社会责任标准体系，积极履行社会责任。引导社会组织建立活动影响评估机制，对可能引发社会风险的重要事项应事先向政府有关部门报告。强化社会组织管理服务意识，社会团体设立机构、发展会员要与其管理服务能力相适应。探索建立各领域社会组织行业自律联盟，通过发布公益倡导、制定活动准则、实行声誉评价等形式，引领和规范行业内社会组织的行为。规范社会组织收费行为，严禁巧立名目乱收费，切实防止只收费不服务、只收费不管理的现象。

（四）推进社会组织政社分开。支持社会组织自我约束、自我管理，发挥提供服务、反映诉求、规范行为、促进和谐的作用。贯彻落实《行业协会商会与行政机关脱钩总体方案》，稳妥开展脱钩试点。除法律法规有特殊规定外，政府部门不得授权或委托社会组织行使行政审批。国务院决定取消的行政审批事项，原承担审批职能的部门不得通过任何形式指定交由行业协会商会继续审批。严格执行《中共中央办公厅、国务院办公厅关于党政机关领导干部不兼任社会团体领导职务的通知》、《中共中央组织部关于规范退（离）休领导干部在社会团体兼职问题的通知》，从严规范公务员兼任社会团体负责人，因特殊情况确需兼任的，按照干部管理权限从严审批，且兼职一般不得超过1个。在职公务员不得兼任基金会、社会服务机构负责人，已兼职的在本意见下发后半年内应辞去公职或辞去社会组织职务。

九、加强党对社会组织工作的领导

（一）完善领导体制。各级党委和政府要把加强和改进社会组织管理工作列入重要议事日程，列入地方党委和政府绩效考核内容和社会治安综合治理考评体系。地方党委和政府要建立完善研究决定社会组织工作重大事项制度；党委常委会应该定期听取社会组织工作汇报。各部门党组（党委）要加强对社会组织管理工作的组织领导，落实党建工作责任制，制定本部门管理规定，配齐配强相关管理力量，抓好督促落实。中央建立社会组织工作协调机制，地方各级要建立相应机制，统筹、规划、协调、指导社会组织工作，及时研究解决工作中出现的问题。重视和加强社会组织党风廉政建设和反腐败工作，完善社会组织惩治和预防腐败机制。

（二）推进社会组织党的组织和工作有效覆盖。按照应建尽建的原则，加大社会组织党组织组建力度，实现党的组织和工作全覆盖。暂不具备组建条件的社会组织，可通过选派党建工作指导员、联络员或建立工会、共青团组织等开展党的工作，条件成熟时及时建立党组织。新成立的社会组织，具备组建条件的应同步建立党组织。经党中央批准，全国性重要社会组织可以设立党组。各有关部门要结合社会组织登记、检查、评估以及日常监管等工作，督促推动社会组织及时成立党组织和开展党的工作。

（三）加强社会组织党建工作基础保障。推动建立多渠道、多元化投入的党建工作基础保障，提倡企事业单位、机关和街道社区、乡镇、村党组织与社会组织党组织资源共享、共建互促，为党组织开展活动、发挥作用创造条件。根据实际给予社会组织党组织书记和专职党务工作者适当工作津贴。加强对社会组织负责人的思想政治教育，引导他们主动支持党建工作。推动将党的建设写入社会组织章程。

十、抓好组织实施

（一）加快法制建设。加快修订出台社会团体、基金会和民办非企业单位登记管理条例。研究制定志愿服务和行业协会商会等方面的单项法律法规。加快调研论证，适时启动社会组织法的研究起草工作。鼓励和支持有条件的地方根据本意见精神出台地方性法规、地方政府规章。

（二）加强服务管理能力建设。各有关部门、地方各级政府要寓服务于管理中，加强社会组织管理服务队伍建设，配齐配强工作力量，确保事有人管、责有人负。各级民政部门特别是县级民政部门要有专门机构和人员负责社会组织登记管理日常工作。重点加强执法队伍建设，保障工作经费，确保服务到位、执法有力、监管有效。加快建设全国社会组织管理信息系统和社会组织信用信息管理平台，推进社会组织法人库建设，提高监管水平和服务能力。

（三）加强宣传引导。充分利用报刊、广播、电视、网络等多种方式，广泛宣传社会组织在参与社会建设和治理中的积极作用，及时总结、宣传、推广社会组织先进典型，加强社会组织理论研究和文化建设，提高公众对社会组织的认识，为社会组织改革发展营造良好社会氛围。

（四）做好督促落实工作。各省（自治区、直辖市）党委和政府要结合实际制定本地区社会组织管理制度改革的具体实施意见，做好组织贯彻落实工作。各有关部门要根据本意见要求和职责分工，抓紧制定落实相关配套政策措施和具体管理办法，做好本系统社会组织改革工作。民政部要会同有关部门做好本意见执行情况的监督检查，确保各项任务落到实处。

三、民政部及其他相关部门文件

民政部、财政部关于加强社会组织反腐倡廉工作的意见

（2014 年 11 月 6 日　民发〔2014〕227 号）

各省、自治区、直辖市民政厅（局）、财政厅（局），新疆生产建设兵团民政局、财政局：

社会组织是党和政府联系人民群众的桥梁和纽带，是国家治理体系和治理能力现代化的有机组成部分。社会组织反腐倡廉工作，既是改革社会组织管理制度、促进社会组织健康有序发展的必然要求，又是加强和创新社会治理、建立健全覆盖全社会的惩治和预防腐败体系的重要内容。为深入贯彻落实党的十八大，十八届二中、三中、四中全会精神和国务院第二次廉政工作会议要求，现就加强社会组织反腐倡廉工作提出以下意见。

一、健全社会组织民主机制。社会组织要以章程为核心，建立健全现代法人治理结构和运行机制。落实民主选举、差额选举制度，扩大直选范围。规范社会组织民主议事、民主决策的范围、程序和方法。涉及社会组织人、财、物等重大事项的决策，要经过民主程序，不得由个人专断。进行改选换届的会员（代表）大会、理事会须有符合法定人数的会员（代表）、理事出席方能召开，不得以通讯方式召开。会员（代表）大会、理事会民主决议事项，不得以鼓掌方式进行表决。鼓励选举企业家担任行业协会商会理事长（会长）。探索实行行业协会商会理事长（会长）轮值制。社会组织要设立监事会或者监事，建立健全内部监督约束机制。推进社会组织诚信建设，建立社会组织信用体系，提高社会组织自治自律水平。

二、加强社会组织财务管理。社会组织要按照《中华人民共和国会计

法》和《民间非营利组织会计制度》(财会〔2004〕7号)等规定,严格财务管理。社会组织财务收支必须全部纳入单位法定账户,不得使用其他单位或个人的银行账户进行账务往来,不得账外建账,不得设立“小金库”。社会组织分支(代表)机构不得开设银行基本账户。以社会组织分支(代表)机构名义举办的会议、展览、培训等各类活动所发生的经费往来,必须纳入社会组织法定账户统一管理,不得进入其他单位或个人账户。社会组织不得将自身经费收支与行政机关及企事业单位经费收支混管,不得将收入用于弥补行政经费不足或发放行政机关工作人员各项补贴。社会组织对承接政府职能转移和政府购买服务的经费,要专款专用,不得违规使用。社会组织各项收入除用于组织管理成本和其他合理支出外,应当全部用于章程规定的非营利性事业,盈余不得分配。社会组织财务人员应持证上岗,会计不得兼任出纳,社会组织负责人直系亲属不得担任会计、出纳。社会组织应定期向会员(代表)大会、理事会报告财务收支情况,自觉接受监督。

三、规范社会组织商业行为。社会组织开展经营服务性收费项目,不得转包或者委托与社会组织负责人、分支(代表)机构负责人有直接利益关系的企事业单位或其他组织实施。社会组织应当在资产、机构、人员等方面与所举办经济实体分开,和所举办经济实体之间发生经济往来,应当按照等价交换的原则收取价款、支付费用。社会团体依法所得不得投入会员企业进行营利。社会团体不得通过转包、承包等方式,向其分支(代表)机构、专项基金管理机构收取或者变相收取管理费用。基金会不得资助以营利为目的的开展的活动,不得直接宣传、促销、销售企业的产品和品牌,不得为企业及其产品提供信誉和质量担保。社会组织不得利用业务主管部门影响或者行政资源牟利、不得利用所掌握的会员信息、行业数据、捐赠人和受赠人信息等不当牟利。社会组织不得违反规定设立评比达标表彰项目和进行收费,严禁以各种方式强制企业或者个人入会、摊派会费、派捐索捐、强拉赞助。

四、实行社会组织信息公开制度。基金会要严格按规定向社会公开公益活动和募集资金的详细使用计划,公益资助项目的申请、评审程序,以及年度工作报告和财务审计报告等信息。社会团体要主动向会员公开年度工作报告、财务工作报告、会费收支情况以及经理事会研究认为有必要向会员公开的其他信息,向社会公开登记事项、章程、组织机构、接受捐赠、承接政府转移职能以及政府购买服务事项等信息。民办非企业单位要重点向服务对象公开服务承诺、服务收费标准等信息。各级登记管理机关要制定社会组织信息公开办法,建立或者利用有公信力的公共信息平台,为社会组织发布信息和社会监督创造条件。

五、强化社会组织审计和执法监督。对社会组织使用的财政资金以及接受社会捐赠、资助的资金,审计机关依法加强审计监督。对社会组织依法获取的其他收入,通过社会审计机构依法进行审计监督。社会组织要按规定进行年度审计、换届审计和法定代表人离任审计,并将审计结论向会员(代表)大会或者理事会、监事会(监事)报告。登记管理机关根据工作需要对社会组织进行专项审计。对于违背注册会计师执业准则,帮助社会组织做假账、假报表和出具虚假审计报告的会计师事务所,登记管理机关一经发现,要通报财政部门和注册会计师行业组织,并由相关部门和单位给予相应处分。加强对社会组织反腐倡廉建设工作的监督检查,加大执法查处力度。完善投诉举报受理机制,畅通社会监督渠道。发现社会组织存在腐败隐患的,及时督促整改;确有违法违纪行为的,交由相关机关依纪依法对直接责任人和相关人员给予相应党纪政纪处分,构成犯罪的,依法追究刑事责任。

六、加强社会组织廉洁自律教育。社会组织要把廉洁自律教育作为一项基础性工作,常抓不懈,着力增强教育的针对性和实效性。社会组织法定代表人为本组织反腐倡廉工作第一责任人。要深入开展中国特色社会主义和中国梦教育、理想信念和宗旨教育、社会主义核心价值体系教育,加强党纪国法、廉政法规和道德教育。社会组织党组织要推动党员干部严格执行廉洁自律规定,落实党内监督制度,充分发挥党员干部的模范引导作用。社会组织要加强廉洁文化建设,将廉洁自律理念融入到各项工作中去。

各地、各单位要高度重视,加强组织领导,做好统筹协调,按照本意见要求,落实好加强社会组织反腐倡廉工作的各项任务。各级民政部门要严格按照中央有关文件精神,加强社会组织负责人任(兼)职审核,对未按规定报批的领导干部,不得办理相关手续。各级民政、财政等部门要建立工作联动机制,形成工作合力,加强工作研究,采取有力措施,不断解决社会组织反腐倡廉工作中遇到的新情况、新问题,确保社会组织健康有序发展。

教育部、财政部、民政部关于加强中央部门所属高校教育基金会财务管理的若干意见

（2014年9月18日　教财〔2014〕3号）

有关部门（单位）教育司（局），各中央部门所属高校，各中央部门所属高校教育发展基金会：

为加强中央部门所属高等学校（以下简称学校）教育基金会（以下简称基金会）财务管理，规范财务行为，维护捐赠人、受益人和基金会的合法权益，进一步促进基金会健康发展，根据《公益事业捐赠法》《高等教育法》《基金会管理条例》及国家其他有关法律法规，现就加强基金会财务管理提出以下意见。

一、完善治理结构，保障内控体系健全有效

1. 基金会作为学校多元化筹资体系的重要组成部分和接受社会公益捐赠的窗口，围绕学校办学目标开展活动，通过筹资、投资等方式为学校办学活动提供经费等支持。

2. 学校应当支持基金会的运行和发展，促进基金会的能力建设。

3. 基金会资金的募集、管理和使用计划、基金会财务收支预算、决算等重大事项，应当经理事会讨论决定。

4. 基金会财务工作在基金会理事会领导下开展，并接受业务主管单位和学校财务部门的业务指导和监督。

5. 基金会应当建立健全内部控制体系，严格执行不相容职务的分离制度，严格贯彻决策、执行和监督相分离制度，有效控制各类风险。

6. 基金会应当配备具有专业资格的专职财会人员。财会人员数量应当满足不相容职务分离的要求。会计岗位、出纳岗位和投资岗位的人员不得相互兼任。

7. 基金会应当将所有分支机构、代表机构、专项基金以及各项业务活动纳入统一管理。分支机构的运行情况和财务状况应当在基金会年报中反映和说明。

8. 基金会应当支持监事依照章程规定的程序检查财务和会计资料，列席理事会会议，向理事会提出质询和建议，并向登记管理机关、业务主管单位以及税务、会计主管部门反映情况。

二、加强财务管理，规范会计核算工作

9. 基金会执行《民间非营利组织会计制度》，依法进行会计核算，建立健全内部会计监督制度，保证会计资料合法、真实、准确、完整。

10. 基金会应当开设独立、合法的银行账户。

11. 基金会获得的各类收入应当及时足额地纳入账户核算，不得长期挂账，不得"坐收坐支"，更不得形成"账外资金"和"小金库"。

12. 基金会收到捐赠后应当据实开具捐赠票据。捐赠人不需要捐赠票据的，或者匿名捐赠的，也应开具捐赠票据，由基金会留存备查。

13. 基金会接受现金捐赠，收款人和开票人应当由两人以上分别承担，所收取的现金应及时入账。

14. 基金会接受非现金捐赠，应当在实际收到并确认公允价值后开具捐赠票据。受赠财产未经基金会验收确认，由捐赠人直接转移给受助人或者其他第三方的，不得作为基金会的捐赠收入，不得开具捐赠票据。

15. 基金会接受非现金捐赠时，在捐赠人提供了发票、报关单或其他凭据的情况下，应当以相关凭据作为确认入账价值的依据；在捐赠方不能提供凭据的情况下，应以其他确认捐赠财产的证明，作为确认入账价值的依据。

16. 基金会接受捐赠的固定资产、股权、无形资产、文物文化资产，没有发票、报关单或其他凭据作为入账依据的，应当以具有合法资质的第三方机构的评估作为确认入账价值的依据。无法评估或经评估无法确认价格的，基金会不得计入捐赠收入，不得开具捐赠票据，应当另外造册登记。

三、加强筹资过程管理，促进筹资专业化

17. 基金会接受捐赠，必须与捐赠人明确权利义务，订立书面捐赠协议。

18. 基金会接受捐赠应确保公益性。附加对捐赠人构成利益回报条件的赠与和不符合公益性质的赠与，不应确认为公益捐赠，不得开具捐赠票据。

19. 基金会应当严格区分交换交易收入和捐赠收入。通过出售物资、提供服务、授权使用或转让资产包括无形资产等交换交易取得的收入,应当记入商品销售收入、提供服务收入等,不得计入捐赠收入,不得开具公益事业捐赠票据。对于协议或合同中载明知识产权归捐赠人或除学校外第三方的研究类合同,不应确认为捐赠合同,收入不得确认为捐赠收入。

20. 基金会接受捐赠过程中,如果涉及学校建筑、设施、场所的冠名事项以及学校内部机构冠名事项,应当征得学校同意。

21. 基金会不得将本组织的名称、公益项目品牌等用于非公益目的。

22. 基金会不得直接宣传、促销、销售企业的产品和品牌。

23. 基金会可以筹资设立支持附属学校和附属单位发展的基金,但不得收取与入学挂钩的赞助费、捐赠款,不得以接受捐赠的名义乱收费。

24. 基金会应当加强对筹资过程的管理和监督,推动筹资活动的专业化。

四、规范投资行为,防范和控制财务风险

25. 基金会应当加强资产管理,配备资产管理人员,建立定期盘点制度,对非现金资产应该进行登记和管理,做到账实相符、账表相符。

26. 基金会资产保值增值应当遵循合法、安全、有效的原则,建立投资责任体系和追踪问责机制,明确投资止损原则,通过有效的过程管理控制投资风险。

27. 基金会可用于保值增值的资产限于非限定性资产和在保值增值期间暂不需要拨付的限定性资产。捐赠人对于其捐赠款投资有限制性意见的,基金会不能违背捐赠人意愿开展投资活动。基金会应保持资金的流动性,投资活动不得影响公益支出的实现。

28. 基金会投资决策与执行应当分离。建立规范的投资决策议事规则,投资计划必须经过理事会决策同意方可执行。理事会授权投资委员会开展投资活动的,投资计划也必须报理事会决策,投资结果必须向理事会汇报,投资责任仍由理事会承担。每一项投资决策都必须经过表决,决策记录应载明投资事项、提请投资人的意见和签名、参与表决人的意见和签名,表决结果存书面档案。

29. 基金会进行委托投资的，应当委托银行或者其他金融机构进行。

30. 基金会的资金不得投向期货、期权等衍生金融工具，不得提供任何形式的经济担保或财产担保。

31. 基金会投资收益必须全部足额纳入统一账户进行管理，并确保用于符合公益宗旨的方向。

五、合理使用捐赠资金，促进教育事业发展

32. 基金会应当将接受的捐赠财产用于资助符合其宗旨和业务范围的活动和事业。基金会与捐赠人订立了捐赠协议的，应当按照协议约定使用。如需改变用途，应当征得捐赠人书面同意。

33. 捐赠协议和募捐公告中约定可从捐赠收入中列支工作人员工资福利和行政办公支出的，按照约定列支；没有约定的，不得列支。基金会工作人员工资福利和行政办公支出应当符合《基金会管理条例》要求，累计不得超过当年总支出的10%。

34. 基金会用于公益事业的支出应当按照有关规定使用。公募基金会每年用于从事章程规定的公益事业支出，不得低于上一年总收入的70%；非公募基金会每年用于从事章程规定的公益事业支出，不得低于上一年基金余额的8%。基金会工作人员在学校有薪金收入的，不得再从基金会取得收入。

35. 基金会资助学校的项目，在使用时可转至学校进行财务明细核算。学校对于基金会转来的资助项目，应当准确完整及时地提供经费使用情况。

36. 基金会在使用经费时，应当主要通过银行进行支付，减少现金的使用。

37. 基金会不得向个人、企业直接提供与公益活动无关的借款，不得资助以盈利为目的活动。

六、健全信息公开制度，自觉接受社会监督

38. 基金会应当建立定期财务报告制度，准确、完整、及时地反映基金会财务状况、业务活动和现金流量情况。

39. 基金会应当按照登记管理机关、业务主管单位的要求进行审计，并自觉接受税务、会计等主管部门的监督。

40. 基金会应当于每年3月31日前向登记管理机关报送上一年度工作

报告,接受年度检查,同时抄报业务主管单位;通过登记管理机关年度检查后,要将年度工作报告在登记管理机关指定的媒体及基金会网站上公布。

41. 基金会的信息公布工作,应当符合《基金会信息公布办法》《关于规范基金会行为的若干规定(试行)》的要求。

42. 捐赠人有权查询捐赠财产的使用、管理情况。对于捐赠人的查询,基金会应及时如实答复。

43. 学校应当协助基金会就审计中发现的问题进行整改,促进工作的规范化。

民政部关于印发《关于规范基金会行为的若干规定(试行)》的通知

(2012 年 7 月 10 日　民发〔2012〕124 号)

各省、自治区、直辖市民政厅(局),各计划单列市民政局,新疆生产建设兵团民政局:

根据《中华人民共和国公益事业捐赠法》、《基金会管理条例》、《基金会信息公布办法》等有关法规和政策规定,我部制定了《关于规范基金会行为的若干规定(试行)》,现印发给你们,请遵照执行。

各级登记管理机关要切实履行监督管理职责,在日常监督、年度检查和评估工作中,对基金会加强指导与检查。对于违反有关法规和政策规定的基金会,登记管理机关应当视情节轻重依法给予基本合格或不合格的年检结论,有评估等级的可以降低评估等级;情节严重的,应当依法给予行政处罚。

关于规范基金会行为的若干规定(试行)

为确保基金会恪守公益宗旨,规范开展活动,扩大公开透明,维护捐赠人、受益人和基金会的合法权益,进一步促进基金会健康发展,现对基金会行为规范中的若干问题作出如下规定:

一、基金会接受和使用公益捐赠

(一)基金会接受捐赠,应当与捐赠人明确权利义务,并根据捐赠人的要求与其订立书面捐赠协议。

基金会接受捐赠应当确保公益性。附加对捐赠人构成利益回报条件的赠与和不符合公益性目的的赠与,不应确认为公益捐赠,不得开具捐赠票据。

（二）基金会应当在实际收到捐赠后据实开具捐赠票据。捐赠人不需要捐赠票据的，或者匿名捐赠的，也应当开具捐赠票据，由基金会留存备查。

基金会接受非现金捐赠，应当在实际收到后确认收入并开具捐赠票据。受赠财产未经基金会验收确认，由捐赠人直接转移给受助人或者其他第三方的，不得作为基金会的捐赠收入，不得开具捐赠票据。

（三）基金会接受非现金捐赠，应当按照以下方法确定入账价值：

1. 捐赠人提供了发票、报关单等凭据的，应当以相关凭据作为确认入账价值的依据；捐赠方不能提供凭据的，应当以其他确认捐赠财产的证明，作为确认入账价值的依据；

2. 捐赠人提供的凭据或其他能够确认受赠资产价值的证明上标明的金额与受赠资产公允价值相差较大的，应当以其公允价值作为入账价值。

捐赠人捐赠固定资产、股权、无形资产、文物文化资产，应当以具有合法资质的第三方机构的评估作为确认入账价值的依据。无法评估或经评估无法确认价格的，基金会不得计入捐赠收入，不得开具捐赠票据，应当另外造册登记。

（四）基金会接受食品、药品、医疗器械等捐赠物品时，应当确保物品在到达最终受益人时仍处于保质期内且具有使用价值。

（五）基金会接受企业捐赠本企业生产的产品，应当要求企业提供产品质量认证证明或者产品合格证，以及受赠物品的品名、规格、种类、数量等相关资料。

（六）基金会应当将接受的捐赠财产用于资助符合其宗旨和业务范围的活动和事业。对于指定用于救助自然灾害等突发事件的受赠财产，用于应急的应当在应急期结束前使用完毕；用于灾后重建的应当在重建期结束前使用完毕。

对确因特殊原因无法使用完毕的受赠财产，基金会可在取得捐赠人同意或在公开媒体上公示后，将受赠财产用于与原公益目的相近似的目的。

（七）基金会与捐赠人订立了捐赠协议的，应当按照协议约定使用受赠财产。如需改变用途，应当征得捐赠人同意且仍需用于公益事业；确实无法征求捐赠人意见的，应当按照基金会的宗旨用于与原公益目的相近似的目的。

(八)捐赠协议和募捐公告中约定可以从公益捐赠中列支工作人员工资福利和行政办公支出的,按照约定列支;没有约定的,不得从公益捐赠中列支。同时,基金会工作人员工资福利和行政办公支出应当符合《基金会管理条例》的要求,累计不得超过当年总支出的10%。

工作人员工资福利包括:

1. 全体工作人员的工资、福利费、住房公积金、社会保险(障)费(含离退休人员);

2. 担任专职工作理事的津贴、补助和理事会运行费用。

行政办公支出包括:组织日常运作的办公费、水电费、邮电费、物业管理费、会议费、广告费、市内交通费、差旅费、折旧费、修理费、租赁费、无形资产摊销费、资产盘亏损失、资产减值损失、因预计负债所产生的损失、审计费、以及聘请中介机构费和应偿还的受赠资产等。

(九)基金会用于公益事业的支出包括直接用于受助人的款物和为开展公益项目发生的直接运行费用。

项目直接运行费用包括:

1. 支付给项目人员的报酬,包括:工资福利、劳务费、专家费等;

2. 为立项、执行、监督和评估公益项目发生的费用,包括:差旅费、交通费、通讯费、会议费、购买服务费等;

3. 为宣传、推广公益项目发生的费用,包括:广告费、购买服务费等;

4. 因项目需要租赁房屋、购买和维护固定资产的费用,包括:所发生的租赁费、折旧费、修理费、办公费、水电费、邮电费、物业管理费等;

5. 为开展项目需要支付的其他费用。

捐赠协议和募捐公告中约定可以从公益捐赠中列支项目直接运行费用的,按照约定列支;没有约定的,不得超出本基金会规定的标准支出。

(十)基金会应当对公益捐赠的使用情况进行全过程监督,确保受赠款物及时足额拨付和使用。

(十一)基金会选定公益项目执行方、受益人,应当遵循公开、公正、公平和诚实信用的原则,保护社会公共利益和与项目有关的当事人的合法权益。

基金会不得资助以营利为目的开展的活动。

二、基金会的交易、合作及保值增值

（一）基金会应当严格区分交换交易收入和捐赠收入。通过出售物资、提供服务、授权使用或转让资产包括无形资产等交换交易取得的收入，应当记入商品销售收入、提供服务收入等相关会计科目，不得计入捐赠收入，不得开具公益事业捐赠票据。

（二）基金会进行交换交易，应当保护自身和社会公众的合法权益。不得以低于公允价值的价格出售物资、提供服务、授权或者转让无形资产；不得以高于公允价值的价格购买产品和服务。

（三）基金会不得将本组织的名称，公益项目品牌等其他应当用于公益目的的无形资产用于非公益目的。

（四）基金会不得直接宣传、促销、销售企业的产品和品牌；不得为企业及其产品提供信誉或者质量担保。

（五）基金会不得向个人、企业直接提供与公益活动无关的借款。

（六）基金会进行保值增值活动时，应当遵守以下规定：

1. 基金会进行保值增值应当遵守合法、安全、有效的原则。符合基金会的宗旨，维护基金会的信誉，遵守与捐赠人和受助人的约定，保证公益支出的实现；

2. 基金会可用于保值增值的资产限于非限定性资产、在保值增值期间暂不需要拨付的限定性资产；

3. 基金会进行委托投资，应当委托银行或者其他金融机构进行。

三、基金会的信息公布

（一）基金会的信息公布工作，应当符合《基金会信息公布办法》的要求。

（二）基金会通过义演、义赛、义卖、义展等活动进行募捐时，应当在开展募捐前向社会公布捐赠人权利义务、资金详细使用计划、成本预算；在资金使用过程中计划有调整的，应当及时向公众公布调整后的计划。

（三）基金会通过募捐以及为自然灾害等突发事件接受的公益捐赠，应当在取得捐赠收入后定期在本组织网站和其他媒体上公布详细的收入和支出明细，包括：捐赠收入、直接用于受助人的款物、与所开展的公益项目相关的各项直接运行费用等,在捐赠收入中列支了工作人员工资福利和行政办公支出的,还应当公布列支的情况。项目运行周期大于3个月的,每3个月公示1次;所有项目应当在项目结束后进行全面公示。

(四)捐赠人有权查询捐赠财产的使用、管理情况。对于捐赠人的查询,基金会应当及时如实答复。

(五)基金会的年度工作报告除在登记管理机关指定的媒体上公布外,还应当置备于本基金会,接受捐赠人的查询。

(六)基金会应当及时向社会公众公布下列信息:

1. 发起人;

2. 主要捐赠人;

3. 基金会理事主要来源单位;

4. 基金会投资的被投资方;

5. 其他与基金会存在控制、共同控制或者重大影响关系的个人或组织;

6. 基金会与上述个人或组织发生的交易。

(七)基金会应当建立健全内部制度,将所有分支机构、代表机构、专项基金以及各项业务活动纳入统一管理。

基金会应当在内部制度中对下列问题做出规定:

1. 各项工作人员工资福利和行政办公支出的支付标准、列支原则、审批程序,以及占基金会总支出的比例;

2. 开展公益项目所发生的直接运行费用的支付标准、列支原则、审批程序,以及占该项目总支出的比例;

3. 资产管理和处置的原则、风险控制机制、审批程序,以及用于投资的资产占基金会总资产的比例。

基金会的内部制度,应当在登记管理机关指定的媒体或者本组织网站等其他便于社会公众查询的媒体上予以公开。

本规定适用于在民政部门登记注册的基金会和其他具有公益性捐赠税前扣除资格的社会团体。

民政部关于印发《关于规范社会团体开展合作活动若干问题的规定》的通知

（2012年9月27日　民发〔2012〕166号）

各省、自治区、直辖市民政厅（局），各计划单列市民政局，新疆生产建设兵团民政局：

根据《社会团体登记管理条例》等有关法规和政策规定，我部制定了《关于规范社会团体开展合作活动若干问题的规定》，现印发给你们，请遵照执行。

关于规范社会团体开展合作活动若干问题的规定

第一条　为了进一步加强社会团体行为规范，维护社会团体正常活动秩序，规范社会团体开展合作活动，保护社会团体合法权益，制定本规定。

第二条　社会团体开展合作活动，是指社会团体作为独立法人与其他民事主体联合开展业务活动的行为。

第三条　社会团体开展合作活动，应当遵守相关法律法规和政策规定，符合章程规定的宗旨和业务范围，自觉接受登记管理机关、行业主管部门、有关职能部门的监督检查和社会监督。

第四条　社会团体开展合作活动，应当履行内部民主议事程序，根据章程规定和合作事项重要程度，分别提交会员大会（会员代表大会）、理事会（常务理事会）、会长办公会等讨论决定。

第五条　社会团体开展合作活动，应当签订书面合作协议，明确各方权利、义务，并切实履行职责。

第六条　社会团体开展合作活动，应当对合作方的资质、能力、信用等进行甄别考察，对合作协议内容认真审核，对合作项目全程监督。

第七条 社会团体开展合作活动，涉及使用本组织名称、标志的，应当在合作前对合作方进行必要的调查了解，并对合作内容做好风险评估。

社会团体同意合作方使用本组织名称、标志的，应当与对方签订授权使用协议，明确各方权利、义务和法律责任。

社会团体以“主办单位”“协办单位”“支持单位”“参与单位”“指导单位”等方式开展合作活动的，应当切实履行相关职责，加强对活动全程监管，不得以挂名方式参与合作。

社会团体将自身业务活动委托其他组织承办或者协办的，应当加强对所开展活动的主导和监督，不得向承办方或者协办方以任何形式收取费用。

第八条 社会团体不得将自身开展的经营服务性活动转包或者委托与社会团体负责人、分支机构负责人有直接利益关系的个人或者组织实施。

第九条 社会团体合作举办经济实体，应当经理事会研究讨论后提请会员大会（会员代表大会）表决通过，其经营范围应当与社会团体章程规定的宗旨和业务范围相适应。

社会团体应当在资产、机构、人员等方面与所举办经济实体分开，不得利用所举办经济实体向会员或者服务对象强制服务、强制收费。

社会团体和所举办经济实体之间发生经济往来，应当按照等价交换的原则收取价款、支付费用。

社会团体应当加强对所举办经济实体财务情况的监督，并定期向会员大会（会员代表大会）、理事会报告相关情况。

第十条 未经社会团体授权或者批准，社会团体分支机构（代表机构）、专项基金管理机构不得与其他民事主体开展合作活动。经授权或者批准开展合作活动的，应当使用冠有所属社会团体名称的规范全称。

社会团体不得将其分支机构（代表机构）、专项基金管理机构委托其他组织运营。

社会团体不得向其分支机构（代表机构）、专项基金管理机构收取或者变相收取管理费用。

第十一条 社会团体与境外组织或者个人进行合作，应当遵守有关法律法规和外事管理规定。

第十二条 社会团体应当加强合作活动的财务管理，严格按照《中华人民共和国会计法》等法律法规以及《民间非营利组织会计制度》等规定，如实进行会计核算，将全部收支纳入单位法定账册。

第十三条 社会团体开展合作活动，还应当遵守以下规定：

（一）不得超出章程规定的宗旨和业务范围开展活动；

（二）不得以任何形式或者名义强制其他组织或者个人参加，不得强制收取相关费用；

（三）未经批准，不得举办评比达标表彰活动；

（四）与党政机关或者其他组织举办合作项目，应当事先征得合作方同意；

（五）利用党政机关领导干部个人名义进行宣传，应当征得本人同意。

第十四条 社会团体在接受年度检查时，应当向登记管理机关报告上一年度开展合作活动的情况。

四、社会组织章程示范文本

基金会章程示范文本

（2004年5月27日　民函〔2004〕124号）

说　　明

一、根据2004年3月8日国务院颁布的《基金会管理条例》和其他有关法律法规制定此章程示范文本。

二、基金会章程示范文本，旨在为基金会制定章程提供范例。

三、基金会制定的章程，应当包括章程示范文本中所列全部条款，可根据实际情况作适当补充。

四、“[　]”内文字为制定要求。

第一章　总　　则

第一条　本基金会的名称是______________________________基金会。

[基金会命名应当符合《基金会名称管理规定》。]

第二条　本基金会属于__________（公募或非公募）基金会。本基金会面向公众募捐的地域范围是：__________。[公募基金会]

第三条　本基金会的宗旨：______________________________。

第四条　本基金会的原始基金数额为人民币__________万元，来源于__________。

第五条　本基金会的登记管理机关是__________，业务主管单位是__________。

第六条 本基金会的住所________________________________。

第二章 业务范围

第七条 本基金会公益活动的业务范围[必须具体、明确]。

(一)________________________________;

(二)________________________________;

(三)________________________________;

……………。

第三章 组织机构、负责人

第八条 本基金会由__________名理事组成理事会。本基金会理事每届任期为____年,任期届满,连选可以连任。

[基金会理事人数不少于5人,且不多于25人。理事每届任期不得超过5年。]

第九条 理事的资格:

(一)________________________________;

(二)________________________________;

(三)________________________________;

…………………。

第十条 理事的产生和罢免:

(一)第一届理事由业务主管单位、主要捐赠人、发起人分别提名并共同协商确定。

(二)理事会换届改选时,由业务主管单位、理事会、主要捐赠人共同提名候选人并组织换届领导小组,组织全部候选人共同选举产生新一届理事。

(三)罢免、增补理事应当经理事会表决通过,报业务主管单位审查同意。

(四)理事的选举和罢免结果报登记管理机关备案。

[用私人财产设立的非公募基金会应注明:相互间有近亲属关系的基金会理事,总数不得超过理事总人数的1/3;其他基金会应注明:具有近亲属关系的不得同时在理事会任职。]

第十一条 理事的权利和义务：

（一）________________________________；

（二）________________________________；

（三）________________________________；

…………………。

第十二条 本基金会的决策机构是理事会。理事会行使下列职权：

（一）制定、修改章程；

（二）选举、罢免理事长、副理事长、秘书长；

（三）决定重大业务活动计划，包括资金的募集、管理和使用计划；

（四）年度收支预算及决算审定；

（五）制定内部管理制度；

（六）决定设立办事机构、分支机构、代表机构；

（七）决定由秘书长提名的副秘书长和各机构主要负责人的聘任；

（八）听取、审议秘书长的工作报告，检查秘书长的工作；

（九）决定基金会的分立、合并或终止；

（十）决定其他重大事项。

第十三条 理事会每年召开____次[至少2次]会议。理事会会议由理事长负责召集和主持。

有1/3理事提议，必须召开理事会会议。如理事长不能召集，提议理事可推选召集人。

召开理事会会议，理事长或召集人需提前5日通知全体理事、监事。

第十四条 理事会会议须有2/3以上理事出席方能召开；理事会决议须经出席理事过半数通过方为有效。

下列重要事项的决议，须经出席理事表决，2/3以上通过方为有效：

（一）章程的修改；

（二）选举或者罢免理事长、副理事长、秘书长；

（三）章程规定的重大募捐、投资活动；

（四）基金会的分立、合并；

…………。

第十五条 理事会会议应当制作会议记录。形成决议的，应当当场制作会议纪要,并由出席理事审阅、签名。理事会决议违反法律、法规或章程规定,致使基金会遭受损失的,参与决议的理事应当承担责任。但经证明在表决时反对并记载于会议记录的,该理事可免除责任。

第十六条 本基金会设监事______名。监事任期与理事任期相同,期满可以连任。[3 名以上监事可设监事会。]

第十七条 理事、理事的近亲属和基金会财会人员不得任监事。

第十八条 监事的产生和罢免:

(一)监事由主要捐赠人、业务主管单位分别选派;

(二)登记管理机关根据工作需要选派;

(三)监事的变更依照其产生程序。

第十九条 监事的权利和义务:

监事依照章程规定的程序检查基金会财务和会计资料,监督理事会遵守法律和章程的情况。

监事列席理事会会议,有权向理事会提出质询和建议,并应当向登记管理机关、业务主管单位以及税务、会计主管部门反映情况。

监事应当遵守有关法律法规和基金会章程,忠实履行职责。

第二十条 在本基金会领取报酬的理事不得超过理事总人数的 1/3。监事和未在基金会担任专职工作的理事不得从基金会获取报酬。

第二十一条 本基金会理事遇有个人利益与基金会利益关联时,不得参与相关事宜的决策;基金会理事、监事及其近亲属不得与基金会有任何交易行为。

第二十二条 理事会设理事长、副理事长和秘书长,从理事中选举产生。

第二十三条 本基金会理事长、副理事长、秘书长必须符合以下条件:

(一)在本基金会业务领域内有较大影响;

(二)理事长、副理事长、秘书长最高任职年龄不超过 70 周岁,秘书长为专职;

(三)身体健康,能坚持正常工作;

(四)具有完全民事行为能力。

第二十四条 有下列情形之一的人员,不能担任本基金会的理事长、副理事长、秘书长：

（一）属于现职国家工作人员的；

（二）因犯罪被判处管制、拘役或者有期徒刑，刑期执行完毕之日起未逾5年的；

（三）因犯罪被判处剥夺政治权利正在执行期间或者曾经被判处剥夺政治权利的；

（四）曾在因违法被撤销登记的基金会担任理事长、副理事长或者秘书长，且对该基金会的违法行为负有个人责任，自该基金会被撤销之日起未逾5年的。

第二十五条　担任本基金会理事长、副理事长或者秘书长的香港居民、澳门居民、台湾居民以及外国人，每年在中国内地居留时间不得少于3个月。

[本条适用于理事长、副理事长或者秘书长由境外人士担任的基金会。]

第二十六条　本基金会的理事长、副理事长、秘书长每届任期____年，连任不超过两届。因特殊情况需超届连任的，须经理事会特殊程序表决通过，报业务主管单位审查并经登记管理机关批准同意后，方可任职。

第二十七条　本基金会理事长为基金会法定代表人。本基金会法定代表人不兼任其他组织的法定代表人。

本基金会法定代表人应当由中国内地居民担任。[本款适用于公募基金会和原始基金来自中国内地的非公募基金会。]

本基金会法定代表人在任期间，基金会发生违反《基金会管理条例》和本章程的行为，法定代表人应当承担相关责任。因法定代表人失职，导致基金会发生违法行为或基金会财产损失的，法定代表人应当承担个人责任。

第二十八条　本基金会理事长行使下列职权：

（一）召集和主持理事会会议；

（二）检查理事会决议的落实情况；

（三）代表基金会签署重要文件；

…………。

本基金会副理事长、秘书长在理事长领导下开展工作，秘书长行使下列

职权:

(一)________________________________;

(二)________________________________;

(三)________________________________:

…………。

[理事长的其他职权和秘书长的职权从以下选项中确定,理事长和秘书长的职权不能重叠,基金会可根据实际情况细化或进行补充:

①主持开展日常工作,组织实施理事会决议;

②组织实施基金会年度公益活动计划;

③拟订资金的筹集、管理和使用计划;

④拟订基金会的内部管理规章制度,报理事会审批;

⑤协调各机构开展工作;

⑥提议聘任或解聘副秘书长以及财务负责人,由理事会决定;

⑦提议聘任或解聘各机构主要负责人,由理事会决定;

⑧决定各机构专职工作人员聘用;

⑨章程和理事会赋予的其他职权;

⑩…………。]

第四章　财产的管理和使用

第二十九条　本基金会为公募(或非公募)基金会,本基金会的收入来源于:

(一)________________________________;

(二)________________________________;

(三)________________________________;

………………。

[可选项:组织募捐的收入(公募基金会);自然人、法人或其他组织自愿捐赠;投资收益;其他合法收入等。非公募基金会可以注明提供主要捐赠的自然人、法人或其他组织的具体姓名或名称。]

第三十条　本基金会组织募捐[非公募基金会无此项]、接受捐赠,应当遵守法律法规,符合章程规定的宗旨和公益活动的业务范围。

第三十一条 本基金会组织募捐时,应当向社会公布募得资金后拟开展的公益活动和资金的详细使用计划。重大募捐活动应当报业务主管单位和登记管理机关备案。

本基金会组织募捐,不得以任何形式进行摊派及变相摊派。

[本条适用于公募基金会。]

第三十二条 本基金会的财产及其他收入受法律保护,任何单位、个人不得侵占、私分、挪用。

第三十三条 本基金会根据章程规定的宗旨和公益活动的业务范围使用财产;捐赠协议明确了具体使用方式的捐赠,根据捐赠协议的约定使用。

接受捐赠的物资无法用于符合本基金会宗旨的用途时,基金会可以依法拍卖或者变卖,所得收入用于捐赠目的。

第三十四条 本基金会财产主要用于:

(一)________________________;

(二)________________________;

(三)________________________;

………………。

第三十五条 本基金会的重大募捐、投资活动是指:

(一)________________________;

(二)________________________;

(三)________________________;

………………。

第三十六条 本基金会按照合法、安全、有效的原则实现基金的保值、增值。

第三十七条 本基金会每年用于从事章程规定的公益事业支出,不得低于上一年总收入的70%。[公募基金会]

本基金会每年用于从事章程规定的公益事业支出,不得低于上一年基金余额的8%。[非公募基金会]

本基金会工作人员工资福利和行政办公支出不超过当年总支出的10%。

第三十八条 本基金会开展公益资助项目,应当向社会公开所开展的公益资助项目种类以及申请、评审程序。

第三十九条 捐赠人有权向本基金会查询捐赠财产的使用、管理情况，并提出意见和建议。对于捐赠人的查询，基金会应当及时如实答复。

本基金会违反捐赠协议使用捐赠财产的，捐赠人有权要求基金会遵守捐赠协议或者向人民法院申请撤销捐赠行为、解除捐赠协议。

第四十条 本基金会可以与受助人签订协议，约定资助方式、资助数额以及资金用途和使用方式。

本基金会有权对资助的使用情况进行监督。受助人未按协议约定使用资助或者有其他违反协议情形的，本基金会有权解除资助协议。

第四十一条 本基金会应当执行国家统一的会计制度，依法进行会计核算、建立健全内部会计监督制度，保证会计资料合法、真实、准确、完整。

本基金会接受税务、会计主管部门依法实施的税务监督和会计监督。

第四十二条 本基金会配备具有专业资格的会计人员。会计不得兼出纳。会计人员调动工作或离职时，必须与接管人员办清交接手续。

第四十三条 本基金会每年 1 月 1 日至 12 月 31 日为业务及会计年度，每年 3 月 31 日前，理事会对下列事项进行审定：

（一）上年度业务报告及经费收支决算；

（二）本年度业务计划及经费收支预算；

（三）财产清册[当年度捐赠者名册及有关资料]。

第四十四条 本基金会进行年检、换届、更换法定代表人以及清算，应当进行财务审计。

第四十五条 本基金会按照《基金会管理条例》规定接受登记管理机关组织的年度检查。

第四十六条 本基金会通过登记管理机关的年度检查后，将年度工作报告在登记管理机关指定的媒体上公布，接受社会公众的查询、监督。

第五章　终止和剩余财产处理

第四十七条 本基金会有以下情形之一，应当终止：

（一）完成章程规定的宗旨的；

（二）无法按照章程规定的宗旨继续从事公益活动的；

(三)基金会发生分立、合并的;

……………(其他情形)。

第四十八条 本基金会终止,应在理事会表决通过后15日内,报业务主管单位审查同意。经业务主管单位审查同意后15内,向登记管理机关申请注销登记。

第四十九条 本基金会办理注销登记前,应当在登记管理机关、业务主管单位的指导下成立清算组织,完成清算工作。

本基金会应当自清算结束之日起15日内向登记管理机关办理注销登记;在清算期间不开展清算以外的活动。

第五十条 本基金会注销后的剩余财产,应当在业务主管单位和登记管理机关的监督下,通过以下方式用于公益目的:

(一)________________________________;

(二)________________________________;

(三)________________________________;

………………。

无法按照上述方式处理的,由登记管理机关组织捐赠给与本基金会性质、宗旨相同的社会公益组织,并向社会公告。

第六章 章 程 修 改

第五十一条 本章程的修改,须经理事会表决通过后15日内,报业务主管单位审查同意。经业务主管单位审查同意后,报登记管理机关核准。

第七章 附 则

第五十二条 本章程经×年×月×日理事会表决通过。

第五十三条 本章程的解释权属于理事会。

第五十四条 本章程自登记管理机关核准之日起生效。

社会团体章程示范文本

（民政部　1998年11月26日）

说　　明

一、根据1998年10月25日国务院颁布的《社会团体登记管理条例》和国家有关政策制订此章程范本。

二、此章程范本，旨在为社会团体制订章程时提供依据，规范社会团体行为。

三、社会团体制订章程，原则上应包含此章程范本所涉及的内容，并可根据实际情况作适当补充。

四、社会团体据此范本制订的章程，须报社团登记管理机关核准方能生效。社团登记管理机关将以核准后的章程为据进行监督管理。

第一章　总　　则

第一条　本团体的名称（包括英文译名、缩写）

（社团的名称应当符合法律、法规的规定，不得违背社会道德风尚。社团的名称应当与其业务范围、成员分布、活动地域相一致，准确反映其特征。全国性的社会团体冠以"中国"、"全国"、"中华"等字样的，应当按照国家有关规定经过批准；地方性的社会团体应冠以本行政区域名称，不得冠以"中国"、"全国"、"中华"等字样。社会团体的名称，不得使用已由社团登记管理机关明令撤销或取缔的社会团体的名称）

第二条　本团体的性质（其中必须载明：组成的人员或单位；学术性、联合性、专业性或行业性；全国性或地方性；自愿结成；非营利性社会组织）

第三条 本团体的宗旨(其中必须载明:遵守宪法、法律、法规和国家政策,遵守社会道德风尚)

第四条 本团体接受挂靠单位、业务主管单位、社团登记管理机关的业务指导和监督管理(必须载明具体的挂靠单位、业务主管单位和社团登记管理机关)

第五条 本团体的住所(载明×省×市)

第二章 业务范围

第六条 本团体的业务范围(必须具体、明确):

(一)________________________;

(二)________________________;

(三)________________________;

(四)________________________;

(五)________________________;

(六)________________________;

(七)________________________;

(八)________________________;

(　)________________________。

第三章 会　　员

第七条 本团体的会员种类(单位会员、个人会员)

第八条 申请加入本团体的会员,必须具备下列条件:

(一)拥护本团体的章程;

(二)有加入本团体的意愿;

(三)在本团体的业务(行业、学科)领域内具有一定的影响;

(　)________________________。

第九条 会员入会的程序是:

(一)提交入会申请书;

(二)经理事会讨论通过;

(　)________________________;

(　)由理事会或理事会授权的机构发给会员证。

第十条　会员享有下列权利:

(一)本团体的选举权、被选举权和表决权;

(二)参加本团体的活动;

(三)获得本团体服务的优先权;

(四)对本团体工作的批评建议权和监督权;

(五)入会自愿、退会自由;

(　)________________________。

第十一条　会员履行下列义务:

(一)执行本团体的决议;

(二)维护本团体合法权益;

(三)完成本团体交办的工作;

(四)按规定交纳会费;

(五)向本团体反映情况,提供有关资料;

(　)________________________。

第十二条　会员退会应书面通知本团体,并交回会员证。

会员如果1年不交纳会费或不参加本团体活动的,视为自动退会。

第十三条　会员如有严重违反本章程的行为,经理事会或常务理事会表决通过,予以除名。

第四章　组织机构和负责人产生、罢免

第十四条　本团体的最高权力机构是会员大会(或会员代表大会),会员大会(或会员代表大会)的职权是:

(一)制定和修改章程;

(二)选举和罢免理事;

(三)审议理事会的工作报告和财务报告;

(四)决定终止事宜;

(　)________________________;

(　)决定其他重大事宜。

第十五条　会员大会(或会员代表大会)须有2/3以上的会员(或会员

代表)出席方能召开,其决议须经到会会员(或会员代表)半数以上表决通过方能生效。

第十六条 会员大会(或会员代表大会)每届×年(会员大会或会员代表大会每届最长不超过5年)。因特殊情况需提前或延期换届的,须由理事会表决通过,报业务主管单位审查并经社团登记管理机关批准同意。但延期换届最长不超过1年。

第十七条 理事会是会员大会(或会员代表大会)的执行机构,在闭会期间领导本团体开展日常工作,对会员大会(或会员代表大会)负责。

第十八条 理事会的职权是:

(一)执行会员大会(或会员代表大会)的决议;

(二)选举和罢免理事长(会长)、副理事长(副会长)、秘书长;

(三)筹备召开会员大会(或会员代表大会);

(四)向会员大会(或会员代表大会)报告工作和财务状况;

(五)决定会员的吸收或除名;

(六)决定设立办事机构、分支机构、代表机构和实体机构;

(七)决定副秘书长、各机构主要负责人的聘任;

(八)领导本团体各机构开展工作;

(九)制定内部管理制度;

(　)________________________________;

(　)决定其他重大事项。

第十九条 理事会须有2/3以上理事出席方能召开,其决议须经到会理事2/3以上表决通过方能生效。

第二十条 理事会每年至少召开一次会议;情况特殊的,也可采用通讯形式召开。

第二十一条 本团体设立常务理事会(理事人数较多时,可设立常务理事会)。常务理事会由理事会选举产生,在理事会闭会期间行使第十八条第一、三、五、六、七、八、九项的职权,对理事会负责(常务理事人数不超过理事人数的1/3)。

第二十二条 常务理事会须有2/3以上常务理事出席方能召开,其决议须经到会常务理事2/3以上表决通过方能生效。

第二十三条 常务理事会至少半年召开一次会议；情况特殊的也可采用通讯形式召开。

第二十四条 本团体的理事长（会长）、副理事长（副会长）、秘书长必须具备下列条件：

（一）坚持党的路线、方针、政策、政治素质好；

（二）在本团体业务领域内有较大影响；

（三）理事长（会长）、副理事长（副会长）、秘书长最高任职年龄不超过70周岁，秘书长为专职；

（四）身体健康，能坚持正常工作；

（五）未受过剥夺政治权利的刑事处罚的；

（六）具有完全民事行为能力；

（ ）________________________________。

第二十五条 本团体理事长（会长）、副理事长（副会长）、秘书长如超过最高任职年龄的，须经理事会表决通过，报业务主管单位审查并社团登记管理机关批准同意后，方可任职。

第二十六条 本团体理事长（会长）、副理事长（副会长）、秘书长任期×年。〔理事长（会长）、副理事长（副会长）、秘书长任期最长不得超过两届〕因特殊情况需延长任期的，须经会员大会（或会员代表大会）2/3以上会员（或会员代表）表决通过，报业务主管单位审查并经社团登记管理机关批准同意后方可任职。

第二十七条 本团体理事长（会长）为本团体法定代表人〔社团法定代表人一般应由理事长（会长）担任。如因特殊情况需由副理事长（副会长）或秘书长担任法定代表人，应报业务主管单位审查并经社团登记管理机关批准同意后，方可担任，并在章程中写明〕。

本团体法定代表人不兼任其他团体的法定代表人。

第二十八条 本团体理事长（会长）行使下列职权：

（一）召集和主持理事会（或常务理事会）；

（二）检查会员大会（或会员代表大会）、理事会（或常务理事会）决议的落实情况；

（三）代表本团体签署有关重要文件；

(　)________________。

第二十九条　本团体秘书长行使下列职权：

（一）主持办事机构开展日常工作，组织实施年度工作计划；

（二）协调各分支机构、代表机构、实体机构开展工作；

（三）提名副秘书长以及各办事机构、分支机构、代表机构和实体机构主要负责人，交理事会或常务理事会决定；

（四）决定办事机构、代表机构、实体机构专职工作人员的聘用；

(　)________________；

(　)处理其他日常事务。

第五章　资产管理、使用原则

第三十条　本团体经费来源：

（一）会费；

（二）捐赠；

（三）政府资助；

（四）在核准的业务范围内开展活动或服务的收入；

（五）利息；

(　)________________；

(　)其他合法收入。

第三十一条　本团体按照国家有关规定收取会员会费。

第三十二条　本团体经费必须用于本章程规定的业务范围和事业的发展，不得在会员中分配。

第三十三条　本团体建立严格的财务管理制度，保证会计资料合法、真实、准确、完整。

第三十四条　本团体配备具有专业资格的会计人员。会计不得兼任出纳。会计人员必须进行会计核算，实行会计监督。会计人员调动工作或离职时，必须与接管人员办清交接手续。

第三十五条　本团体的资产管理必须执行国家规定的财务管理制度，接受会员大会（或会员代表大会）和财政部门的监督。资产来源属于国家拨款或者社会捐赠、资助的，必须接受审计机关的监督，并将有关情况以适当方式向社会公布。

第三十六条 本团体换届或更换法定代表人之前必须接受社团登记管理机关和业务主管单位组织的财务审计。

第三十七条 本团体的资产,任何单位、个人不得侵占、私分和挪用。

第三十八条 本团体专职工作人员的工资和保险、福利待遇,参照国家对事业单位的有关规定执行。

第六章 章程的修改程序

第三十九条 对本团体章程的修改,须经理事会表决通过后报会员大会(或会员代表大会)审议。

第四十条 本团体修改的章程,须在会员大会(或会员代表大会)通过后15日内,经业务主管单位审查同意,并报社团登记管理机关核准后生效。

第七章 终止程序及终止后的财产处理

第四十一条 本团体完成宗旨或自行解散或由于分立、合并等原因需要注销的,由理事会或常务理事会提出终止动议。

第四十二条 本团体终止动议须经会员大会(或会员代表大会)表决通过,并报业务主管单位审查同意。

第四十三条 本团体终止前,须在业务主管单位及有关机关指导下成立清算组织,清理债权债务,处理善后事宜。清算期间,不开展清算以外的活动。

第四十四条 本团体经社团登记管理机关办理注销登记手续后即为终止。

第四十五条 本团体终止后的剩余财产,在业务主管单位和社团登记管理机关的监督下,按照国家有关规定,用于发展与本团体宗旨相关的事业。

第八章 附 则

第四十六条 本章程经×年×月×日会员大会(或会员代表大会)表决通过。

第四十七条 本章程的解释权属本团体的理事会。

第四十八条 本章程自社团登记管理机关核准之日起生效。

民办非企业单位(法人)章程示范文本

(2005年2月3日　民函〔2005〕24号)

说　明

一、根据1998年10月25日国务院颁布的《民办非企业单位登记管理暂行条例》和其他有关法律法规,制定此章程示范文本。

二、此文本旨在为民办非企业单位(法人)制定章程提供范例。

三、民办非企业单位(法人)制定的章程,应当包括章程示范文本中所列全部条款,可以根据实际情况作适当补充。

四、〔　〕内文字为制定要求。

第一章　总　则

第一条　本单位的名称是______________________________。

〔名称应当符合《民办非企业单位登记管理暂行条例》和民政部《民办非企业单位名称管理暂行规定》的规定〕

第二条　本单位的性质是______________________________。

〔必须载明:主要利用非国有资产、自愿举办、从事非营利性社会服务活动的社会组织〕

第三条　本单位的宗旨是______________________________。

〔必须载明:遵守宪法、法律、法规和国家政策,遵守社会道德风尚,单位设立的目的〕

第四条　本单位的登记管理机关是__________;本单位的业务主管单位是__________。

第五条 本单位的住所地是________________________________。

〔如：××省（自治区、直辖市）××市（区、县）〕

第六条 本章程中的各项条款与法律、法规、规章不符的，以法律、法规、规章的规定为准。

第二章 举办者、开办资金和业务范围

第七条 本单位的举办者是________________________________。

举办者享有下列权利：

（一）了解本单位经营状况和财务状况；

（二）推荐理（董）事（以下简称理事）和监事；

（三）有权查阅理（董）事会（局）（以下简称理事会）会议记录和本单位财务会计报告；

…………………………。

第八条 本单位开办资金：__________元；出资者：__________，金额：__________。

〔开办资金应符合有关法律法规的规定；如为多个出资人，应分别载明每位出资人的出资金额〕

第九条 本单位的业务范围：

（一）________________________________；

（二）________________________________；

（三）________________________________；

…………………………………………。

〔必须具体明确，与业务主管单位确认的业务范围一致〕

第三章 组织管理制度

第十条 本单位设理事会，其成员为____人。理事会是本单位的决策机构。

理事由举办者（包括出资者）、职工代表（由全体职工推举产生）及有关单位（业务主管单位）推选产生。

理事每届任期____年，任期届满，连选可以连任。

〔理事会成员为3－25人;理事任期3年或4年;有关单位主要指业务主管单位〕

第十一条 理事会行使下列事项的决定权:

(一)修改章程;

(二)业务活动计划;

(三)年度财务预算、决算方案;

(四)增加开办资金的方案;

(五)本单位的分立、合并或终止;

(六)聘任或者解聘本单位院长(或校长、所长、主任等)和其提名聘任或者解聘的本单位副院长(或副校长、副所长、副主任等)及财务负责人;

(七)罢免、增补理事;

(八)内部机构的设置;

(九)制定内部管理制度;

(十)从业人员的工资报酬;

………………………………。

第十二条 理事会每年召开 次会议〔至少两次〕。有下列情形之一,应当召开理事会会议:

(一)理事长认为必要时;

(二)1/3以上理事联名提议时。

第十三条 理事会设理事长1名,副理事长1－2名。理事长、副理事长由理事会以全体理事的过半数选举产生或罢免。

第十四条 副理事长协助理事长工作,理事长不能行使职权时,由理事长指定的副理事长代其行使职权。

第十五条 召开理事会会议,应于会议召开10日前将会议的时间、地点、内容等一并通知全体理事。理事因故不能出席,可以书面委托其他理事代为出席理事会,委托书必须载明授权范围。

第十六条 理事会会议应由1/2以上的理事出席方可举行。理事会会议实行1人1票制。理事会作出决议,必须经全体理事的过半数通过。

下列重要事项的决议,须经全体理事的2/3以上通过方为有效:

(一)章程的修改;

（二）本单位的分立、合并或终止；

……………………………………。

第十七条 理事会会议应当制作会议记录。形成决议的，应当当场制作会议纪要，并由出席会议的理事审阅、签名。理事会决议违反法律、法规或章程规定，致使本单位遭受损失的，参与决议的理事应当承担责任。但经证明在表决时反对并记载于会议记录的，该理事可免除责任。

理事会记录由理事长指定的人员存档保管。

第十八条 理事长行使下列职权：

（一）召集和主持理事会会议；

（二）检查理事会决议的实施情况；

（三）法律、法规和本单位章程规定的其他职权。

第十九条 本单位院长（或校长、所长、主任等）对理事会负责，并行使下列职权：

（一）主持单位的日常工作，组织实施理事会的决议；

（二）组织实施单位年度业务活动计划；

（三）拟订单位内部机构设置的方案；

（四）拟订内部管理制度；

（五）提请聘任或解聘本单位副职和财务负责人；

（六）聘任或解聘内设机构负责人；

……………………………………。

本单位院长（或校长、所长、主任等）列席理事会会议。

第二十条 本单位设立监事会，其成员为____人。

监事任期与理事任期相同，任期届满，连选可以连任。

〔监事会成员不得少于3人，并推选1名召集人。人数较少的民办非企业单位可不设监事会，但必须设1－2名监事〕

第二十一条 监事在举办者（包括出资者）、本单位从业人员或有关单位推荐的人员中产生或更换。监事会中的从业人员代表由单位从业人员民主选举产生。

本单位理事、院长（或校长、所长、主任等）及财务负责人，不得兼任监事。

〔有关单位主要指业务主管单位〕

第二十二条 监事会或监事行使下列职权:

(一)检查本单位财务;

(二)对本单位理事、院长(或校长、所长、主任等)违反法律、法规或章程的行为进行监督;

(三)当本单位理事、院长(或校长、所长、主任等)的行为损害本单位的利益时,要求其予以纠正;

……………………………………。

监事列席理事会会议。

第二十三条 监事会会议实行1人1票制。监事会决议须经全体监事过半数表决通过,方为有效。

第四章 法定代表人

第二十四条 本单位的法定代表人为__________。

〔法定代表人为理事长或院长(校长、所长、主任等)〕

第二十五条 有下列情形之一的,不得担任本单位的法定代表人:

(一)无民事行为能力或者限制民事行为能力的;

(二)正在被执行刑罚或者正在被执行刑事强制措施的;

(三)正在被公安机关或者国家安全机关通缉的;

(四)因犯罪被判处刑罚,执行期满未逾3年,或者因犯罪被判处剥夺政治权利,执行期满未逾5年的;

(五)担任因违法被撤销登记的民办非企业单位的法定代表人,自该单位被撤销登记之日起未逾3年的;

(六)非中国内地居民的;

(七)法律、法规规定不得担任法定代表人的其他情形。

第五章 资产管理、使用原则及劳动用工制度

第二十六条 本单位经费来源:

(一)开办资金;

(二)政府资助;

（三）在业务范围内开展服务活动的收入；

（四）利息；

（五）捐赠；

（六）其他合法收入。

第二十七条　经费必须用于章程规定的业务范围和事业的发展，盈余不得分红。

第二十八条　执行国家规定的会计制度，依法进行会计核算，建立健全内部会计监督制度，保证会计资料合法、真实、准确、完整。

接受税务、会计主管部门依法实施的税务监督和会计监督。

第二十九条　配备具有专业资格的会计人员。会计不得兼出纳。会计人员调动工作或离职时，必须与接管人员办清交接手续。

第三十条　本单位换届或更换法定代表人之前必须进行财务审计。

第三十一条　本单位按照《民办非企业单位登记管理暂行条例》的规定，自觉接受登记管理机关组织的年度检查。

第三十二条　本单位劳动用工、社会保险制度按国家法律、法规及国务院劳动保障行政部门的有关规定执行。

第六章　章程的修改

第三十三条　本章程的修改，须经理事会表决通过后15日内，报业务主管单位审查同意，自业务主管单位审查同意之日起30日内，报登记管理机关核准。

〔民办学校的章程应当报登记管理机关备案〕

第七章　终止和终止后资产处理

第三十四条　本单位有下列情形之一的，应当终止：

（一）完成章程规定宗旨的；

（二）无法按照章程规定的宗旨继续开展活动的；

（三）发生分立、合并的；

（四）自行解散的；

……………………。

第三十五条 本单位终止,应当在理事会表决通过后 15 日内,报业务主管单位审查同意。

第三十六条 本单位办理注销登记前,应当在登记管理机关、业务主管单位和有关机关的指导下成立清算组织,清理债权债务,处理剩余财产,完成清算工作。

剩余财产,应当按照有关法律、法规的规定处理。清算期间,不进行清算以外的活动。

本单位应当自完成清算之日起 15 日内,向登记管理机关办理注销登记。

第三十七条 本单位自登记管理机关发出注销登记证明文件之日起,即为终止。

第八章 附 则

第三十八条 本章程经×年×月×日理事会表决通过。

第三十九条 本章程的解释权属理事会。

第四十条 本章程自登记管理机关核准之日起生效。

〔民办学校的章程应当报登记管理机关备案〕

五、地方政府部门规范性文件

北京市社会团体规范化建设的指导意见

（2007年11月7日北京市民政局发布　京民社发〔2007〕428号）

为贯彻落实党的十七大和十六届六中全会以及国务院、市委市政府对社会团体发展的有关文件精神，结合北京市社会团体的实际情况，为进一步推动社会团体自身规范化建设，提出以下意见。

一、规范化建设的指导思想

以邓小平理论和“三个代表”重要思想为指导，坚持科学发展观，按照中共中央《关于构建社会主义和谐社会若干重大问题的决定》提出的：“引导各类社会组织加强自身建设，提高自律性和诚信度”的要求，以规范社会团体章程为核心，以健全组织结构为重点，以完善规章制度为手段，以增强服务功能为目标，使之成为社会建设和社会管理的重要力量，在社会主义和谐社会首善之区的建设中发挥积极作用。

二、规范化建设的内容

（一）规范社团章程

社团章程中必须载明遵守宪法、法律、法规和国家政策，不反对宪法确定的基本原则，不危害国家的统一、安全和民族的团结，不损害国家利益、社会公共利益以及其他组织和公民的合法权益，不违背社会道德风尚。

章程应反映会员的共同意愿，体现会员共有、自我管理、民主办会、共同监督的原则。体现服务会员、服务行业（专业）、服务社会、服务政府的宗旨。

（二）健全组织结构

1. 会员

会员是社会团体存在的基础。会员数量应符合《社会团体登记管理条例》的规定,会员条件应符合章程的规定;行业协会的会员数量应符合政府关于行业协会的有关规定,原则上只吸收单位会员。

会员应享有选举权、被选举权、接受服务、提出建议、行使监督等基本权利;会员应履行遵守章程、纪律、行规、交纳会费等基本义务。

社会团体要严格入退会程序,只有办理了入会手续并履行义务的会员才能行使权力。

2. 会员大会

会员大会是社会团体的最高权力机关。会员通过会员大会行使权利、实现意愿,对社会团体的事务进行管理。会员数量较多时可设立会员代表大会,会员代表要依据社会团体制定的选举办法选举产生。

会员大会的职责和权利由社团章程规定。

会员大会一般每届2—4年。

3. 理事会

理事会是会员大会的执行机构。在会员大会闭会期间,负责社会团体的日常工作。理事的条件由章程规定,数量按会员或会员代表的比例确定。一个会员单位只能产生一名理事,但章程另有规定的除外。理事会的职责由社团章程规定。

理事会人数较多的可设立常务理事会,人数一般不超过理事的三分之一。常务理事会是理事会闭会期间的执行机构,常务理事会的职责由社团章程规定。

理事会每年至少召开一次会议,常务理事会至少每半年召开一次会议,任期与会员大会的届期一致。

理事由会员大会民主选举产生;理事长(会长)、副理事长(副会长)、常务理事由理事会民主选举产生,采取无记名投票方式,逐步实行差额选举。

4. 监事会

监事会是社会团体的监督机构。由会员大会选举产生、向会员大会负责。监事会成员应由理事之外的坚持原则、办事公正、懂得法律或财会知识的3人(含3人)以上单数会员组成。

监事会的职责由社团章程规定。

5. 会员大会、理事会、常务理事会、监事会须三分之二以上成员参加方能召开、其决议须经到会三分之二(或半数)以上成员通过方能生效。

6. 社会团体的法定代表人是理事长(会长),不得同时担任其他社会团体的法定代表人,任期不超过两届,年龄一般不超过70周岁。

理事长(会长)任职条件由社团章程规定。

7. 秘书长为专职,应熟悉本团体专业,有协调策划能力,可经选举产生,也可实行聘任制。

8. 分支机构、办事机构

社会团体设立分支机构、办事机构,应经业务主管单位审查同意,向登记管理机关申请登记。

社会团体分支机构、办事机构是社会团体的组成部分,不具有法人资格,对外开展活动应使用××会××分会的全称。

社会团体应制定分支机构管理办法和活动规则,其分支机构不得再设立分支机构。

9. 社会团体换届

社会团体换届依章程规定按期举行,体现公开、公平、公正原则,制定换届选举办法,实行差额无记名投票方式进行选举。

召开会员大会30日前,应将换届准备材料送至业务主管单位和社会团体登记管理机关审查,确认符合换届条件后方可召开。

召开会员大会后30日内,将会议纪要及有关材料报社会团体登记管理机关备案,如有变更事项按规定办理变更手续。

如需延期换届,须经业务主管单位和社会团体登记管理机关审查同意,延期最长不超过一年。

10. 党的建设

符合建立党组织条件的社会团体,应按市委组织部门的有关规定建立党的组织,发挥党组织在社会团体自身规范化建设中的作用。

(三)完善规章制度

社会团体应建立以章程为核心的各项内部管理制度,包括选举制度、民主决策制度、财务制度、监事会制度、重大事项报告制度、分支机构管理制度、人事制度、办公室制度等。社会团体应自觉遵守和认真执行内部管理制度。

（四）增强服务功能

1. 思想建设

树立责任意识：按照十六届六中全会的精神，树立积极参与社会建设、社会管理的意识，开展行（专）业调查研究，为政府建言献策，逐步成为社会管理的重要组成部分。

树立创新意识：树立科学发展观，不断解放思想、转变观念，发挥社会团体优势，整合社会资源，建设创新型社会团体。

树立服务意识：把为会员服务、社会服务、政府服务作为社会团体的第一要务，不断扩展服务的范围和途径。

2. 人才建设

建立知识化、专业化、年轻化、职业化的社会工作者队伍。社会团体的负责人和工作人员，要将学习国家的法律、法规、方针、政策以及科学文化知识、专业知识制度化，建立学习型社会团体。

组建为行（专）业服务的专家人才库，提高社会团体的权威性、社会影响力和服务水平。

3. 品牌建设

社会团体开展活动应注重自身特色和品牌效应，且应具有公开性、透明度、诚信度，以提高社会公信力，创建名牌社会团体。

4. 规范服务

（1）广泛开展多种形式的有益于会员的服务，但不得损害社会公共利益，不得形成垄断，不得以营利为目的，依法所得不得在会员中分配。

（2）举办展览会、交易会、研讨会、培训等活动可以实行有偿服务，收费应符合国家有关规定。

（3）在会员内开展的评比、达标等活动，不得收取费用。

（4）可以按北京市的有关规定举办经济实体。

三、规范化建设的评价

为了检验社会团体规范化建设的成果，积极探索以评估为导向的评价体系，按市场化原则实行优胜劣汰，形成社会团体的评比、表彰、处罚、退出机制。

（一）评估

1. 自我评估。社会团体自己制定评估办法和标准，定期对社会团体工作和主要负责人进行评估。以征求会员的意见为主，把会员需要不需要，满意不满意，作为评价的首要标准，评估结果应当在会员范围内公示。

2. 社会评估。积极探索社会评价体系，社会团体聘请社会上有资质的评估机构进行评估。

3. 政府相关部门评估。由社会团体登记管理机关和业务主管单位，制定评估办法和评估标准，组织面向全体社会团体的评估。

（二）年检

年检是业务主管单位、登记管理机关依据《社会团体登记管理条例》对社会团体实行登记事项、活动情况、制度建设、财务管理等方面的一种监督手段，是确定社会团体法人资格能否延续的法定程序，可以促进社会团体认真总结工作，依法开展活动，提高社会团体自律性。

社会团体应按照《社会团体登记管理条例》的规定，依法履行年检、变更、增设、注销等手续。

社会团体应于每年 1 月至 5 月底前，通过网上按期如实填报年检材料，经工作人员确认后，将书面材料报送民政局行政服务中心办理年检手续。

业务主管单位和登记管理机关通过评估、年检推动社会团体的自律性和诚信度建设。

上海市民政局、上海市社会团体管理局、上海市财政局、上海市审计局关于加强本市社会组织内部治理工作的若干意见

（2016 年 6 月 13 日　沪民社团〔2016〕4 号）

各区县民政局、社团局、财政局、审计局：

为深入贯彻党的十八大和十八届二中、三中、四中、五中全会精神，认真落实财政部、民政部《关于加强社会组织反腐倡廉工作的意见》（民发〔2014〕227 号）和市委办公厅、市政府办公厅转发《市民政局关于完善社会组织综合监管体系促进社会组织健康发展的指导意见》（沪委办发〔2014〕13 号），现就加强本市社会组织内部治理工作提出以下意见。

一、加强内部治理建设，完善民主管理机制

1. 社会组织要健全以章程为核心的独立自主、权责明确、运转协调、制衡有效的社会组织法人治理结构，完善会员（代表）大会、理事会（常务理事会）、监事（会）制度。

2. 社会组织要落实民主选举、差额选举制度，扩大直选范围。社会组织要严格按照章程规定按期换届，召开换届改选的会员（代表）大会、理事会必须符合法定人数和程序，不得以通讯方式召开。

3. 社会组织要规范民主议事、民主决策的范围、程序和方法，会员（代表）大会、理事会民主决议事项不得以鼓掌方式进行表决。社会组织人、财、物等重大事项的决策，要经过民主程序，不得由个人专断。

4. 社会组织要设立监事会或者监事，建立健全内部监督机制；要支持监事会（监事）依照章程规定的程序检查财务和会计资料，列席理事会会议，向理事会提出质询和建议，并向有关部门反映情况。

5. 社会组织要建立负责人任职管理制度，明确负责人资格、产生程序、

任职年限等。社会组织负责人对重大事项、项目安排、资金使用管理负总责,要严格按照章程履行职责,不得以单位名义从事营利性活动,不得以权谋私。

二、加强资产财务管理,严格执行财经纪律

6. 社会组织要按照《中华人民共和国会计法》、《民间非营利组织会计制度》等规定,结合本单位业务活动特点,制定相应的内部会计制度,严格财务管理,建立健全财务审批制度,明确审批权限和责任,加强内部监督。

7. 社会组织应当依法单独建账、独立核算,保证会计资料合法、真实、准确、完整。社会组织财务收支必须全部纳入单位法定账户,不得使用其他单位或个人的银行账户进行账务往来,不得账外建账、挂账,不得"坐收坐支",不得设立"小金库"。

8. 社会组织分支(代表)机构不得开设银行基本账户,其全部收支应当纳入社会组织财务统一核算,不得记入其他单位、组织或个人账户。

9. 社会组织不得将自身经费收支与行政机关及企事业单位经费收支混管,不得将个人发票在账目中列支,不得违规使用票据。

10. 社会组织各项收入除用于组织管理成本和其他合理支出外,应全部用于登记核定或者章程规定的公益性或者非营利性事业,盈余不得分配。

11. 社会组织对取得的应纳税收入及其有关的成本费用、损失,应与免税收入及其有关的成本、费用、损失分别核算。

12. 社会组织的资产来源必须合法,产权清晰,严格按照国家规定的财务管理制度管理资产,自觉接受监督。社会组织的资产购置、变卖、报废处置等事项,应当履行相关处置程序,不得擅自处理。任何单位和个人不得侵占、私分、挪用社会组织财产,不得通过关联方交易进行利益输送。

13. 社会组织财务人员应持证上岗,会计不得兼任出纳,社会组织负责人直系亲属不得担任会计、出纳。有条件的社会组织要配备资产管理人员,建立定期盘点制度,加强对非现金资产的登记和管理,做到账实相符、账表相符。

14. 社会组织专职工作人员的工资、福利待遇等开支必须严格执行国家和本市有关政策规定,严格控制人员成本,严格履行内部程序,不得违规发放各类津贴。

三、加强行为规范管理，严格依法依规办事

15. 社会组织必须严格遵守宪法、法律、法规和国家政策，不得超出章程规定的宗旨和业务范围开展活动。

16. 社会组织承接政府委托事项，不得利用业务主管单位（行业主管部门）影响或者行政资源牟利。

17. 社会组织承接政府购买服务事项，应当严格遵守财政性资金使用管理规定，对政府购买服务的经费不得违规使用，不得向购买主体违规发放劳务报酬。

18. 社会组织开展经营服务性收费项目，不得转包或者委托与社会组织及其分支（代表）机构负责人有直接利益关系的企事业单位或其他组织实施。

19. 社会组织举办经济实体，应当在资产、机构、人员等方面与所举办经济实体分开，与其发生经济往来应当按照等价交换的原则收取价款、支付费用。

20. 社会组织不得违反规定设立评比达标表彰项目，严禁以各种方式强制企业或者个人入会、摊派会费、派捐索捐、强拉赞助，不得干预会员单位生产经营活动。

21. 社会组织开展的各类收费业务，必须符合章程规定的业务范围，履行章程规定的程序，规范票据使用，自觉依法纳税。社会组织不得利用所掌握的会员信息、行业数据、捐赠人和受赠人信息等不当牟利。

22. 社会团体依法所得不得投入会员企业进行营利，不得以设立分支（代表）机构、专项基金管理机构的名义收取或变相收取管理费、赞助费等，不得将上述机构委托其他组织运营。

23. 基金会不得资助以营利为目的开展的活动，不得直接宣传、促销、销售企业的产品和品牌，不得为企业及其产品提供信誉和质量担保，不得向个人、企业直接提供与公益活动无关的借款。

四、加强信息公开制度，严格执法监督检查

24. 社会组织应当主动公开名称、住所、联系电话、统一社会信用代码、组织章程、机构设置、人员情况、主要财务情况、活动情况和党建情况等，定期向理事会报告财务收支情况，自觉接受监督。

25. 社会组织应将重大事项报告制度纳入章程，对于召开重大会议、主要负责人发生变化、设立分支（代表）机构、接受大额捐赠、开展涉外活动等重大事项及在活动中发现重要社情动态、发生重大突发事件，应及时向登记管理机关、业务主管单位（行业主管部门）报告。

26. 推进社会组织诚信建设，建立社会组织信用体系，探索建立社会评价、失信惩戒和“黑名单”等行业信用管理制度，研究制定行业职业道德准则，规范从业人员的职业行为，健全行业自律公约，提高社会组织自治自律水平。

27. 政府部门要加强综合监管和执法监察，建立健全登记管理机关、业务主管单位（行业主管部门）、相关职能部门和纪检监察部门的联动监察机制，加强对社会组织的监督管理。

28. 登记管理机关要依法履行社会组织登记备案、年度检查、等级评估、执法查处和日常监管等职责，指导社会组织加强自身建设、信息公开和能力建设。

29. 业务主管单位要履行社会组织前置审查、业务指导、日常管理职责，监督社会组织依法按章开展活动。相关行业主管部门要履行在主管领域内活动的社会组织行业监管职责，对本部门授权、委托、转移事项和购买服务项目加强监督管理。

30. 财政部门对社会组织、会计师事务所及其相关人员涉嫌违反《会计法》、《民间非营利组织会计制度》等财务管理制度的行为，根据情节轻重，依法给予行政处罚。审计机关依法对社会组织使用的财政性资金以及受政府委托管理的社会捐赠资金以及其他有关基金、资金的财务收支情况进行审计监督。

广东省民政厅关于印发《广东省民政厅关于社会组织法人治理的指导意见》等四个文件的通知

（2015年4月　粤民发〔2015〕70号）

各地级以上市民政局，佛山市顺德区民政和人力资源社会保障局，各省级社会组织：

为贯彻落实党的十八大和十八届三中、四中全会精神以及省委省政府关于培育发展和规范管理社会组织的相关要求，加快形成政社分开、权责明确、依法自治的现代社会组织体制，根据省政府工作部署，我厅制定了《广东省民政厅关于社会组织法人治理的指导意见》以及《广东省社会团体法人治理结构与治理规则》、《广东省基金会法人治理结构与治理规则》、《广东省民办非企业单位法人治理结构与治理规则》。经省政府法制办审核，现予印发，请遵照执行。

广东省民政厅关于社会组织法人治理的指导意见

为加快推进我省现代社会组织法人治理体系建设，建立社会组织自律自治、社会监督、政府监管相结合的法人治理机制，明确社会组织的法人治理结构和治理规则，完善社会组织法人治理制度，促进社会组织健康发展，依据有关法律、法规、规章，结合我省实际，提出如下意见。

一、指导思想和总体目标

指导思想。贯彻落实党中央关于社会治理的方针政策和省委省政府关于培育发展和规范管理社会组织的精神，深化社会组织体制改革，促进社会组织建设法治化和规范化，加快形成政社分开、权责明确、依法自治的现代社会组织体制，增强社会组织自治功能，激发社会组织活力，提升社会组织在社会治理中的主体地位。

总体目标。社会组织全面践行社会主义核心价值观，按照共生共治、共建共享的理念，建立和完善以章程为核心，以健全法人治理结构和制度建设为基础，以信息公开和综合监管为保障，以公信力建设为目标的法人治理机制，形成结构合理、制度完善、运转协调、充满活力的现代社会组织法人治理体系，积极发挥社会组织在促进经济发展、繁荣社会事业、参与社会治理、提供公共服务等方面的重要作用。

二、基本原则

（一）党的领导。加强党对社会组织建设的领导，在社会组织法人治理过程中，根据中国共产党章程的规定，设立党的组织，发挥党组织的政治引领和党员的先锋模范作用。

（二）依法自律。社会组织法人治理坚持维护国家统一安全和民族团结，维护国家利益、社会公共利益以及其他组织和公民的合法权益，维护社会主义道德风尚。

（三）民主自治。社会组织法人治理以自治为本，坚持依法独立自主开展活动、管理内部事务并独立承担责任的原则，实现自治规范、自律管理和自主发展；切实维护社会组织成员的主体地位，实行民主选举、民主决策、民主管理和民主监督。促进监事专责监督、会员（同业）自主监督、社会公开监督相结合的自律监督制度建设。

（四）制衡有效。社会组织法人治理应当建立健全决策机构、执行机构及监督机构，建立规范的会务运行规则，健全法人内部治理制度，形成权责明确、制衡有效、协同配合、运转协调的机制。

（五）政社分开。社会组织法人治理坚持去行政化、去垄断化基本方针，机关现职工作人员不得在工商经济类、公益慈善类、科技类和城乡社区社会组织担任领导职务，不得领取兼职薪酬补贴。社会组织不得与行政机关合署办公和财务代管。社会组织履行公共服务职能和政府购买服务项目实行公平竞争，形成优胜劣汰竞争机制。

三、建立健全社会组织法人治理结构

（一）社会团体法人治理结构。

社会团体实行会员制，集合共同意愿形成团体宗旨，开展反映诉求、规范行为、提供服务活动，充分体现社会团体志愿性、公益性、服务性的社会价值。会员享有并履行章程规定的权利、义务和责任，维护公平正义的法人治理秩序，共建民主自治的法人治理环境，为社会提供多样化的社会服务，满足社会多元化的服务需求，共同担当社会责任。社会团体法人治理结构设立会员（代表）大会、理事会（常务理事会）、监事会、秘书处。

1. 会员（代表）大会的设立。会员（代表）大会是社会团体的最高权力机构，其基本责权是制定和修改章程，采用无记名投票方式通过章程和选举产生理事会，表决通过重大决议事项。会员数量在200个以上的社会团体，可推选代表组成会员代表大会。会员代表大会代表的人数由章程规定，一般不少于全体会员的三分之一。会员代表必须明确其代表对象，在会员代表行使重大事项表决时，必须事先征求其代表对象意见，并获得一致意见，方可行使表决权。超过三分之一的会员（代表）特别动议召开会员（代表）大会，应当召开理事会进行特别动议案表决。会员代表可与其代表对象实行年度轮换制。鼓励有条件的社会团体实行差额选举和竞选制。引导社会团体提高会员质量，加强会员信用管理，实行守信者归会，失信者除名规则。

2. 理事会的设立。理事会由会员（代表）大会选举产生，是会员（代表）大会闭会期间的执行机构，依照章程的规定和会员（代表）大会的决议行使职权，在闭会期间领导社会团体开展日常工作，对大会负责。其基本责权是执行会员（代表）大会决议，制订社团发展规划，设立运营组织机构和分支机构，实施运营决策，制订法人内部治理制度，维护社会团体自治功能有效运转。重大会议议题和重大决策事项必须事先告知全体会员征求意见，充分尊重会员权益。理事成员代表会员公平公正行使会务决策权力，并承担决策相关责任和财务风险；拟定会员、理事、监事及其领导机构成员和会长、秘书长资格条件以及专职工作人员薪酬福利，制定人才保障措施，促进社会团体专职工作人员职业化专业化。理事会按业务范围，设立分支机构管理委员会、专业委员会或专家委员会。理事人数在50人以上的社会团体，可设立常务理事会。从理事中选举常务理事组成常务理事会，常务理事一般为理事的三分之一。

3. 监事会的设立。监事会是社会团体的监督机构，会员规模小的社会团体可设立独立监事。监事会（监事）由会员（代表）大会选举产生，理事不兼任监事,监事会对会员(代表)大会负责,监事不得连任两届,监事会独立行使监督权,不具有决策表决权。其基本责权是对社会团体不同层级参会会员的资格审查,对会员(代表)大会、理事会(常务理事会)、会长办公会议实施监督并予以程序和结果合法性确认,履行社会团体选举程序、重大决议、财务管理的审查和业务执行、人员履职的监督。监事应列席(常务)理事会会议。列席会议的监事有权发表意见,但不享有表决权。会员(代表)大会、理事会(常务理事会)、会长办公会议形成的会议纪要,必须由监事会成员签字确认方有效。当会长无法履行职责,社会团体内部矛盾突出,难以召集理事会的情况下,监事会可以召集主持理事会。监事会代表全体会员的意志履行监督职责,对重大会议议题和重大决策事项,监事会应当充分了解会员意见,及时向理事会反馈,提出建议。监事会对社会团体存在严重违规问题有权直接向登记管理机关和业务主管部门反映情况。

4. 秘书处的设立。社会团体秘书处是理事会(常务理事会)日常工作机构。秘书处专职工作人员任职条件和聘用事项由理事会(常务理事会)或会长办公会决定,应当签订用工劳动合同。秘书长可以实行聘任制或选任制,由理事会表决通过聘任或由会员(代表)大会选举产生,秘书长解聘或除职应在确保秘书长拥有向理事会或会员(代表)大会述职陈情权利的前提下,并由理事会或会员(代表)大会投票表决。经法定代表人授权并由理事会(常务理事会)同意,秘书长可行使授权范围内的法定代表人职权。

(二)民办非企业单位和基金会法人治理结构。

民办非企业单位和基金会实行非会员制。民办非企业单位应健全法人治理结构,完善以章程为核心的内部治理制度与机制,按照非营利性原则,公益为本,诚信自律,注重品牌,提升社会公信力,发挥人才聚集、专业化服务优势,为社会提供多样化、专业化的服务产品,促进民办社会事业繁荣和进步。基金会以开放方式优化法人治理结构,引入社会精英参与法人治理,坚守公益慈善理念,打造公益慈善品牌,共同促进公益慈善事业健康发展。民办非企业单位和基金会设立理事会、监事会、执行机构(秘书处)。

1. 理事会的设立。理事会是民办非企业单位和基金会的决策机构。首届理事会成员应由举办者、捐资者共同提名协商确定,继任理事的任免由理事会根据章程规定表决通过。民办非企业单位和基金会应当注重从社会中聘请有社会声誉、有志愿精神、有专业资格的人士出任理事。理事会的基本责权是确定组织的宗旨和业务范围,制定和修改章程,决定本组织的年度财务预算、决算方案,重大项目和财务安排,制定内部管理制度,聘任或者解聘本组织的行政负责人,以及做出其他重大决策。公募基金会理事会成员应广泛吸纳社会贤达、主要捐赠人代表、社会慈善人士和专业人士,其比例应达到三分之二,并向社会公开全体理事基本情况。非公募基金会也应按照受赠社会化程度相应优化理事会结构,接受社会捐赠的,一般理事会外部成员应达到三分之一以上。民办非企业单位和基金会理事会实行公开表决制,理事会会议纪要必须载明理事同意与否的具体意见,以备查验。理事应当忠诚履行对举办者、捐赠人的信托责任,发挥自身专业优势和资源优势,服务社会组织、服务社会。

2. 监事会(监事)的设立。监事会是民办非企业单位和基金会的监督机构。规模小的社会组织,可设立执行监事,监事的产生和任免应体现社会组织的公共性和专业性。应注重从社会中遴选专业素质好、道德品行优、社会责任感强的人士担任监事。民办非企业单位和基金会的监事或监事会的基本责权是对本组织依照法律法规运作进行监督,对理事会的议事决策的程序和合法性予以监督和确认;监督项目的执行,监督资产安全运营、捐赠资金(物资)按照捐赠者的意愿使用以及捐赠协议的落实;对理事因故意或过失造成本组织损失的,拥有责任追究权。监事有责任监督本组织按照本组织特点和相关政策要求实行信息公开,接受社会监督。监事有权向政府业务主管部门和登记管理机关反映组织严重违规行为。

3. 执行机构(秘书处)的设立。民办非企业单位和基金会的业务运营执行机构(秘书处)直接对理事会负责。按照理事会的决定和章程规定设置执行机构具体职能部门和专家咨询委员会,实行职业化、专业化的从业规范及全员聘任制和合同用工制。执行机构基本责权是按照章程制定的发展目标,组织实施理事会决议,行使业务执行、项目运营、发展战略、运营绩效全方位管理和社会风险管控职责,执行机构负责人(或秘书长)是运营管理的第一责任人,担当法人授权相关责任。

四、建立健全社会组织法人治理制度

社会组织法人治理制度体系建设包括建立健全社会组织内部治理制度

和社会监督、政府监管、资格认定制度。具体内容是非营利组织免税资格评定、年度检查、信息公开、第三方评估、社会组织承接政府委托授权事项和购买服务等政策制度以及以章程为核心的决策、执行、监督制度,内部管理、捐赠救助、承诺服务等各项内部制度,促进社会组织法人治理科学化、规范化、自治化,形成现代社会组织法人治理制度,为构建社会组织良好社会生态系统提供保障。

健全完善社会组织监管制度、资格认定和绩效评估制度。完善非营利组织免税资格和公益性捐赠税前扣除资格的认定条件和程序,落实社会组织的税收优惠政策。创新社会组织年度检查办法,更加注重通过信息公开、动态管理等方式,促进监督主体多元化、信息平台一体化。引入市场竞争机制,推进对社会组织的第三方评估评价。完善社会组织承接政府委托授权事项和购买服务项目的竞争择优机制,明确社会组织履行公共服务职能和购买服务项目公开监督方式方法和绩效评价规则,优化社会组织公平竞争的政策环境。

建立健全社会组织以章程为核心的各项规章制度和内部管理制度,确保社会组织的决策、执行、监督各个环节规范运作。社会组织应当主要通过会议方式集体决定各类事项,建立健全会议议事规则和表决规则。要通过理事会完善社会组织章程、法人内部治理结构和制定规章制度,如会员(代表)大会、理事会、监事会换届选举、信息披露、捐赠救助、服务承诺、财务管理、人事管理、文书档案、证书印章管理、分支代表机构管理等规章制度。

五、建立健全社会组织法人治理机制

(一)诚信自律。社会组织要牢固树立诚信为本、自律自治的理念,自觉遵守有关法律法规,严格按照章程和各项规定开展活动,有效履行各项社会服务承诺,积极倡导和践行行规行约,建立自我约束、自我管理、自我教育、自我服务的自律机制。建立社会组织预防腐败制度和机制,规范从业行为,管控从业风险,为营造清正廉洁社会风气发挥重要作用。

(二)信息公开。建立以分级登记分级管理为基础的信息共享平台,省、市、县(区)分别建立联通本区域社会组织信息网络,形成三级信息网络互联互通一体化,登记管理部门、政府业务主管部门和社会各界共建共享的信息系统。建立年度检查、日常活动情况、社会评价、违规惩戒和黑名单等信息公开平台,按照分类指导原则,制定信息系统数据采集目录。社会组织和负责人信用记录纳入社会信用信息系统。社会组织应当将登记信息、组织章程、机构设置、服务内容、收费标准、接受捐赠及其使用和审计情况、履行公共服务职能和购买服务情况纳入信息平台,向社会公布,真实、全面、及时反映社会组织法人治理情况。社会组织凡是开展评比达标表彰项目或涉及到行业利益或社会公共利益的事项,实施项目内容、范围、评定标准、程序公开,结果公示。政府部门适当公开政策资源和信息资源,公开行政审批程序,提高行政透明度。扩大社会监督渠道,信息公开平台向公众开放,设立公众投诉举报媒介,接受社会监督。

(三)资源配置。按照公平公正、公开竞争的方式,谁主事谁监管的原则,健全完善社会组织履行公共服务职能、政府授权委托事项和政府向社会组织购买服务项目的评价机制,公开公示资格条件、遴选程序、招标方式、合同文本,引入公平公开竞争,培育一大批公信力高,服务能力强的社会组织。构建社会组织资源配置平台和机制,促进公益慈善资源充分吸纳和流动,与社会公益需求实现有效对接。引导同质同类同行同源社会组织通过合作发展的方式,实行统筹协调、监督指导和自律管理,共同制订和实施行为规范和行业标准。鼓励社会组织建立帮扶机制,对欠发达地区或同类弱质社会组织发挥传帮带作用,引导社会组织下沉基层服务社区,履行社会责任。

(四)社会评价。积极培育社会评价主体,发展公益性的与政府职能分开、与社会组织利益分离的独立第三方社会评价机构,制定社会评价机构资格准入、行为规范和惩戒退出机制。拓宽社会公众评价渠道,探索建立社会监督委员会制度,培育一批具有社会责任感、专业能力和公信力强的社会监督员队伍。建立健全对社会组织的综合评价系统,形成政府监督管理评价、第三方专业评价、社会公众和媒体的舆论评价等相结合的综合评价体系,将社会组织自律建设、信用建设纳入市场监管体系和社会信用体系建设。

(五)联合监管。政府部门按照各自职能对社会组织进行监督管理,形成各司其职、各负其责、信息共享、协同监督、齐抓共管机制。建立健全对社会组织的法律监督、政府监督、社会监督、舆论监督的监管体系,保障社会组织依照法律法规和组织章程规范运作,维护社会组织合法权益。登记管理机关对社会信用差、一年内未开展业务活动的社会组织实行有效退出,引导难以发挥作用的社会组织实行同质同类合并重组，对社会组织违法违规行为，予以依法查处。

广东省社会团体法人治理结构与治理规则

第一章　总　　则

第一条　为规范和健全我省社会团体的组织机构和运行机制，建立和完善社会团体法人治理结构，促进社会团体的健康运行，充分发挥其作为自律组织的自我管理与服务、自我约束与协调的职能作用，依据有关法律、法规、规章，结合我省社会团体发展的实际，制定本规则。

第二条　本规则供我省社会团体建立健全法人治理机制时参考使用。本规则所称的社会团体法人治理是指社会团体建立的以会员（代表）大会、理事会、监事会等机构为主体的、责任明确、相互制衡的组织架构，以及民主、科学、高效的决策、执行和监督机制。

第三条　社会团体法人治理的主要目标为：

（一）建立健全包括会员（代表）大会、理事会、监事会、秘书处等机构在内的治理架构，明确各自的职能；

（二）完善科学、民主的议事规则和决策程序，提高社会团体工作效率；

（三）明确会长、副会长、常务理事、理事、监事、秘书长等社会团体管理人员的职责、职权；

（四）保障社会团体职能的有效实现。

第四条　社会团体法人治理应当遵循以下原则：

（一）合法原则。社会团体法人治理应当符合国家有关法律法规的规定。

（二）自治原则。社会团体法人治理应当以尊重会员自治为原则。

（三）制衡原则。社会团体法人治理应当建立决策机构、执行机构及监督机构之间相互制约、相互监督的机制。

（四）民主原则。社会团体法人治理应当建立民主的决策和运行机制。

（五）效能原则。社会团体法人治理应当根据行业特点，做到机构精简、人员精干、运转顺畅、服务有效。

第二章　社会团体章程设立

第五条　社会团体章程是社会团体活动的基本准则,社会团体章程的主要内容包括:

(一)名称、住所;

(二)宗旨、业务范围和活动地域;

(三)会员资格及其权利义务、会费缴纳标准;

(四)组织管理制度,会员(代表)大会、理事会、常务理事会、会长、监事会的产生、职权、任期和罢免的办法;

(五)财务预算、决算、清算等资产管理和使用办法;

(六)章程的修改程序;

(七)设立分支机构、代表机构的办法;

(八)社会团体变更、注销以及注销后资产的处理办法;

(九)应当由章程规定的其他事项。

第六条　社会团体章程的修改须经会员(代表)大会的会员(代表)三分之二以上同意,并报登记管理机关审核批准后,方能生效。

第三章　会员(代表)大会

第一节　会　　员

第七条　社会团体实行会员制。

同一行业或者为促进相关领域发展的企业法人、机构或者自然人,形成共同利益诉求、促进行为规范、实现共同发展的社会团体,拥护社会团体章程,自愿申请并经理事会同意,可以成为社会团体会员。

第八条　社会团体接纳申请人入会,可按下列程序执行:

(一)申请人填写并提交"单位会员申请表"或"个人会员申请表";

(二)申请人提交法人登记证书复印件或身份证复印件;

(三)社会团体秘书处对申请人的申请资料进行审查,认为合格的,提交理事会讨论决定;

(四)理事会决定接纳申请人为社会团体会员的,由秘书处通知申请人在三十日内办理会员入会手续。

第九条 社会团体应当在章程中明确会员入会的条件和标准。

申请人自注册之日起成为社会团体正式会员,并颁发由社会团体统一制作、统一编号的《会员证》;社会团体秘书处于会员入会之日起三十日内,在本社会团体网站和刊物上予以公布。

入会申请未经理事会批准,申请人可以向会员(代表)大会再次提出申请,并由会员(代表)大会做出最终决定。

第十条 单位会员应由其单位法定代表人出任代表,特殊情况可书面委托单位其他负责人出任。

第十一条 社会团体应当建立会员数据库,对会员进行分类管理。凡单位会员的代表、联络员、通讯地址、联系电话变更,个人会员的工作单位、通讯地址、联系电话变更,应及时通知社会团体秘书处。

社会团体应建立全体会员名册,明确其会员、理事、常务理事、监事以及会长、常务副会长、副会长、监事长、秘书长等负责人职务,作为证明其资格的充分证据。会员资格发生变化的,应当及时修改名册。

第十二条 会员享有下列权利:

(一)出席会员(代表)大会、参加社会团体活动、接受社会团体提供的服务;

(二)选举权、被选举权;

(三)表决权;

(四)查阅本会章程、会员名册、理事名册、常务理事名册、会议记录、会议决议、财务审计报告等知情权;

(五)建议权和监督权;

(六)退会的自由;

(七)社会团体章程规定的其他权利。

第十三条 会员必须履行下列义务:

(一)遵守社会团体章程;

(二)执行社会团体决议;

(三)按期交纳会费;

（四）章程规定的其他义务。

第十四条 自然人会员死亡或者法人、其他组织会员解散的，自动丧失会员资格。

第十五条 社会团体可以通过章程规定会员有下列情形之一的，其相应会员资格终止：

（一）申请退会的；

（二）不符合社会团体会员条件的；

（三）严重违反社会团体章程及有关规定，给社会团体造成重大名誉损失和经济损失的；

（四）被登记管理部门吊销执照的；

（五）受到刑事处罚的。

会员资格终止的，社会团体收回其《会员证》，并定期在社会团体网站更新会员名单。

第十六条 会员可以申请退出社会团体。申请退会应按会员管理权限，向社会团体提交书面退会申请，并交回《会员证》。

第十七条 会员应每年到社会团体进行注册。会员根据社会团体每年定期下发的《会员注册通知》，可在社会团体秘书处进行注册，也可在社会团体网站进行注册。一般而言，社会团体可以通过章程规定会员连续两年不进行注册的，视为自动退会。

第二节 会员（代表）大会的性质及职权

第十八条 社会团体的最高权力机构是会员（代表）大会。

第十九条 会员数量在200个以上的社会团体，可推选代表组成会员代表大会。会员代表大会代表的人数由章程规定，一般不少于全体会员的三分之一。会员代表大会行使会员大会的职权。

第二十条 会员（代表）大会行使下列职权：

（一）决定社会团体的业务范围和工作职权；

（二）选举或者罢免理事、监事；

（三）审议理事会、监事会的年度工作报告；

（四）审议理事会的年度财务预决算方案；

(五)审议并决定理事会对会员除名的提案;

(六)对社会团体重大事项变更、解散和清算等事项做出决议;

(七)改变或者撤销理事会不适当的决定;

(八)制定、修改章程;

(九)章程规定的其他职权。

第三节　会员(代表)大会会议

第二十一条　社会团体可以通过章程规定每届会员(代表)大会的年限,一般为三至五年。因特殊情况需要提前或延期换届的,由理事会讨论决定,经登记管理机关批准,可以提前或延期执行。但延期或提前换届时间最长一般不超过一年。遇特殊情况,理事会认为有必要或者五分之一以上的会员提议,可召开临时会员(代表)大会。

第二十二条　会员(代表)大会应制定内容完备的议事规则,详细规定大会的召开、选举和表决程序,会议记录的一般内容,会议决议的签署、公告等内容,以及大会对理事会的授权原则和授权内容。

会员(代表)大会议事规则应作为章程的附件,由会员(代表)大会审议通过后执行。

第二十三条　会员(代表)大会召开的日期由理事会议决定。会议的日程草案,可以由秘书处拟定,会长审定。

第二十四条　在会员(代表)大会召开的三个工作日前,由社会团体秘书处将大会的主要议题和会议的时间、地点通知各会员单位和代表本人。

会员(代表)大会应当公正、合理地安排会议议程和议题,确保会员(代表)大会能够对每个议题进行充分的讨论。未经讨论的事项,原则上不得在会员(代表)大会上表决。

第二十五条　会员(代表)大会须全体会员(代表)三分之二以上出席方能举行。

第二十六条　会员(代表)大会由会长或会长委托的副会长或秘书长主持。

第二十七条　大会的决议,必须经出席会员(代表)大会二分之一以上会员(代表)同意方能生效。

但修改章程、罢免理事、监事和组织解散等重大事项须经出席会议的会员(代表)三分之二以上同意。

第二十八条 每个会员有一票表决权,但社会团体章程对单位会员和个人会员的表决权另有规定的除外。

第二十九条 会员(代表)可以委托代理人代为出席会议和表决。会员(代表)委托代理人代为出席会议和表决的,应于会员(代表)大会前将有效授权书送交社会团体秘书处备案。

社会团体可通过章程规定代理人接受会员(代表)委托的限额。

第三十条 会员(代表)大会会议应有完整记录并留档保存。

第四章 理 事 会

第一节 理事会的性质及职权

第三十一条 社会团体设理事会。

理事会由会员(代表)大会选举产生,是会员(代表)大会闭会期间的执行机构,依照章程的规定和会员(代表)大会的决议行使职权,在闭会期间领导社会团体开展日常工作,对大会负责。

第三十二条 理事会成员的人数由社会团体章程规定,但一般不宜超过会员(代表)人数的三分之一,且人数应为奇数。

理事会成员人数低于总数三分之二时,须按照程序立即补选。

第三十三条 理事会由会员(代表)大会选举产生。

第三十四条 理事会行使下列职权:

(一)召开会员(代表)大会;

(二)选举或罢免会长、副会长、秘书长、常务理事;

(三)执行会员(代表)大会的决议,向会员(代表)大会报告工作;

(四)拟定社会团体的年度财务预算、决算、解散和清算等事项的方案;

(五)决定新申请人的入会和对会员的处分,提议对会员的除名;

(六)决定副秘书长、各机构主要负责人的聘任;

(七)制订社会团体的内部管理制度,领导本团体各机构开展工作;

(八)决定社会团体分支(代表)机构的设立和变更事项;

（九）章程规定的其他事项。

第三十五条 理事人数在 50 人以上的社会团体，可设立常务理事会。从理事中选举常务理事组成常务理事会，常务理事一般为理事的三分之一。

常务理事会是理事会的常设机构，在理事会闭会期间，执行理事会的决议，对理事会负责。常务理事会由会长、副会长、常务理事组成。

第二节 会长、副会长、常务理事、理事的产生与任免

第三十六条 社会团体设会长一名，副会长若干名。

会长、副会长由理事会选举产生。

第三十七条 社会团体应当在章程中明确会长、副会长、理事的任职条件。

会长、副会长、理事原则上应当具备下列条件：

（一）坚持党的路线、方针、政策，具有较高的政治思想素质，善于团结协作，热心公益事业，社会信用良好；

（二）熟悉行业情况，被业内公认具有丰富的专业知识、良好的组织领导能力及协调能力；

（三）热爱社会团体工作，有奉献精神；

（四）身体健康，能坚持正常工作。

第三十八条 社会团体理事候选人资料一般在会员（代表）大会召开的三个工作日前向全体会员（会员代表）公开，同时在社会团体网站上公布。

第三十九条 选举社会团体会长、副会长、常务理事、理事一般采取差额选举的方法，差额比例由社团章程规定。

第四十条 选举社会团体会长、副会长、常务理事、理事一般采取无记名方式投票。代表对于确定的候选人，可以投赞成票，可以投反对票，可以弃权，也可以另选他人。

在投票前，会议主持人应介绍会长、副会长、理事候选人基本情况，或由候选人分别向会议做规定时间的演讲。

投票结束后，由会议推选的监票人、计票人将投票人数和票数进行统计、核对，并由监票人对统计结果签字确认。选举结果由选举委员会确定是

否有效，并予以公布。

第四十一条 会员（代表）大会选举理事，应有到会代表人数的过半数参加投票，选举方为有效。理事候选人获得参加投票代表的二分之一以上赞成票始得当选。

理事会选举会长、副会长，应有到会理事人数的三分之二以上参加投票选举方为有效。会长、副会长候选人获得参加投票代表的二分之一以上赞成票始得当选。

第四十二条 常务理事经全体理事无记名投票，从理事中选举产生。

第四十三条 会长是社会团体的法定代表人。

会长的每届任期应与会员（代表）大会任期一致，可连选连任，但一般不超过两届。

因特殊情况需延长任期的，须采取差额选举方式，经出席会员（代表）大会三分之二以上的会员（代表）表决通过，报社团登记管理机关备案后方可任职。

第四十四条 会长、副会长的罢免程序应在社会团体章程中明确规定，一般为三分之一以上理事提议，经出席理事会的三分之二以上理事表决通过。

第四十五条 会长因故不能履行职务时，由理事会或常务理事会指定一位副会长代行会长职权；会长如因故不能履行职务超过六个月的，可召开理事会，从副会长中选举产生会长。

一般而言，会长、副会长因故不能履行职务的，须由本人提出申请，经理事会二分之一以上的理事同意。

第四十六条 会长行使以下职权：

（一）召集和主持理事会、常务理事会；

（二）组织研究本社会团体及本行业领域的发展规划和重大问题；

（三）向理事会提交社会团体工作报告，向会员（代表）大会报告工作；

（四）签发社会团体重要文件；

（五）社会团体章程规定的其他职责。

第四十七条 副会长协助会长工作并在会长出缺时，由理事会或常务理事会指定的一位副会长代行其职务。

第四十八条 会长、副会长、常务理事、理事应当严格遵守法律、法规和社会团体章程，谨慎、认真、勤勉地行使社会团体所赋予的权利，维护社会团体利益。

第四十九条 社会团体章程应当对理事履行职责提出明确要求。如理事一年内累计二次无正当理由不参加理事会议或不履行理事职责的，可考虑经会长提名取消其理事资格，由会员（代表）大会进行补选。

第三节 理事会会议

第五十条 理事会会议每半年至少召开一次。

第五十一条 有下列情形之一的，会长可在五个工作日内召集理事会临时会议：

（一）会长认为必要时；

（二）三分之一以上理事联名提议时；

（三）监事会提议时。

三分之一以上理事联名提议召开理事会临时会议时，应提交由全体联名理事签名的提议函。

监事会提议召开理事会临时会议时，应递交由过半数监事签名的提议函。

提议召开理事会临时会议的提议者均应提出事由及议题。

第五十二条 理事会须有 2/3 以上理事出席方能召开，其决议须经到会理事 2/3 以上表决通过方能生效。

第五十三条 理事会会议建议在会议召开三个工作日以前、临时会议建议在会议召开以前通知全体理事。

第五十四条 理事会行使职权可采取举手表决或投票方式做出决议。

第五十五条 理事会会议由会长主持。会长因故不能出席会议的，由会长授权的副会长或秘书长主持。

第五十六条 理事会会议应当有会议记录。涉及重大事项时，建议出席会议的理事和记录人在本次理事会会议结束前对本次理事会会议记录进行核实，并在会议记录上签名。

出席会议的理事有权要求在记录上对其在会议上的发言做出说明性

记载。

理事会的决定、决议及会议记录等应当妥善保管,并应向全体会员公开。

第五十七条 理事会会议记录包括以下内容:

(一)会议召开的日期、地点和召集人;

(二)出席理事名单;

(三)会议议程;

(四)理事发言要点;

(五)每一决议事项的表决方式和结果。

第五十八条 监事会成员列席理事会会议。

理事会应当主动接受监事会的监督,不应阻挠、妨碍监事会依职权进行的检查、审计等活动。

第五十九条 常务理事会会议规则同理事会会议规则。

第五章 监 事 会

第一节 监事会的性质及职权

第六十条 社会团体设监事会。

监事会是会员(代表)大会设立的监督机构,负责监督社会团体的业务活动及财务管理,对会员(代表)大会负责,并报告工作。

第六十一条 监事会成员的人数由社会团体章程规定,且人数应为奇数。

人数较少和规模较小的社会团体可以设1—2名监事,不设监事会。

第六十二条 监事会或监事依照章程的规定履行职责。监事会可行使下列职权:

(一)对社会团体的决策、决议、计划的制定和执行情况进行监督;

(二)对社会团体会费收缴、使用及财务预算、支出和决算等财务状况进行监督;

(三)对社会团体会长、副会长、理事、秘书长以及各分支(代表)机构任职人员和社会团体聘请的工作人员工作情况进行监督;

（四）对社会团体内部机构的设置、运行，及各类人员的任免，会员（代表）大会的召开、选举程序进行监督；

（五）对社会团体成员违反社会团体章程和管理制度，损害社会团体声誉的行为进行监督，提交理事会并监督执行。

第六十三条 监事应列席（常务）理事会会议。

列席会议的监事有权发表意见，但不享有表决权。

第六十四条 监事会的监督记录以及进行财务或专项检查的结果，可作为对会长、副会长、理事、秘书长等业绩评价的重要依据。

第二节 监事的产生及任免

第六十五条 社会团体应当在章程中明确监事的任职条件。监事的任职原则上应当具备下列条件：

（一）从会员中选举产生，没有担任社会团体理事、秘书长、副秘书长；

（二）坚持原则，廉洁奉公，公道、正派；

（三）具有与担任监事相适应的工作阅历和经验；

（四）身体健康，能坚持正常工作。

第六十六条 监事由（常务）理事会提名，会员（代表）大会选举产生。

监事任期与会员（代表）大会任期相同。监事可连选连任，但不超过两届。

监事在任期内，会员（代表）大会不得无故解除其职务。

第六十七条 监事候选人资料建议在会员（代表）大会召开的三个工作日前向全体会员（会员代表）公开，以保证会员在投票时对候选人有足够的了解。

第六十八条 监事的选举一般采用无记名投票和差额选举制。差额的比例由社会团体章程规定。

第六十九条 会员（代表）大会选举监事，应有到会代表人数的过半数参加投票，选举方为有效。

监事候选人获得参加投票代表的二分之一以上票数始得当选监事。如果监事候选人得票均未达到二分之一时，可进行多轮投票，直到选举出符合规定的监事人选。

第七十条 监事享有以下权利：

（一）经监事会委托，核查社会团体财务状况，有权要求理事会及相关人员提供有关情况报告；

（二）出席监事会会议，并行使表决权；

（三）列席社会团体理事会会议和会长办公会议；

（四）根据社会团体章程规定和监事会的委托，行使其他监督权。

第七十一条 监事应履行以下义务：

（一）遵守章程，忠实履行监督职责，执行监事会决议，维护会员利益；

（二）不得以职权谋取私利；

（三）保守社会团体秘密。

第七十二条 监事会可根据需要设监事长一名。监事长行使以下职权：

（一）召集和主持监事会会议，决定是否召开临时监事会会议；

（二）检查监事会决议的实施情况，并向监事会报告决议的执行结果；

（三）代表监事会向会员（代表）大会报告工作；

（四）签署监事会的决议和建议；

（五）社会团体章程规定的其他权利。

第三节 监事会会议

第七十三条 监事会会议每半年必须召开一次。

第七十四条 监事应当出席监事会会议。因故缺席的监事，可以事先提交书面意见或书面表决，也可书面委托其他监事代为出席，委托书应载明授权范围。

无故缺席且不提交书面意见或书面表决的，可视为同意监事会的决议。

第七十五条 监事会会议一般应由三分之二以上的监事或其授权代表出席方可举行。监事会做出决议，应经全体监事过半数表决通过，方为有效。

监事会会议的表决可采取无记名投票或举手表决方式。

第七十六条 监事会的决议事项应当做出记录，出席会议的监事及记录员应在会议记录上签名。

监事可以要求在会议记录上对其在会议上的发言做出某些说明性记载。

监事会的决定、决议及会议记录等应当妥善保管,并向全体会员公开。

第七十七条 监事会认为有必要时,可以邀请理事长、秘书长或其他管理人员列席会议。

第六章 秘 书 处

第一节 秘书处的性质及职权

第七十八条 社会团体可根据需要设立秘书处。

秘书处为社会团体常设办事机构,负责具体落实会员(代表)大会、理事会、常务理事会的各项决议,承担社会团体的日常工作。

第七十九条 秘书处根据工作需要可设置若干内部工作机构,并配备相应工作人员。

第八十条 秘书处设秘书长一人,可设副秘书长若干名。

秘书长负责处理秘书处日常工作。秘书长作为执行机构负责人,一般应为专职,专职秘书长薪酬待遇由理事会通过,秘书长辞职或免职应由会员(代表)大会或理事会投票表决,表决前秘书长有权向会员(代表)大会或理事会陈述履职情况。

第八十一条 秘书处可行使以下职权:

(一)根据会长指示及理事会决议,具体筹备会员(代表)大会、理事会会议和社会团体的其他活动;

(二)主持办事机构开展日常活动,组织实施年度计划;

(三)妥善保管社会团体有关的档案材料;

(四)处理理事会交办的其他工作。

第二节 秘书长的产生与任免

第八十二条 社会团体应当在章程中明确秘书长的任职条件。秘书长的任职原则上应当具备下列条件:

(一)具有与担任秘书长相适应的工作阅历和经验。

(二)身体健康,能坚持正常工作。

如遇特殊情况任期届满时超过70周岁的,须经全体理事会三分之二以上表决通过。

第八十三条 秘书长一般为专职人员,对理事会负责。

第八十四条 秘书长可实行聘任制或选任制。其具体产生办法应在社会团体章程中明确规定。

选任制秘书长为理事会成员,由理事会选举产生和罢免。

第八十五条 聘任制秘书长聘期可由理事会决定,可以连聘连任。选任制秘书长任期一般与理事成员任期相同。

第八十六条 秘书长可行使下列职权:

(一)主持社会团体日常工作,召集并主持秘书长办公会;

(二)执行理事会决议;

(三)组织实施年度工作计划和社会团体活动;

(四)提名副秘书长、各工作机构、分支机构、代表机构主要负责人;

(五)决定专职工作人员的聘用;

(六)聘任制秘书长列席理事会会议或常务理事会议,选任制秘书长出席理事会会议或常务理事会议;

(七)社会团体章程和理事会授予的其他职权。

第三节 秘书处工作机制

第八十七条 理事会可下设秘书长办公会议,由秘书长、副秘书长以及秘书长指定的其他人员组成。

第八十八条 秘书长办公会会议每月至少召开一次,也可根据需要随时召开。

第八十九条 秘书长办公会的各项议题,应形成会议纪要,并由秘书长或由秘书长指定的人员组织实施。

会议纪要同时抄送社会团体监事会。

第四节 其他专职人员

第九十条 社会团体应设专职工作人员。

第九十一条　社会团体应当按《劳动合同法》的规定与专职工作人员订立劳动合同。专职工作人员的社会保险以及离退休制度，按照国家、省和所在地区的有关规定执行。

第九十二条　社会团体建立规范的人事管理制度。组织专职人员进行培训，逐步提高专职人员的工作水平。

第七章　分支(代表)机构

第九十三条　社会团体的分支机构，是社会团体根据开展活动的需要，依据业务范围的划分或者会员组成的特点，设立的专门从事该社会团体某项业务活动的机构。社会团体的代表机构，是社会团体在住所地以外属于其活动区域内设置的代表该社会团体开展活动、承办该社会团体交办事项的机构。

分支(代表)机构在社会团体统一领导下开展工作，并对理事会负责。

第九十四条　设立社会团体分支(代表)机构，应符合社会团体章程所规定的宗旨和业务范围。应至少有15个以上与拟设分支(代表)机构业务范围一致的会员。

第九十五条　各分支(代表)机构应根据所属社会团体章程规定的宗旨、任务和业务范围的需要设置，并有明确的名称、负责人人选、业务范围、管理办法和组织机构等。

第九十六条　各分支(代表)机构的名称应冠以所属社会团体的名称，分支机构可以称分会、专业委员会、工作委员会、专项基金管理委员会等。代表机构可以称代表处、办事处、联络处等。

第九十七条　社会团体分支(代表)机构的设立应当按照章程的规定，履行民主程序：

(一)由社会团体秘书处提出设立分支(代表)机构的具体方案；

(二)将具体方案提交会长办公会议讨论通过；

(三)将通过后的具体方案提交理事会审议批准。

第九十八条　各分支(代表)机构是社会团体的组成部分，不具有独立的法人资格，其法律责任由所属社会团体承担。

各分支(代表)机构的日常工作可由社会团体秘书处指导。各分支(代表)机构每年应向所属社会团体秘书处报送半年及年度工作总结和翌年工作计划。遇有特殊情况应随时报送。

各分支(代表)机构举办的各种业务性活动,一般应经理事会审批后方可开展,必要时所属社会团体可派人参与。

以各分支(代表)机构名义对外发布信息的,一般应经所属社会团体秘书处审核,经批准后发布。

第九十九条 社会团体不得设立地域性分会,不冠以行政区划名称,不带有地域性特征;分支(代表)机构不再下设分支机构、代表机构。

第一百条 各分支(代表)机构一般应依据所属社会团体章程及相关规定制定分支机构工作规则,报所属社会团体(常务)理事会批准后执行。

第一百零一条 各分支(代表)机构可根据需要配备专职或非专职负责人。

第一百零二条 各分支(代表)机构负责人可行使以下职权:

(一)主持本分支(代表)机构的各类会议,组织拟订年度工作计划、年度经费计划、年度工作总结;

(二)组织实施本分支(代表)机构的会议决议及工作计划;

(三)向所属社会团体(常务)理事会汇报工作,向本分支(代表)机构委员通报情况;

(四)完成所属社会团体交办的其他任务。

第一百零三条 各分支(代表)机构擅自或违法开展活动,损害社会团体声誉的,所属社会团体除责令其改正外,视情节严重情况可采取通报批评,责令限期整改,撤换主要负责人等措施。

第一百零四条 各分支(代表)机构的变更及撤销须经(常务)理事会批准并形成决议后,向全体会员公布。

第一百零五条 各分支(代表)机构的设置、变更及注销的相关工作一般由所属社会团体秘书处办理。

第八章　财务管理

第一节　总　　则

第一百零六条 社会团体的财产及其合法收入受法律保护,任何组织和个人不得侵占或挪用。

第一百零七条 社会团体应当根据章程规定和业务范围使用其财产，不得在会员中分配。

第一百零八条 社会团体应当严格按照国家有关法律、法规、财务规章制度和社会团体章程，依法组织收入，厉行节约，量入为出，统筹兼顾，建立健全独立的财务管理和监督制度，确保社会团体工作的正常运转。

第二节 经费收入

第一百零九条 社会团体经费收入的主要来源：

（一）会费收入；

（二）国内外有关团体、单位、个人的自愿捐赠和资助；

（三）政府部门对社会团体的经费补助；

（四）在章程核准的业务范围内开展的有偿服务收入；

（五）其他合法收入。

社会团体应在国家政策允许的前提下，本着积极筹措、多渠道开辟的原则，合理组织资金来源。

第一百一十条 社会团体应依据章程规定的业务范围、工作成本和会员承受能力等因素，合理制定会费标准，并应遵循合理负担、权利义务对等的原则。

会费收取须采用固定标准，不得具有浮动性。会费标准的制订和修改，应召开会员大会或者会员代表大会，应有三分之二以上会员或者会员代表出席，并经出席会员或者会员代表二分之一以上通过，表决采取无记名投票方式进行。应自通过会费标准决议之日起30日内，将决议向全体会员公开。会费标准不得违背民政部门、财政部门关于社会团体收取会费的有关规定。

第一百一十一条 社会团体收取会费，应按照规定使用财政部和省、自治区、直辖市财政部门印（监）制的社会团体会费收据。

第一百一十二条 社会团体应当通过章程明确会费标准、缴纳办法及未及时足额缴纳会费的处理办法。

第一百一十三条 经费收支情况应每年书面向全体会员公开，会员有权对经费收支情况提出质询,可以向理事会或者常务理事会申请公开财务账目。

社会团体收取会费不符合相关规定的,会员有权利拒绝缴纳,并可向有关部门举报。

第一百一十四条 社会团体接受其业务指导部门或会员单位委托,开展各种项目设计、项目论证、项目评估、成果鉴定、管理技术调研咨询等有偿服务的,其收费应按照国家有关部门核定的标准执行。

第一百一十五条 社会团体接受社会各界的捐赠和资助必须符合章程规定的宗旨和业务范围,不得与捐赠资助方有任何违背社会团体宗旨和有损国家利益的交换条件。接受境外组织或机构的捐赠应向外事部门和登记管理机关申报备案。

社会团体必须与捐助方签订协议,按协议规定合理使用捐赠财产,捐助方有权向社会团体查询捐赠财产的使用、管理情况,并提出意见和建议。

第一百一十六条 社会团体在开展重大活动时需要有关单位给予资助的,应遵循自愿原则,禁止各种摊派。

第三节 经费支出

第一百一十七条 社会团体应遵守国家有关财务制度和财经纪律,本着节约量力、收支平衡、略有节余,有利于事业发展的原则合理安排支出。

第一百一十八条 社会团体的经费支出一般包括以下内容:

(一)管理费用:

1.社会团体专职和聘用的临时工作人员的工资、福利、劳务报酬等方面的费用;

2.社会团体租用办公场所、购置办公设备、办公用品、订购书籍、报刊等费用;

3.其他合理支出。

(二)业务活动成本:

1.社会团体开展各项业务活动的经费支出,包括会议费、接待费、邮电费、差旅费的支出及开展捐赠、资助和奖励活动等费用;

2.社会团体邀请国内外专家、学者作咨询讲课等付酬;

3. 社会团体开展学术交流、咨询服务、人才培训、举办宣传展览活动等有偿服务的成本支出。

第一百一十九条 社会团体的经费支出执行国家财务规章制度规定的开支范围和开支标准,同时在办理支出的过程中,必须取得合法的原始凭证,并经过认真审核方能办理支出。

第一百二十条 社会团体要合理确定经费额度。

经费额度采取预算管理的方式核定。一般而言,每年年初,由理事会根据上一年度收支情况和本年度工作安排,做出本年度经费预算,经会员(代表)大会审议通过后执行。

在执行中需加以调整和补充的预算,可由理事会审核决定。

第四节 经费管理

第一百二十一条 秘书处可作为社会团体财务的主管部门,承担以下职责:

(一)草拟有关财务管理的制度、规定;

(二)开辟收入渠道,控制经费支出;

(三)执行社会团体财务收支预算;

(四)实施财务管理和会计核算;

(五)与财务管理相关的其他工作。

第一百二十二条 社会团体应当依照《民间非营利组织会计制度》等有关法律法规及政策的规定,制定社会团体的财务会计制度。

第一百二十三条 社会团体财务要强化统一核算。社会团体发生的各项经费应当在依法设置的会计帐簿上统一登记、核算。

除法定的会计账簿外,社会团体不得另立会计账簿。社会团体的资产,不以任何个人名义开立账户存储。

社会团体的银行账号、账户不得出租、出借或转让其他单位或个人使用。未经理事会批准,不得将公款借给外单位,不得以社会团体名义对其他单位和个人提供经济担保。

第一百二十四条 社会团体可设财务负责人,并配备或聘请具有专业资格的会计人员。会计不得兼任出纳,实行账、钱、物分人管理。

会计负责成本费用核算、资金收支的审核、登记总账、编制财务预算、编制会计报表和会计档案的管理等工作；出纳负责资金的收付、往来款项结算、登记现金、银行日记账、固定资产管理、会计电算化等工作。

财务人员的调动和离职，必须按《会计法》的有关规定办理交接手续。

第一百二十五条 会计凭证登记要清晰、工整，符合《会计基础工作规范》要求。所附原始凭证要求内容真实准确，取得的发票应为合格、有效。对不真实、不合法的原始凭证有权不接受，并向法定代表人报告；对记载不准确、不完整的原始凭证予以退回，并要求按照国家统一的会计制度的规定更正、补充。

第一百二十六条 保证会计资料合法、真实、准确、完整。对会计凭证、会计账簿、财务会计报告和其他会计资料应建立档案，妥善保管。

第一百二十七条 社会团体应建立财务收支情况报告制度，定期向会长、理事会、监事会以及会员（代表）大会报告，同时接受社团登记管理机关和相关部门的监督检查。

社团登记管理机关及其他部门为履行监督管理职责，需要社会团体提交有关业务活动或财务情况的报告时，社会团体应当予以配合。

第一百二十八条 社会团体的财务年度为每年 1 月 1 日至 12 月 31 日。

第一百二十九条 社会团体换届或更换法定代表人之前应当进行财务审计，并将审计报告报送登记管理机关。

第一百三十条 社会团体解散、撤销或办理注销登记前，应在业务指导（主管）部门、登记管理机关及其他有关机关的指导下，成立清算组织，完成清算工作，任何单位和个人不得侵占、私分或者挪用社会团体的资产。

第一百三十一条 社会团体应将财务状况以适当方式向社会公布，社会团体收支情况应每年向全体会员公布。

第一百三十二条 社会团体经费使用应接受会员（代表）大会的监督检查。

经费来源属于财政拨款或社会捐赠、资助的，应当接受财政、审计机关的监督。

第一百三十三条 社会团体注销之前，由登记管理机关会同相关部门依法组织清算,清理债权债务,处理善后事宜。

第九章　党建工作

第一百三十四条　根据社会团体的不同类型、不同特点,采取多种形式组建党的基层组织。

第一百三十五条　具备条件的社会团体都应当成立党组织,党组织设置形式根据党员的人数确定。

凡专职工作人员中有3名以上正式党员的社会团体,要单独建立党组织;正式党员不足3名的,可与同一业务指导(主管)单位辖区的社会团体或其他单位建立联合党组织。尚不具备建立党组织条件的社会团体,可建立党小组或由业务指导(主管)单位的党组织选派党的工作指导员或联络员,为建立党组织创造条件。

第一百三十六条　各级社会团体党组织应自觉接受上级党组织的领导,结合社会团体工作实际,建立健全党的各项工作制度,充分发挥党组织的战斗堡垒作用和党员的先锋模范作用。

第十章　附　　则

第一百三十七条　社会团体登记管理部门可依据本规则,对社会团体法人治理的情况进行年度评估。

第一百三十八条　本规则所称"二分之一"、"三分之二"、"过半"以及"满"、"连续"等,均包含本数。

第一百三十九条　本规则自公布之日起供社会团体结合实际情况参考使用。

广东省基金会法人治理结构与治理规则

第一章　总　　则

第一条　为规范和健全我省基金会的组织机构和运行机制,建立和完善基金会法人治理机构,维护捐赠人、受益人和基金会的合法权益,根据有关法律、法规、规章,结合我省基金会发展的实际,制定本规则。

第二条 本规则供我省基金会建立健全法人治理机制时参考使用。本规则所称的基金会法人治理主要包括理事会、监事会(监事)、执行机构及其各自的职责和相关关系。基金会通过明确主体权利、义务和责任建立起理事会、监事会(监事)和执行机构之间实行决策、执行和监督分立的运行机制,建立健全以章程为核心的法人治理机制。

第三条 本规则所称的基金会是指在广东省各级民政部门依法登记的基金会。

第四条 基金会法人治理的主要目标为:

(一)建立健全包括理事会、监事会(监事)、执行机构等在内的治理结构设置,明确法定职能和治理结构内部关系,促进组织机构设置科学化和社会化;

(二)完善科学、民主的议事规则和决策程序,增强基金会组织行为规范性和合法性;

(三)明确理事长、理事、监事、秘书长等基金会工作人员的职责、权利和义务;

(四)保障基金会、捐赠人和受益人的合法权益;

(五)确立不同类别基金会的信息公开准则,接受社会监督。

第五条 基金会法人治理应当遵循以下原则:

(一)合法原则。基金会法人治理应当符合国家有关法律法规的规定。

(二)自治原则。基金会法人治理应当以尊重捐赠人意愿为原则,建立民主的决策和运行机制,明确内部机构的权利和责任,完善科学民主的议事规则、决策程序和监督机制。

(三)制衡原则。基金会法人治理应当建立决策机构、执行机构及监督机构之间相互制约、相互监督的机制。

(四)效能原则。基金会法人治理应当根据自身特点,做到机构精简、人员精干、运转顺畅、服务有效。

第二章 基金会章程设立

第六条 基金会章程是基金会最基本的制度,是基金会内部运作和开展活动的依据。基金会章程必须明确基金会的公益性质,不得规定使特定自然人、法人或者其他组织受益的内容。

基金会章程应当载明下列事项:

(一)名称及住所;

(二)设立宗旨和公益活动的业务范围;

(三)原始基金数额;

(四)理事会的组成、职权和议事规则,理事的资格、产生程序和任期;

(五)法定代表人的职责;

(六)监事的职责、资格、产生程序和任期;

(七)财务会计报告的编制、审定制度;

(八)财产的管理、使用制度;

(九)基金会的终止条件、程序和终止后财产的处理。

第七条 基金会章程的修改,要经理事会民主决议,形成会议纪要,并报登记管理机关核准之后,方才有效。

第三章 理 事 会

第一节 理事会的性质及职权

第八条 基金会设理事会,它是基金会的决策机构,依法行使章程规定的下列职权:

(一)制定、修改章程;

(二)制定内部管理制度;

(三)选举或者罢免理事长、副理事长、秘书长和理事;

(四)决定资金的筹集、管理、使用等重大业务活动;

(五)决定基金会分支(代表)机构的设立、变更或者终止;

(六)听取、审议基金会的工作报告、财务报告、年度收支预算及决算,检查基金会工作;

(七)决定基金会的分立、合并或者终止;

(八)章程规定的其他事项。

第九条 基金会理事会成员人数由基金会章程规定为 5 人至 25 人,且人数应为单数。

第二节 理事长、副理事长、理事的产生、任免和职权

第十条 基金会会设理事长一名,副理事长若干名,从理事中选举产生,理事长是基金会的法定代表人。

第十一条 理事应当具备下列条件:

(一)具备完全民事行为能力;

(二)热心基金会所从事的公益事业;

(三)具有与理事工作相适应的工作阅历和工作经验,曾从事公益事业或者具有法律、金融专业知识等;

(四)能够尽职尽责,保障捐赠财产的使用符合捐赠人的意愿和基金会的公益目的,保障基金会财产的安全及保值增值;

(五)廉洁奉公,办事公道。

第十二条 理事的产生和罢免:

(一)第一届理事由主要捐赠人、发起人分别提名并共同协商确定。

(二)理事会换届改选时,由理事会、主要捐赠人共同提名候选人并组织换届领导小组,组织全部候选人共同选举产生新一届理事。

(三)罢免、增补理事应当经理事会表决通过,报登记管理机关备案。

第十三条 理事任期由章程规定,但每届任期不得超过5年。理事任期届满,连选可以连任。

用私人财产设立的非公募基金会,相互间有近亲属关系的基金会理事,总数不得超过理事总人数的三分之一;其他基金会,具有近亲属关系的不得同时在理事会任职。

第十四条 发起设立基金会单位的工作人员在理事会担任理事的不能超过三分之二。

第十五条 理事长、副理事长应当具备下列条件:

(一)在本基金会业务领域内有较大影响;

(二)理事长、副理事长最高任职年龄不超过70周岁;

(三)身体健康,能坚持正常工作;

(四)具有完全民事行为能力。

第十六条 理事会的理事长、副理事长、秘书长不得由现职国家工作人员兼任。现职国家工作人员是指在各级党的机关、人大机关、政府机关、政协机关、审判机关和检察机关中的现职工作人员,以及法律、法规授权行使行政管理职能的其他机构的工作人员。但不包括上述机关和机构中已从领导岗位上退下来尚未办理离退休手续的工作人员,也不包括上述机关和机构中离开行政工作岗位专门从事基金会工作的工作人员。

第十七条 理事行使下列职权:

(一)选举权、被选举权和表决权;

(二)知情权、建议权和监督权;

(三)参加本会的活动;

(四)遵守章程,执行理事会决议;

(五)维护本会的合法权益;

(六)完成本会交办的工作,参与决策不当致使本基金会财产受损失的承担赔偿责任;

(七)有权查阅、复制基金会章程、理事会会议记录、理事会决议和财务会计报告,查阅基金会会计账簿,获得履行职责所需的与本基金会有关的其他信息和资料;

(八)章程和理事会赋予的其他职权。

第十八条 理事长行使下列职权:

(一)召集和主持理事会会议;

(二)检查理事会决议的落实情况;

(三)代表基金会签署重要文件;

(四)章程和理事会赋予的其他职权。

第十九条 理事应当遵守法律、行政法规和章程的规定,忠实履行职责,维护基金会的利益,遵守下列行为准则:

(一) 在职务范围内行使权利,不越权;

(二) 不得利用职权为自己或者他人谋取利益;

(三) 不得从事损害基金会合法权益的活动。

第三节 理事会会议

第二十条 理事会每年至少召开2次会议。理事会会议由理事长负责召集和主持。

有三分之一理事提议，必须召开理事会会议。如理事长不能召集，提议理事可推选召集人。

召开理事会会议，理事长或召集人需提前5日通知全体理事、监事。

第二十一条 理事会会议须有三分之二以上理事出席方能召开；理事会决议须经出席理事过半数通过方为有效。

下列重要事项的决议，须经出席理事表决，三分之二以上通过方为有效：

（一）章程的修改；

（二）选举或者罢免理事长、副理事长、秘书长；

（三）章程规定的重大募捐、投资活动；

（四）基金会的分立、合并或者终止；

（五）基金会章程规定的其他事项。

第二十二条 理事会会议应当制作会议记录。形成决议的，应当当场制作会议纪要，并由出席理事审阅、签名。理事会决议违反法律、法规或章程规定，致使基金会遭受损失的，参与决议的理事应当承担责任。但经证明在表决时反对并记载于会议记录的，该理事可免除责任。

第二十三条 理事会会议记录包括以下内容：

（一）会议召开的日期、地点和召集人；

（二）出席理事和列席人员名单；

（三）会议议程；

（四）理事发言要点；

（五）每一决议事项的表决方式和结果。

第二十四条 监事会成员列席理事会会议。

理事会应当主动接受监事会的监督，不应阻挠、妨碍监事会依职权进行的检查、审计等活动。

第四章　监事会(监事)

第一节　监事会(监事)性质及职权

第二十五条　具有下列情形的基金会应当设立监事会:

(一) 理事会成员人数超过 15 名的基金会;

(二) 原始基金数额超过 1000 万的基金会;

(三) 净资产超过 2000 万的基金会;

(四) 收入来源渠道较多、公益活动较为频繁的基金会。

监事会成员不得少于 3 人,且人数为单数,可设监事长 1 名。监事任期与理事任期相同,期满可以连任。

第二十六条　监事会、不设监事会的基金会监事的职权:

(一)监事依照章程规定的程序检查基金会财务和会计资料,监督理事会遵守法律和章程的情况。

(二)监事列席理事会会议,监督理事会会议程序和理事会决议的合法性,有权向理事会提出质询和建议,并应当向登记管理机关、业务指导单位以及税务、会计主管部门反映情况。

(三)对基金会负责人执行基金会职务的行为进行监督,对违反法律、行政法规、基金会章程或者理事会决议的基金会负责人提出罢免的建议。

(四)当基金会负责人的行为损害基金会的利益时,要求基金会负责人予以纠正。

(五)提议召开临时理事会会议,在理事会不履行本法规定的召集和主持理事会会议职责时召集和主持理事会会议。

(六)监督理事会履行信息公开责任。

第二十七条　监事长行使下列职权:

(一) 遵守章程,忠实履行监督职责,执行监事会决议,维护合法权益;

(二)召集和主持监事会会议,决定是否召开临时监事会会议;

(三)检查监事会决议的实施情况,并向监事会报告决议的执行结果;

(四)代表监事会向理事会、主要捐赠人或公众发布监事年度工作报告;

（五）签署监事会的决议和建议；

（六）章程规定的其他权利。

第二十八条 监事会（监事）要每年至少2次检查财务报表，对公益项目实施情况实行全程监督。

第二节 监事会（监事）的产生及任免

第二十九条 基金会应当在章程中明确监事的任职条件。监事应当具有财务、会计、审计、法律等方面的专业知识和工作经验，具有保护基金会资产的利益和相关者利益的能力。

第三十条 理事、理事的近亲属和基金会财会人员不得任监事。

第三十一条 监事的产生和罢免：

（一）监事由主要捐赠人选派；

（二）登记管理机关根据工作需要选派；

（三）监事的变更依照其产生程序。

第三节 监事会会议规则

第三十二条 监事会每年至少召开2次会议。

第三十三条 监事应当出席监事会会议。因故缺席的监事，可以事先提交书面意见或书面表决，也可书面委托其他监事代为出席，委托书应载明授权范围。

无故缺席且不提交书面意见或书面表决的，可视为同意监事会的决议。

第三十四条 监事会会议一般应由三分之二以上的监事或其授权代表出席方可举行。监事会做出决议，应经全体监事过半数表决通过，方为有效。

第三十五条 监事会的决议事项应当做出记录，出席会议的监事及记录员应在会议记录上签名。

监事可以要求在会议记录上对其在会议上的发言做出某些说明性记载。

监事会的决定、决议及会议记录等应当妥善保管，并向全体理事公开。

第三十六条 监事会认为有必要时，可以邀请理事长、秘书长或其他管理人员列席会议。

第五章 执行机构

第一节 执行机构的性质及职权

第三十七条 基金会可根据需要设立秘书处,属理事会日常工作执行机构,对理事会制定的具体决策和项目组织实施,直接对理事会负责。

第三十八条 秘书长是执行机构的负责人。

秘书长负责处理秘书处日常工作。秘书长作为执行机构负责人,应为专职。专职秘书长薪酬待遇由理事会议定。秘书长辞职或免职应由理事会投票表决。

第三十九条 秘书处行使下列职权:

(一)根据理事长指示及理事会决议,具体筹备理事会会议和运营其他公益活动;

(二)主持开展日常活动,实施年度计划;

(三)妥善保管基金会有关的档案材料;

(四)处理理事会交办的其他工作。

第四十条 秘书长行使下列职权:

(一)主持基金会日常工作,召集并主持秘书长办公会议;

(二)执行理事会决议;

(三)组织实施年度工作计划和基金会公益活动;

(四)提名副秘书长、各工作机构、分支机构、代表机构主要负责人;

(五)决定专职工作人员的聘用;

(六)选任制秘书长出席理事会会议,聘任制执行秘书长列席理事会会议;

(七)基金会章程和理事会授予的其他职权。

第二节 秘书长的产生和任免

第四十一条 基金会应当在章程中明确秘书长的任职条件,应当具备下列条件:

（一）具备与担任秘书长相适应的工作阅历和经验；

（二）最高任职年龄不超过70周岁；

（三）身体健康，能坚持正常工作；

（四）具有完全民事行为能力。

第四十二条 秘书长实行选任制，为理事会成员，由理事会选举产生和罢免。

根据工作需要可聘任执行秘书长，其具体产生办法应在基金会章程中明确规定。

第四十三条 选任制秘书长任期一般与理事成员任期相同。聘任制执行秘书长聘期可由理事会决定，可以连聘连任。

第三节 专职人员

第四十四条 基金会应设专职工作人员。

第四十五条 基金会应当按《劳动合同法》的规定与专职工作人员订立劳动合同。专职工作人员的基本养老、医疗和失业等社会保险以及离退休制度，按照国家和所在地区的有关规定执行。

第四十六条 基金会建立规范的人事管理制度。组织专职人员参加各种业务培训，逐步提高专职人员的工作水平。

第六章 分支（代表）机构治理规则

第四十七条 基金会分支机构，是为开展业务活动的需要，按照业务范围科学划分而设立的专门从事业务活动的内部机构。基金会代表机构，是在会址以外某行政区域设置的代表该基金会从事活动，承办基金会交办的工作任务的机构。

分支（代表）机构在基金会统一领导下开展工作，并对理事会负责。

第四十八条 各分支（代表）机构应根据所属基金会章程规定的宗旨、任务和业务范围的需要设置，并有明确的名称、负责人、业务范围、管理办法和组织机构等。

第四十九条 各分支（代表）机构的名称应冠以所属基金会的名称，分支机构可以设为委员会等，代表机构可以设为代表处、办事处、联络处等。

第五十条 基金会分支(代表)机构的设立应当按照章程的规定,履行民主程序:

(一)由基金会秘书处提出设立分支(代表)机构的具体方案;

(二)将具体方案提交理事会审议批准;

(三)报登记管理机关备案。

第五十一条 各分支(代表)机构是基金会的组成部分,不具有独立的法人资格,其法律责任由所属基金会承担。

各分支(代表)机构的日常工作可由基金会秘书处指导。各分支(代表)机构每年应向所属基金会秘书处报送半年及年度工作总结和翌年工作计划。遇有特殊情况应随时报送。

各分支(代表)机构开展的各种公益性活动,应经理事会审批后方可开展,必要时所属基金会可派人参与。

以各分支(代表)机构名义对外发布信息的,应经所属基金会秘书处审核,经批准后发布。

第五十二条 基金会分支(代表)机构不再下设分支机构、代表机构。

第五十三条 各分支(代表)机构应依据所属基金会章程及相关规定制定分支(代表)机构工作规则,报所属基金会理事会批准后执行。

第五十四条 各分支(代表)机构可根据需要配备专职或非专职负责人。

第五十五条 各分支(代表)机构负责人可行使以下职权:

(一)主持本分支(代表)机构的各类会议,组织拟订年度工作计划、年度经费计划、年度工作总结;

(二)组织实施本分支(代表)机构的会议决议及工作计划;

(三)向所属基金会理事会汇报工作,向本分支(代表)机构委员通报情况;

(四)完成所属基金会交办的其他任务。

第五十六条 各分支(代表)机构擅自或违法开展活动,损害基金会声誉的,所属基金会除责令其改正外,视情节严重情况可采取通报批评,责令限期整改,撤换主要负责人等措施。

第五十七条 各分支(代表)机构的变更及撤销须经理事会批准并形

成决议后，报登记管理机关备案并对外公布。

第五十八条 各分支(代表)机构的设置、变更及注销的相关工作由所属基金会秘书处办理。

第七章 财务管理规则

第一节 总 则

第五十九条 基金会的财产及其他收入受法律保护，任何单位和个人不得私分、侵占、挪用。

第六十条 基金会接受捐赠、提供资助应当确保公益性，不得损害捐赠人、受益人和社会公众的合法权益。

第六十一条 基金会及其捐赠人、受益人依照法律、行政法规的规定享受税收优惠。

第二节 财产的管理和使用

第六十二条 基金会组织募捐、接受捐赠、开展公益项目，应当符合章程规定的宗旨和业务范围。

基金会不得接收、使用附加违反中国法律、法规条件的资金。

第六十三条 基金会联合其他组织开展募捐活动的，接收的捐赠财产应当进入基金会账户。

第六十四条 基金会接受捐赠，应当签订捐赠协议，约定资助方式、数额以及用途和使用方式。

第六十五条 基金会接受因受地震、洪涝、火灾等突发性重大赈灾捐赠，必须专款专用。对于指定用于救助自然灾害等突发事件的受赠财产，用于应急的应当在应急期结束前使用完毕；用于灾后重建的应当在重建期结束前使用完毕。

第六十六条 基金会接受捐赠的财产，必须用于发展章程规定的公益事业，不得挪作他用。

第六十七条 基金会开展重大公益项目，要签订资助协议，约定资助方式、资助数额以及资金用途和使用方式等。

第六十八条 基金会重大资助项目支出,要提交理事会会议审议通过,形成决议。

第六十九条 基金会重大资助项目,开展前必须要履行管理制度规定的程序,出具可行性报告(包括前期调研情况、资助背景、公益内容、预算、时限、合作单位等)。

第七十条 基金会购置固定资产只能用于行政管理、出租,不能用于捐赠或者对外出售。

第七十一条 基金会接受的捐赠款项和实物没有登记入账前不能进行公益运作。

第七十二条 基金会不得资助任何组织、个人从事危害社会稳定的活动;不得资助、组织、举行宗教活动;不得资助以营利为目的开展的活动,不得向单位和个人直接提供与公益活动无关的借款;不得为任何单位和个人提供担保、抵押。

第七十三条 基金会的投资活动以保证完成年度的公益活动开支比例为前提,遵循合法、安全、有效的原则,实现基金的保值和增值。

基金会投资获取的增值资金,应当按其章程的规定用于资助符合业务范围的公益事业,任何单位和个人不得侵占、私分或者挪用。

第七十四条 基金会注销后的剩余财产应当按照章程的规定用于公益目的;无法按照章程规定处理的,由登记管理机关组织捐赠给与该基金会性质、宗旨相同的社会公益组织,并向社会公告。

第三节 财务管理

第七十五条 基金会应当执行国家统一的《民间非营利组织会计制度》,依法进行会计核算、建立健全内部会计监督制度,保证会计资料合法、真实、准确、完整。

第七十六条 基金会财务要强化统一核算。基金会发生的各项经费应当在依法设置的会计账簿上统一登记、核算。

除法定的会计账簿外,基金会不得另立会计账簿。基金会的资产,不以任何个人名义开立账户存储。

基金会的银行账号、账户不得出租、出借或转让其他单位或个人使用。

第七十七条 基金会可设财务负责人,并配备或聘请具有专业资格的会计人员。会计不得兼任出纳,实行账、钱、物分人管理。

会计负责成本费用核算、资金收支的审核、登记总账、编制财务预算、编制会计报表和会计档案的管理等工作;出纳负责资金的收付、往来款项结算、登记现金、银行日记账、固定资产管理、会计电算化等工作。

财务人员的调动和离职,必须按《会计法》的有关规定办理交接手续。

第七十八条 会计凭证登记要清晰、工整,符合《会计基础工作规范》要求。所附原始凭证要求内容真实准确,取得的发票应为合格、有效。对不真实、不合法的原始凭证有权不接受,并向法定代表人报告;对记载不准确、不完整的原始凭证予以退回,并要求按照国家统一的会计制度的规定更正、补充。

第七十九条 对会计凭证、会计账簿、财务会计报告和其他会计资料应建立档案,妥善保管。

第八十条 基金会应建立财务收支情况报告制度,定期向理事会、监事会(监事)报告,同时接受登记管理机关和相关部门的监督检查。

登记管理机关及其他部门为履行监督管理职责,需要基金会提交有关业务活动或财务情况的报告时,基金会应当予以配合。

第八十一条 基金会的财务年度为每年 1 月 1 日至 12 月 31 日。

第八十二条 基金会换届或更换法定代表人之前应当进行离任财务审计,并将审计报告报送登记管理机关。

第八十三条 基金会注销或撤销,应在登记管理机关的监督下清理资产和债权、债务。

第八十四条 经费来源属于财政拨款或社会捐赠、购买政府服务的,应当接受财政、审计机关的监督。

第八章 信息公开规则

第八十五条 基金会应当及时向社会公众和利益相关方公开下列信息:

(一)组织章程;

(二)内部制度;

（三）年度工作报告；

（四）组织募捐活动或接受捐赠的信息；

（五）开展公益项目信息；

（六）关联方关系及其交易信息；

（七）登记管理机关规定的其他信息。

第八十六条 基金会应当将组织章程、内部制度、年度工作报告在登记管理机关指定的媒体上公开。

年度工作报告的内容包括：登记事项、联系方式、机构设置情况、业务活动情况、财务会计报告、接受监督管理情况、履行信息公开义务情况、内部制度建设情况、年检结论等。

第八十七条 基金会通过募捐以及为自然灾害等突发事件接受的捐赠，应当在取得捐赠后定期在本组织网站和其他媒体上公开收入和支出明细，主要包括以下内容：

（一）募集财产的种类、数额；

（二）直接用于受助人的款物；

（三）实际支出的工作成本；

（四）其他需要公开的内容。

项目运行周期大于3个月的，每3个月公示1次进展情况。项目完成后，应当对有关情况进行全面公示。

第八十八条 基金会与关联方发生关联交易的，应当在交易发生后10个工作日内向社会公众予以公开。

第八十九条 基金会应当将章程和年度工作报告置备于本基金会，接受捐赠人和社会公众的查询。对于捐赠人和社会公众的查询，基金会应当及时如实答复。

第九十条 基金会公布的信息资料应当真实、准确、完整，不得有虚假记载、误导性陈述或者重大遗漏。

第九十一条 基金会应当建立健全信息公开制度，并指定专人负责处理信息公布活动的有关事务。对于已经公布的信息，应当制作信息公布档案，妥善保管。

第九章 党 建 工 作

第九十二条 根据基金会的不同类型、不同特点，采取多种形式组建党的基层组织。

第九十三条 凡专职工作人员中有3名以上正式党员的基金会，都要建立独立的党组织；党员不足3名的，可与或其他基金会建立联合党组织。尚不具备建立党组织条件的基金会，可建立党小组，为建立党组织创造条件。

第九十四条 基金会党组织应自觉接受上级党组织的领导，结合基金会工作实际开展工作。

第九十五条 要加强党的建设，充分发挥党组织的战斗堡垒作用和党员的先锋模范作用。

第十章 附 则

第九十六条 基金会重大活动、重大项目是指当年该项目的捐赠收入占基金会当年捐赠总收入的1/5以上，或者单笔金额超过人民币50万元；当年该项目的支出占基金会当年总支出的1/5以上，或者单笔金额超过人民币50万元；聘请志愿者超过20人开展公益活动；持续时间超过3年等的运作行为。

第九十七条 登记管理部门可依据本规则，对基金会法人治理的情况进行年度评估。

对法人治理良好的基金会，在承接政府转移或委托事项、政府购买服务等方面给予政策扶持。

第九十八条 本规则所称“三分之二”、“过半”等，均包含本数。

第九十九条 本规则自公布之日起供基金会结合实际情况参考使用。

广东省民办非企业单位法人治理结构与治理规则

第一章 总 则

第一条 为规范和完善我省民办非企业单位的法人治理结构和运行机

制，促进民办非企业单位健康、规范、持续发展，充分发挥其功能作用，根据有关政策法规，结合民办非企业单位的实际，制定本规则。

第二条 本规则所称的民办非企业单位法人治理结构是指从事非营利性社会服务活动的民办非企业单位，以实现其公益目的为目标，由理事会、监事会和执行机构为主体的、权责明确、相互制衡的组织架构，及其内部治理制度和运行机制等相关的制度安排。本规则仅供民办非企业单位结合实际情况参考使用。

第三条 民办非企业单位法人治理结构的主要目标：

（一）建立健全以章程为核心的法人内部治理制度和机制，明确理事会、执行机构、监事会（监事）的职责，建立民主、科学、协调、高效的决策、执行和监督治理机制和制衡机制。

（二）建立健全财产制度，规范出资人、举办者与民办非企业单位等主体行为，明晰产权关系，明确各自的权利和义务，确保民办非企业的财产权益和安全。

（三）建立完善的法人外部治理环境，强化公益属性，扩大公益参与，健全信息披露制度和他律机制，自觉接受行政监督和社会监督。

（四）完善科学、民主的议事规则和决策程序，增强法人行为的合法性，提高民办非企业单位工作效率和社会服务能力。

第四条 民办非企业单位法人治理应当遵循以下原则：坚持依法自治、独立自主的原则，实现政社分开；坚持非营利性的原则，实现社会化和公益属性；坚持自律的原则，实现自我约束、自我管理；坚持民主和制衡的原则，实现民主决策、相互制约、相互监督和科学运行。

第二章 民办非企业单位章程设立

第五条 民办非企业单位章程是民办非企业单位法人治理的核心，也是其活动的行为准则，民办非企业单位章程的主要内容包括：

（一）名称、住所；

（二）性质、宗旨、登记管理机关和需前置审批的业务主管单位；

（三）举办者、开办资金和业务范围；

（四）组织结构与管理制度。理事会、监事会的职权、任期和会议规则，法定代表人条件、理事长、监事长、行政负责人的职权；

（五）资产管理和使用原则及劳动用工制度；

（六）章程的修改程序；

（七）民办非企业单位变更、终止和终止后资产的处理办法；

（八）应当由章程规定的其他事项。

第六条 民办非企业单位章程的修改须经理事会成员三分之二以上同意，并报业务主管单位（需举办资格许可的民办非企业单位）和登记管理机关审核批准后，方能生效。

第三章 理事会性质、职权及其会议规则

第七条 民办非企业单位设理事会。理事会为民办非企业单位的决策机构。

第八条 理事会成员的人数由章程规定，不应少于3人，为奇数。

第九条 理事会成员由举办者、出资者、行政负责人、职工代表等组成，按照章程赋予的职责进行民主决策。理事每届任期四年，任期届满可以连选连任。

第十条 理事会行使下列职权：

（一）拟定和修改章程；

（二）制定本单位发展规划和审议决定重大业务事项；

（三）审议批准本单位的年度财务预决算；

（四）审议决定增加开办资金方案；

（五）审议本单位的分立、合并、变更、终止方案；

（六）负责本单位行政及财务主要负责人员的任免；

（七）审议和决定增补、罢免理事；

（八）审议和决定内部职工的收入分配方案；

（九）监督行政负责人（执行机构）执行理事会决议；

（十）法律法规和本单位章程规定的其他事项。

第十一条 理事长行使下列职权：

（一）召集和主持理事会会议；

（二）代表理事会签署理事会决议和有关文件；

(三)检查理事会决议的实施情况;

(四)法律、法规和本单位章程规定的其他职权。

第十二条 理事会会议规则:

(一)理事会实行会议制和票决制。理事会会议分为定期会议和临时会议,定期会议应当按照本单位章程的规定按时召开,每年不少于二次。理事长、三分之一以上理事、监事会(监事)提议召开临时会议的,应当召开临时会议。

(二)理事会实行一人一票制。理事会会议应由二分之一以上的理事出席方可举行。属于理事会决策范围的一般事项须经全部理事的半数以上通过,重要事项须经全部理事的三分之二以上通过方为有效。一般事项和重要事项的具体范围,应当在章程中予以明确。因故不能出席的理事,可以书面委托其他理事代为出席理事会,委托书必须载明授权范围。

(三)理事会会议的一般流程:一是相关主体提议召开理事会会议,确定会议议题;二是应提前五个工作日以上将会议议题和相关材料交给所有理事;三是不搞临时动议;四是表决并形成决议;五是根据会议情况,真实、完整地形成理事会会议记录,具体载明理事意见,形成决议的,应当场制作会议纪要,并由出席会议的理事审阅签名。理事会记录要指定人员存档保管。

第四章 监事会(监事)性质、职权及其会议规则

第十三条 民办非企业单位设监事会。监事会成员不应少于 3 人,为单数,可设监事长 1 名。人数较少的民办非企业单位可不设监事会,但必须设 1 名监事。

第十四条 监事在举办者、出资者、本单位从业人员或有关单位推荐的人员中产生或更换,理事长、理事及财务负责人不得兼任监事。

监事任期与理事任期相同,任期届满可连选连任。

第十五条 监事会依法依照章程的规定履行职责,并可行使下列职权:

(一) 检查本单位财务情况;

(二) 对本单位理事会、理事、行政负责人的行为依法、依照章程进行监督;

（三）当本单位理事会、理事、行政负责人的行为损害本单位的利益时，要及时予以纠正。

监事会或监事有向登记管理机关直接反映情况的权利。

第十六条 监事长行使以下职权：

（一）遵守章程，忠实履行监督职责，执行监事会决议，维护合法权益，不得以职权谋取私利；

（二）召集和主持监事会会议，决定是否召开临时监事会会议；

（三）检查监事会决议的实施情况，并向监事会报告决议的执行结果；

（四）代表监事会向理事会报告工作；

（五）签署监事会的决议和建议；

（六）章程规定的其他权利。

第十七条 监事会会议规则：

（一）监事会会议每年至少召开两次。

（二）监事应当出席监事会会议。因故缺席的监事，可以事先提交书面意见或书面表决，也可书面委托其他监事代为出席，委托书应载明授权范围。无故缺席且不提交书面意见或书面表决的，可视为同意监事会的决议。

（三）监事会会议一般应由三分之二以上的监事或其授权代表出席方可举行。监事会做出决议，应经全体监事过半数表决通过，方为有效。监事会会议的表决可采取无记名投票或举手表决方式。

（四）监事会的决议事项应当做出记录，出席会议的监事及记录员应在会议记录上签名。监事可以要求在会议记录上对其在会议上的发言做出某些说明性记载。监事会的决定、决议及会议记录等应当妥善保管。

第五章 执行机构性质和职权

第十八条 民办非企业单位的执行机构从属于理事会，对理事会的决议计划组织实施，直接对理事会负责。

第十九条 执行机构负责人受聘于理事会，是具体执行理事会决议计划的管理者。

第二十条 执行机构负责人对理事会负责，并行使下列职权：

（一）主持单位的日常工作，组织实施理事会的决议；

（二）组织实施单位年度业务活动计划；
（三）拟订单位内部机构设置的方案；
（四）拟订内部管理制度；
（五）提请聘任或解聘本单位副职和财务负责人；
（六）聘任或解聘内设机构负责人；
（七）执行机构负责人不是理事的可列席理事会会议。

第六章　举办者、出资者权利

第二十一条　举办者、出资者享有下列权利：
（一）督促检查本单位运营状况和财务状况；
（二）检查章程宗旨履行情况；
（三）推荐理事和监事；
（四）依法开展产权管理，监督和保障资金安全、合理使用；
（五）有权查阅理事会会议记录和本单位财务会计报告。

第七章　资产管理与人力资源管理

第二十二条　民办非企业单位的财产及其合法收入受法律保护，任何组织和个人不得侵占或挪用。

第二十三条　民办非企业单位的财产应当根据章程规定和业务范围使用其财产，盈余不得分红。

第二十四条　执行国家统一的民间非营利组织会计制度，依法进行会计核算，建立健全内部会计监督制度，保证会计资料合法、真实、准确、完整。

第二十五条　配备具有专业资格的会计人员。会计不得兼出纳。会计人员调动工作或离职时，必须与接管人员办清交接手续。

第二十六条　本单位更换法定代表人之前必须进行财务审计。

第二十七条　按照《民办非企业单位登记管理暂行条例》的规定，自觉接受登记管理机关组织的年度检查。

第二十八条　民办非企业单位应本着对口、精简、高效的原则配备专职工作人员。

第二十九条　民办非企业单位专职工作人员的工资福利，应根据市场化原则,参照当地工资待遇水平,结合国家有关规定和本单位实际,由理事会研究确定。

第三十条 民办非企业单位应当按《劳动合同法》的规定与专职工作人员订立劳动合同。专职工作人员的社会保险以及离退休制度,按照国家、省和所在地区的有关规定执行。

第三十一条 民办非企业单位应建立规范的人事管理制度。组织专职人员进行培训,逐步提高专职人员的工作水平。

第三十二条 民办非企业单位法人资格终止的,应办理注销登记。民办非企业单位办理注销登记前,应当在登记管理机关、业务主管单位和有关机关的指导下成立清算组织,清理债权债务,依照国家法律法规,处理剩余财产,完成清算工作。属于公益产权的,该组织注销后的剩余财产用于公益性或者非营利性目的,或者转赠给与该组织性质、宗旨相同的组织,并向社会公告。

第八章 信息公开

第三十三条 民办非企业单位要根据法律法规的有关规定,将单位的相关信息和承诺服务内容向社会公布,公开接受服务对象、政府部门和社会公众的监督。

第三十四条 公开的内容、方式和范围包括:

(一)民办非企业单位理事会会议制度、财务制度、劳动用工制度等单位内部管理制度的文本或展板,在单位相应的内设机构办公室,以上墙张贴或悬挂的方式,向单位员工公开。

(二)民办非企业单位登记证书、税务登记证书、组织机构代码证书、收费许可证等证书正本,以及经核准(或备案)的章程(或章程摘要)、服务项目和收费标准等相关信息的展板,在服务场所(住所)的醒目位置,以上墙悬挂的方式,向社会公众公开。

(三)本单位登记基本信息及年度活动情况、工作报告、接受和使用捐赠(资助)等的有关情况,在相关媒体或广东社会组织信息网上向社会公开。

第三十五条 有条件的单位,还可在电子屏幕、报刊、电视、本单位网站等,向社会公开相关信息和承诺服务的内容。

第九章 党建工作

第三十六条 根据民办非企业单位的不同类型、不同特点,采取多种形式组建党的基层组织。

第三十七条 凡专职工作人员中有3名以上正式党员的民办非企业单位,都要建立独立的党组织;党员不足3名的,可与同一业务主管单位所辖的民办非企业单位或其他单位建立联合党组织。尚不具备建立党组织条件的民办非企业单位,可建立党小组或由业务主管单位的党组织选派党的工作指导员或联络员,为建立党组织创造条件。

第三十八条 要加强党的建设,充分发挥党组织的战斗堡垒作用和党员的先锋模范作用。

跋

副主编　顾训中

2008年秋天，我有幸参与了由恩派（NPI）主持编写的《中国非营利组织管理案例集（2009）》的审读工作。这本案例集几乎囊括了当时我国内地最主要的草根NGO组织，涉及了战略管理、内部治理、人力资源管理、营销策略、筹款策略、项目管理、财务管理以及创新发展等当时NGO组织创业成长过程中所面临的方方面面。我曾在该书“后记”中写下了这样一段话：“在我看来，这本案例集更像是中国NGO的‘宝宝成长手册’，虽然蹒跚，却很精彩。过了若干年再来看，它的价值就更加显现出来了。”之后，恩派又再接再厉，于次年初推出了一本《他年花开——公益新丁培养录》，记录了在香港“社区伙伴”公益机构的资助下，内地一些公益新人的艰难创业故事，我也有幸参与了这本书的编辑工作。通过这两个“窗口”，让我真切窥见并大致了解了在后来被称为“公益元年”的那个时节，内地民间公益事业的总体状况、发展脉络以及存在问题，对在那个政策环境并不理想、公益人才十分匮乏、草根组织仍在艰难探索、追寻的初创时期有了真实体验。岁月如梭，时隔7年的今天，我又有幸应邀参与由上海复恩社会组织法律研究与服务中心主持编纂的这本《社会组织内部治理法律与实务研究》的编务工作。在这7年间，中国的社会组织有了长足发展（据国家民政部统计，全国社会组织2008年年底为41.4万个，2014年年底达60.6万个，增长了31.68%），无论是社会认知、政策环境、机构治理、项目运作、人力资源，等等，都有了不可同日而语的巨大变化。如果说，当年恩派连续出版《中国非营利组织管理案例集》的设想因种种缘故未能实现，令人遗憾，那么，7年后问世的这本《社会组织内部治理法律与实务研究》无意间作了很好的呼应，在某种程度上弥补了这份缺憾，恰当地反映了这些巨大变化。

与7年前不同,本书中社会组织内部治理的实务部分不再是由他人编写,而是由十位坚守在第一线参与机构治理的领军人物和知名学者直接参与写作或者接受访谈。因此,这些文字中都饱含着他们的真知灼见、真切感受,极具价值。尽管可能在某些问题上各有见解,不尽相同,但因来源于亲身实践,这些内容都是真切的、可信的、值得思考的。从中人们可以看到,经历数年、十几年的历练,中国本土公益组织在内部治理问题上已经取得了哪些珍贵共识,积累了哪些可喜经验,仍然面临着哪些严峻挑战。如果能够结合本书前半部分的法理内容深入思考,相信一定会给正在从事NGO工作的伙伴们奉上一份丰盛的精神盛宴,值得大家细细品味。

当然,正是由于这些作者都忙碌于第一线工作,四处奔波,时间紧迫,已是他们的常态,以致有些已经答应参与的作者不得不因此而最终退出,令人抱憾。这种状态使得他们难以静下心来好好思考,仔细斟酌。因此,这些已经成形的稿件中难免会有某些缺憾。这也是需要向读者们说明并致歉的。

我衷心期待,随着中国公益事业的逐渐进步,公民社会的逐渐成长,从事于、研究NGO发展的伙伴们能够经常不断地进行一些回顾、思考与总结,并通过定期结集成册的方式呈现于世。这对于中国NGO组织的健康发展无疑会是一种十分重要的,甚至是无可替代的推动力。